民商事律师业务手册

诉讼实战策略详解

HANDBOOK FOR CIVIL AND COMMERCIAL LAWYERS

韩 鹰 / 著

法律出版社 | LAW PRESS
北京

图书在版编目（CIP）数据

民商事律师业务手册：诉讼实战策略详解 / 韩鹰著. -- 北京：法律出版社，2022
ISBN 978-7-5197-6709-9

Ⅰ. ①民… Ⅱ. ①韩… Ⅲ. ①民事诉讼-案例-中国-手册 Ⅳ. ①D925.105-62

中国版本图书馆 CIP 数据核字（2022）第 074376 号

民商事律师业务手册
——诉讼实战策略详解
MINSHANGSHI LǙSHI YEWU SHOUCE
—SUSONG SHIZHAN CELÜE XIANGJIE

韩 鹰 著

策划编辑 蒋 橙
责任编辑 蒋 橙
装帧设计 鲍龙卉

出版发行 法律出版社
编辑统筹 法律应用出版分社
责任校对 王 丰
责任印制 刘晓伟
经　　销 新华书店

开本 710 毫米×1000 毫米 1/16
印张 21　**字数** 293 千
版本 2022 年 8 月第 1 版
印次 2022 年 8 月第 1 次印刷
印刷 北京中科印刷有限公司

地址：北京市丰台区莲花池西里 7 号（100073）
网址：www.lawpress.com.cn
投稿邮箱：info@lawpress.com.cn
举报盗版邮箱：jbwq@lawpress.com.cn
销售电话：010-83938349
客服电话：010-83938350
咨询电话：010-63939796

书号：ISBN 978-7-5197-6709-9
定价：78.00 元
凡购买本社图书，如有印装错误，我社负责退换。电话：010-83938349

自 序

从 1991 年 10 月到现在，屈指一算 31 年了。

还有多少人记得 1979 年的《刑法》和《刑事诉讼法》？又有多少人执行过 1982 年《民事诉讼法(试行)》规定的诉讼程序？虽然 1986 年的《民法通则》迟至 2017 年 10 月才被《民法总则》替代，但在实务中早已少有法官援引《民法通则》的条款下判。现在年轻一代执业律师都知道《律师法》，但恐怕少有人了解自 1982 年 1 月 1 日起施行的《律师暂行条例》，难以相信"律师执行职务的工作机构是法律顾问处""法律顾问处是事业单位"。你没有看错，律师曾经具有干部也就是类似现在公务员的身份。《律师暂行条例》第 1 条开宗明义说的是"律师是国家的法律工作者"，是不是有点羡慕律师曾经也具有国家公职人员的地位、需要占用国家事业单位编制的名额？

羡慕？大可不必。你一定不会愿意回到 20 世纪 90 年代初去从事律师职业。先不论当时的法治建设进程和律师执业环境的状况，亦不论人们内心的法治思想和法律信念，只谈当时办案所面临的硬件条件：没有复印机，没有电脑和打印机，没有数码相机，更没有具有拍照功能的智能手机，阅卷只能手抄、材料只能手写。从通知阅卷到开庭一般只有 3 天时间，卷宗材料少还好说，多的话，面对一桌子的卷宗，法官要看、律师也要看、材料纸不够、钢笔的墨水用完了……具体的情景可以想见。至于互联网资讯共享、移动通信、汽车代步的出现和普及就更晚了，如果要完成一起发生在农村的故意伤害(轻伤)的自诉准备工作(那时不是公诉案件)，怎么也得花上一个星期的时间。而你能取得的证据材料，无非就是医院诊治资料、法医鉴定结论以及大量的证人证言，至于进入诉讼程序以后双方的博弈就是另外一回事了。

笔者从事律师职业30多年，亲历了我们国家由建设社会主义"法制社会"到"法治社会"的历史转变，目睹中国法律体系逐步走向完善。2014年10月23日中国共产党第十八届中央委员会第四次全体会议审议通过的《中共中央关于全面推进依法治国若干重大问题的决定》这一纲领性文件是一个标志性事件，随后确立了"以审判为中心"的司法改革制度。律师在国家法治建设中的作用、地位得到了进一步的巩固和加强。我们律师从业人员应当珍惜当今的大好局势，夯实基础、勤勉为民，努力建设和锻造一支党和人民群众信得过、靠得住、能放心的律师队伍。

笔者从业30多年，自然接触和处理过大量的诉讼案件，碰到过形形色色的委托人，也接触过很多同行。就笔者参与的诉讼层面而言，同行中优秀者有之、中规中矩者居多、平庸者亦不少见。尤其是部分执业不久的年轻律师，对于所代理的诉讼缺乏宏观层面的把控，没有把自己置身于裁判者的角度审视案件事实，诉讼请求随意或刻意迎合委托人的要求，证据编排杂乱，逻辑思维不清，质证时甚至罔顾客观事实，毫无缘由地对对方证据三性不予确认。如果不反省自身工作态度和工作方法中存在的不足，一旦固定便很难再予以矫正，最终愧对委托人的信任，耽误自己的成长。每每遇到此类现象，都有坐下来沟通交流的想法，然彼此并不熟悉，遂有了撰写本书之念。

需要说明的是，笔者只是一名年纪比较大的执业律师，绝对不是法学权威，也不是业界精英。笔者的观点或者做法只是对个人执业经验、办案习惯的总结，不具有结论性，更不具有规范性或指引性。请把笔者的文字当作一名老律师与初始执业的新人之间的一场聊天和对话看待。因此不要以挑剔的眼光寻找文字中的缺陷，不要以法律的严谨性批判文字的随意性。如果你发现我把"诉讼"写成"打官司"、把"审判人员"写成"裁判者"、把"请求权竞合"写成"冲突"的时候，请理解为笔者是为了表述方便，或认为是笔者的学识水平有限。如果你能耐着性子看完这本书之后说句“有所收获”，笔者将倍感欣慰和感激；如果你看完之后觉得通篇泛泛而谈、缺乏理论高度，笔者虚心接受并深刻自省；如果你连看都看不下去、弃之如敝履，笔者诚恳地为浪费你的时间和精力表示歉意。

但是，无论如何我都不希望听到“我不同意你的观点，但我誓死捍卫你说话的权利”这样矫情的论调。这原本只是英国女作家伊夫林·比阿特丽斯·霍尔与法国大文豪伏尔泰之间就评判《论精神》这部作品而发生的文字交锋，后被引申为用来形容西方言论自由和民主制度的特点。“我誓死捍卫你说话的权利”从来都不是法的精神。我们任何一个从业者都不能假装站在神明裁判者的虚伪的高度，以悲悯、同情、施舍的口吻向对手喊出“我誓死捍卫你说话的权利”这样肤浅的话语。如果你时常把这句话挂在嘴边并以法律人自诩的话，请考虑接受笔者的规劝，不要让无知和幼稚阻碍你的成长和发展。

闲聊结束，进入正题。

是为序。

韩　鹰

2022年1月1日

目录

第一编　谋打赢

第三编　定输赢

第四编　寻机遇

第一编

谋打赢

第一章
委托人的意愿就是打赢官司

当事人为什么要打官司？遇到了麻烦事，或者遇到了烦心事。

打官司为什么要请律师？因为律师是值得信赖的专业从业人员。

什么样的委托我们都能受理吗？理论上只要是诉讼法允许的都可以受理，但是，显然不能不加鉴别。

第一节　谨记律师的职责和使命

委托人的意愿很简单、很朴实，四个字“打赢官司”。

有一个流传于西方的笑话：一个律师赢得了诉讼，宣判后律师抑制不住激动之情发了一个电报给他的雇主：“正义胜利了！”几分钟之后，他的雇主回电报指示：“立即上诉！”

这其实并不好笑，很多案件的当事人（不仅仅是西方的案件当事人）并不关心正义、公平是否获胜，他们在乎的只有自己的利益，至于其自身的利益是否符合社会主义核心价值观，是否符合社会公平正义，是否符合道德伦理，则不在他们的考虑范围之内。其逻辑就是，我花钱请律师，律师就得打赢官司，实现我的诉讼目的和诉讼要求。

一、以利己主义为出发点——从几段对话看当事人心态

对话还原 ①

咨询人:律师,我公司被×公司告了,要求我公司支付拖欠的货款××万元,想请您打官司。

律师:欠款情况属实吗,对方证据是否充分?

咨询人:数额是核对过的,双方账目也是清晰的。但是我公司想反告对方,他们的原材料有质量问题,遭到客户退货和扣款,造成我公司××万元的损失。

律师:有何证据证明?之前是否以质量问题向对方提出过异议,书面的或者口头的?

咨询人:……电话里应该有说过。

律师:双方就品质处理问题达成过解决方案吗?

咨询人:……没有,不过我可以搞到证据。

律师:什么证据?如何搞到?

咨询人:客户都是我的朋友,有的交往很长时间了,交情也不错,客户应该可以帮我做一些材料,像什么索赔函、罚款单、退货凭据之类的,应该都可以帮我搞定。

律师:你公司被客户退货或扣款的情况属实吗?

咨询人:现在还没有。

律师:我可不可以理解为所谓反诉的事实目前其实并不存在或者说还没有发生,你公司只不过是不愿意支付这么多欠款?

咨询人:是这个意思。

律师:那我给你两点建议,第一,不要去伪造证据,没有什么伪造的东西

是天衣无缝的，不要因小失大给自己带来不必要的风险和麻烦；第二，自己去应诉，争取打个折，与对方达成和解，这同样可以实现少付货款的目的。

对话还原❷

咨询人：律师，我想请您帮我告这个女人，她借了 60 多万元不还，我要起诉把钱要回来，要回来的钱我们分成。

律师：借据给我看一下，转账流水有没有？

咨询人：绝大部分有银行转账记录，少数给的是现金（向律师出示相关凭据）。

律师：（看过证据）第一次借款是××××年××月××日、最后一次借款差不多就在一个月之前，时间跨度长达 6 年，借款次数有十七八次，这么长时间对方不还款，你为什么一直借钱给对方呢？

咨询人：……其实她是我女朋友，花了我好多钱，除了这些借款外，吃饭、K 歌、开房花的钱不计其数。

律师：不计其数大约是多少？

咨询人：至少五六万元。

律师：你有家庭吗？

咨询人：有的，我太太一般在老家，儿子都结婚了。

律师：你给她的钱到底是生活费、馈赠还是借款？

咨询人：就是包养的钱。

律师：包养 6 年花了 60 万余元……具体怎么花的？

咨询人:主要花在租房、水电费、管理费、生活开支、购物、美容等方面。

律师:你们有小孩吗?

咨询人:没有,流产过几次。

律师:几次?

咨询人:两三次吧。

律师:那为什么女方会写借条?

咨询人:我的一个同乡告诉我,给钱的时候写个条子可以控制女方,不听话可以拿还钱吓唬她。

律师:所以现在你打算拿这些借条起诉?

咨询人:这个女的最近要回老家结婚了,她家里人介绍的。

律师:我只是一名律师,我不对你们的行为做道德评判,我也不去分析如果起诉法院会怎么判。我只想告诉你,人都是父母所生、父母所养,这个女孩子把六年青春时光耗在了你的身上,现在一无所有,心灵的创伤也许一生都难以愈合。你真的要这么做吗?我本人是不会接受你委托的,你去问问其他的律师吧。

对话还原③

某劳动者:我被迫辞工了,我要告企业。

律师:被迫辞工?什么原因?企业是否给予了补偿?

某劳动者:我是××××年××月××日入职的,工作岗位是设计工程师,但是单位一直没有与我签订劳动合同,没有足额支付加班费,上个月克扣了我的工资,所以我给企业用EMS发了一封被迫辞工的通知,我查了一下今天上午人事部门已经签收了,所以我来请律师代理劳动仲裁。

律师：为什么没有签订劳动合同？

某劳动者：因为工资待遇没有协商好所以没有签。我要求按照我的底薪8000元+加班费+津贴+奖金写，但是企业只同意按照最低工资标准+加班费+津贴+奖金写。刚开始人事主管找我谈过两次，由于劳动报酬这一项没谈拢，后来人事主管也就没有再找我了。

律师：既然没签劳动合同，如何证明你的入职日期？

某劳动者：进厂填写了《入职登记表》，我用手机拍了。

律师：我算了一下，你从入职到今天差几天就满一年，如果以没签劳动合同要求双倍工资的话，差不多有11个月，这是法律支持的最高限度。

某劳动者：我是掐准了时间的。

律师：哦。克扣工资又是怎么一回事？

某劳动者：单位说我的一个设计被客户投诉了，所以扣了我500元，我是不同意的，我在工资单上备注了"我不同意，我没有给单位造成任何损失"。

律师：那么加班费没有足额支付又怎么证明呢？

某劳动者：律师，我写一个赔偿项目表，您帮我看看算得对不对？（向律师出具赔偿项目表）

律师：（看过赔偿项目表）如果你辞工前的平均工资计算没有错的话，你这张表堪称完美。被迫辞工的补偿金、未签劳动合同双倍报酬的差额、加班费、高温费、带薪年假、体检费用、克扣工资，甚至连5000元律师费你也考虑到了（地方性法规允许法院支持劳动者支付的律师费由企业负担，最高不超过5000元），我必须说，在劳动者争议方面你比很多律师还要专业。你以前有为自己打过劳动官司吗？

某劳动者：去年打过一次。

律师：赔偿项目中也包括未签订劳动合同双倍工资的差额部分吗？

某劳动者：当然。

律师:以前还打过吗?

某劳动者:……律师,请告诉我有没有把握打赢吧。

律师:这么跟你说吧,劳动者在劳动争议案件中属于弱者群体的地位,所以国家在制订劳动合同法的时候也是有所倾斜的,尤其是对于举证责任。但是我发现这个问题对你是不存在的,你几乎将一切可能对你有利的证据都进行了保留。比如,你工作的环境、单位的招牌、你的工牌、你指纹打卡时用手机拍下的显示的时间、你用手机拍摄的工作电脑屏幕上显示的工作内容的细节、你网购单据上填写的收件地址、你处理过的所有显示公司抬头的图纸,还有你的《入职登记表》、每个月你在工资单上的签名、你发放工资的银行流水等,这一切证据都充分说明你与企业存在劳动关系,而企业肯定拿不出和你签订的劳动合同,你这官司想输都难啊。但是,如果我是仲裁员或者法官,我可能会认为你是有备而来,甚至怀疑你蓄意为之。

某劳动者:……

律师:这样吧,你自己斟酌处理,你完全可以自己去完成,没必要请律师。我想说的是,如果企业待你不薄,咱们也没必要揪着企业的管理漏洞不放手。有一个法律原则叫作义务必须承担,而权利是可以选择放弃的,对吧?

以上三段对话反映了某些委托人对诉讼结果的意愿。第一段对话中的企业希望律师出谋划策,配合其伪造证据材料,实现其减轻责任的诉讼目的。第二段对话中的台商不仅违背夫妻间的忠诚义务、违反公序良俗"包养二奶",事后还希望挽回经济上的付出,谋求其私欲和私利的最大化。第三段对话中的劳动者显然刻意给企业设置了未签劳动合同的陷阱,通过仲裁或诉讼谋取额外的利益,在经济发达的沿海城市这样的"职业仲裁者"并非个例。

二、克服案源焦虑症

大家都是职业法律人,笔者当然理解大部分同行或多或少地都存在"案源焦虑症”，尤其是刚执业不久的年轻从业者，不愿意轻易放过任何一个眼前的机会。对于案源，笔者推心置腹地谈点己见：仔细论证，慎重决策。因为一旦你接受了委托就要对得起委托人的信任和托付。所谓慎重决策，不仅是对案情、证据的审慎判断，还包括对委托人心理、性格、价值观等的判断。通常一个以自我为中心、把个人利益看得高于一切的人是很难相处的，其对诉争利益的锱铢必较和毫不妥协，迟早会转移至对代理人代理行为的指手画脚和求全责备，我们不要让自己陷入这种费力不讨好的被动局面之中。

诉讼，是解决纠纷最后的司法救济手段。当事人基于认知的限制或利益的驱使，对于所期待的诉讼结果可能存在不合理甚至不合法的诉求。对此，我们应当耐心地进行解释，引导当事人依法合理主张和行使诉讼权利。对于固执己见且明显违法的请求，对释明法律规定和诉讼后果后仍然不听从的当事人，我们要有果断拒绝的勇气。

当我们明知当事人的诉求违法但又在为是否放弃该案源而纠结的时候，笔者建议翻开《律师法》，找到第 2 条第 2 款，在心里默默地诵读：“律师应当维护当事人合法权益，维护法律正确实施，维护社会公平和正义。”

牢牢地记住我们的职责和使命：

第一，维护当事人合法权益。

第二，维护法律正确实施。

第三，维护社会公平和正义。

三个维护，缺一不可。

律师不是委托人卑微的代言人，律师不是旁门左道的钻营者，律师更不是委托人无理取闹的傀儡。

笔者认为，专业、睿智、勤勉、沉稳、忠诚、自律，负责任、有担当，阳刚而亲和，满满的正能量，这才是一名中国当代律师应该具有的形象。

第二节　见微知著，善于对案件做宏观分析判断

《辨奸论》（宋·苏洵）云：“事有必至，理有固然，惟天下之静者为能见微而知著。”见微知著，是指通过观察事物的苗头，就能知道其本质和发展的趋向。

在律师实务中，接待并解答当事人的法律咨询往往是一个委托代理关系得以成立的开始。

当事人并不总是思辨清晰、逻辑准确的，在紧张、焦虑、急切、愤怒等情绪影响下，当事人向律师的陈述或事无巨细唯恐遗漏，或遮遮掩掩有所隐瞒。我们律师对此要保持清晰的思维和判断，不要被当事人的陈述带入死胡同，在藤蔓缠绕的细节上苦苦纠结。而是要善于从细微之处把握问题的实质、从纷繁的线索中厘清纠纷的核心，即我们要养成宏观的思维模式。

所谓宏观分析判断，是指对当事人陈述的案件事实和提供的证据材料，要进行去粗取精、去伪存真的分析，快速捋清核心法律关系，并对案件可能的裁判结果作出合理预判的思维过程。

一、从人员关系复杂的咨询谈如何快速判断涉案法律关系

某当事人陈述：包括自己在内的甲、乙、丙、丁、戊5人合伙投资某项目，以己公司为平台（戊是己公司自然人独资股东）。甲、乙、丙、丁、戊分别叫什么名字、是哪里人，其中甲与丁系表兄弟关系，乙与丙是同乡及前某公司的同事关系，而乙又是甲的婶婶娘家某人的女婿……当初大家约定甲、乙、丙以现金投资××万元，丁以技术入股，戊提供销售渠道。现在除了甲足额出资，丙仅出资××万元，乙没有出资，而丁的技术并不成熟，预估的投资金额远远不够，需要的追加资金没有合伙人愿意承担。事情还不止如此，租赁的场地因客观原因无法通过消防验收，房屋租赁凭证和排污许可办不下来，还未正式投产已遭环保投诉，更闹心

的是施工时一个雇工摔伤了，目前还在住院治疗，而伤者又刚好是丁的旁系亲戚，股东之间矛盾重重，等等。

对于上述案情陈述可以快速将涉案法律关系做如下判断：

(1)甲、乙、丙、丁、戊之间属于合伙纠纷。(2)雇员受伤属于劳动争议或提供劳务者受害责任纠纷。(3)违法排放可能导致企业受到行政处罚。因分属三种不同法律关系，需要分别处理。

其中合伙纠纷较为复杂，应建议甲、乙、丙、丁、戊协商处理，如诉讼，则合伙期间的盈亏审计十分重要，此外还要考虑是否符合散伙事由的约定。

雇员摔伤应查明属于劳动关系还是劳务关系，两者分属不同的程序，遵循不同的责任标准。

因违法排放导致的行政处罚，需等收到书面处罚决定书才能确定该具体行政行为的合法性，以及后续采取何种救济措施，但应提醒当事人高度重视处罚前的听证环节。

二、以系列案分析纷争解决的最终结果

为方便阅读和理解，笔者只对案情做概括性的介绍，省略案情具体细节。在本书后续相关章节中，将对其中具有代表性的诉讼进行较详尽的介绍。

A、B 两个自然人投资 1000 万元建立了一条电镀生产线，因 A、B 缺乏生产经验，效益并不理想，C、D 主动提出参股共同经营。经协商，同意 A、B 投资 1000 万元的生产线作价 600 万元，C、D 投资 300 万元取得生产线 50% 的权利份额，合伙经营后产生的利润，A、B 和 C、D 各分配 50%，亏损亦然。

短暂合作以后，C、D 以合作理念不同提出承包经营的要求，即由 C、D 经营整条电镀生产线，A、B 对生产线拥有的 50% 财产份额以租赁的形式按月收取租金，双方为此签订了《租赁合同》，明确 C、D 每月向 A、B 支付约定数额的租金，并自行承担经营期间产生的一切营运费用(厂租费、水电费、工资、管理费、原材料购入费、税费等)。

C、D经营了约十个月，不仅拖欠应向A、B支付的设备租金超百万元，还拖欠厂租费、水电费近百万元，至××××年××月C、D停止生产，未与A、B办理交接手续，擅自终止租赁。不得已，A、B书面通知C、D解除《租赁合同》，被迫接手维持生产线的运营，因前期拖欠工业园厂租费、水电费过高，工业园通知解除承包合同（该生产线系A、B向工业园承包而来）。情况紧急，A、B再次向C、D发出书面通知，要求双方共同处置该电镀生产线，处置方式为向第三方变卖，以转手变卖所得价款偿付拖欠的各项费用，如有盈余则按比例分配。但是C、D明确回复不参与资产处置，且要求收回300万元投资款，遂酿成纠纷。

A、B是委托人。在诉前联合调查阶段，笔者代表A、B向C、D提出一个调解方案：

1. 不要被本案的法律关系所困扰，本案其实就是一个简单的对账问题。

2. C、D单独经营的10个月期间，欠A、B多少设备租赁费用，欠工业园多少厂租费和水电费都是清晰的。

3. A、B被迫接手以后，产生的厂租费和水电费由A、B负责偿清（已经偿清，包括C、D对工业园的欠费也已经由A、B代偿）。

4. 电镀生产线变卖所得价款，按照各占50%的产权比例分配，但C、D应得份额用于抵扣其经营期间的欠费。

5. 双方其他互欠的款项（加工费和代收款）抵偿后，余额向收款方支付。

6. 以上各项相互加减，余额即为A、B所得。

遗憾的是，该最简便、最直接解决纷争的方案因双方（主要是C、D方）分歧巨大未能达成一致，最终各自踏上了长达两年多的艰难诉讼历程。涉诉案件统计如下：

1. A、B诉C、D租赁合同纠纷案（C、D反诉），经过二审，A、B胜诉。

2. C不服前租赁合同生效判决，提出再审申请，被驳回。

3. A、B诉C、D民间借贷纠纷案（法院要求从租赁合同纠纷案中拆分），经过二审，A、B胜诉。

4. A、B 所属企业与 C、D 所属企业买卖合同纠纷案，经过一审，A、B 所属企业胜诉。

5. C、D 所属企业与 A、B 所属企业买卖合同纠纷案，经过二审，C、D 所属企业胜诉。

6. C 与 A、B 合伙纠纷案，经过二审，C 败诉。

7. D 与 A、B、C 合伙纠纷案，经过二审，D 胜诉。

8. C、D 所属企业与 A、B 所属企业返还原物纠纷案，因 A、B 主动返还模具，C、D 所属企业撤诉。

9. A、B 所属企业与 C、D 所属企业房屋租赁合同纠纷案（办公场地租赁），因最终双方达成执行和解而撤诉。

10. A、B 诉 C 债权人代位析产纠纷案，因最终双方达成执行和解而撤诉。

当相互之间 1 ~7 项纠纷的最后一份判决生效后，C、D 终于主动提出了和解要求。历经两年多的艰难诉讼，C、D 感慨，还是回到了两年前，其实就是一个对账和算数的简单问题。彼此对账就可以确认的事实，如果要通过诉讼来确认，时间成本、经济成本、精力成本是十分高昂的。早知道这一系列诉讼的结果与律师预估的一样，为何还要彼此缠斗得昏天黑地呢？

笔者强调律师要善于从宏观的角度看待问题，目的在于学会准确把握纷争的核心，判断纷争解决的最佳途径。这并非轻视微观层面的细节操作，恰恰相反，笔者在后面的文章中会以较大的篇幅介绍诉讼过程的具体环节。

也许会有同行担心，如果我们把纠纷都处理在诉前阶段，那么如何保证我们的正当收入呢？这个问题真的不必担心，我们的判断力越准确，提供的解决方式越便捷，委托人对我们的信任将越坚定，对我们的能力越信服。而且，委托人最终的目的是解决纷争，至于是采用诉讼的方式还是非诉讼的方式，并不妨碍律师依法依规收取费用。

第三节　问自己，如果我是对方当事人/代理人会怎样应诉

民商事诉讼，发生于公民之间、法人之间、其他组织之间以及他们相互之间。原、被告之间或存在婚姻家庭关系，或存在合伙合作关系，或存在交易往来关系，或存在服务与接受服务的关系，或存在劳动人事关系，或存在授权委托关系等，不一而足。除了某些类型的侵权责任纠纷外，原、被告双方在纷争发生前就已认识、熟悉甚至关系密切，对于被曾经的朋友、往来单位起诉这件事，被告的反应各异、采取的措施不同。

一、被告对待被起诉的几种心态

笔者结合自身的经验，把被告（含部分诉讼的第三人）参加诉讼的反应和态度简单地归纳为如下几种类型：

1. 冷静对抗型

这类被告一般对发生的诉讼已有心理预期，且做了相应的应对预案。若此前有过一次或数次应诉经历，对于诉讼流程亦有相当的了解，对于诉讼结果不乏相对准确的判断。

2. 全力以赴型

这类被告不仅对于发生的诉讼已有预期，而且认为己方才是纠纷中占理的一方，产生一种“我还没告你，你竟然敢先告我”的强烈对抗情绪。应诉时不管是否有事实或法律依据，都会考虑反诉。管辖异议也是经常使用的手段，不服管辖异议裁定都会上诉，把拖延战术运用到极致。即使终审败诉，仍然会谋求启动再审程序，再审申请被驳回，还会尝试检察院抗诉。总之，死磕到底，不穷尽所有途径决不罢休。

3. 气急败坏型

这类被告通常缺乏理性判断和克制能力，这也很可能导致被告的抗辩失去

章法,甚至引发诉讼程序以外的严重冲突。

4. 委曲求和型

这类被告或因理亏或基于平息事态的考虑,会主动要求和解。但并非所有的让步都是出于自愿或对案件基本事实的认可,也许只是为了尽早解除财产保全带来的不便;也许只是为了避免对其他商业往来带来负面影响(对公司而言成为被告可能影响银行贷款的审批发放就是影响之一);也有可能只是因为原、被告此前的沟通存在障碍。但不管是什么原因,在原告不需要对诉求作出重大让步的前提下,和解是很好的结果。

5. 无动于衷型

这类被告通常已经丧失了清偿能力(或者说从表面看起来丧失了),官司缠身,大量生效判决确定的义务不能履行,已被多次列入失信被执行人名单和被限制高消费。即使案件事实确实存在争议,本人却不愿意抗辩,也没有聘请律师代理的意愿或能力。但是对于原告而言,被告不应诉、法院缺席审理和判决并不能免除原告的举证责任,相反,由于没有被告的自认、不能在庭审中通过询问被告而查明相关案件事实,原告的举证责任反而被加重。

二、为什么要站在对方的立场换位思考

原告在委托律师代理诉讼业务时,应当尽可能真实、详尽地介绍被告的情况,包括但不限于资产状况、经营现状、心理特点、性格特征、处事方式、已知的涉诉情况等。还应当介绍纠纷的成因、做过哪些沟通和协商、协商的难点以及原告方可以做出的让步的底线。

作为律师,接受委托以后,首先应查明被告的主体身份信息,被告是法人的,要尽量收集该公司设立、变更、分支机构、股东、股权质押、注册资本实缴或认缴等基础信息,并且通过裁判文书网、中国执行信息公开网或其他第三方机构公布的信息收集、查询被告的涉诉情况和信用情况,为后期的诉讼代理奠定基础。

作为律师,我们还应当站在对方当事人/代理人的立场换位思考:收到诉状

和证据材料后我会怎样想,怎么做?诉讼立场或代理方向不同,往往会对同一事物得出不同的结论,从在原告看来牢不可破的证据体系中找出否定或削弱的办法。只有当我们从“假如我是被告律师”的角度全面审视己方的诉讼请求、事实理由、证据材料而没有发现重大缺陷或隐患、没有找到犀利的反击突破口之后,我们才能对即将提起的诉讼有更强的信心,从容地应对预料当中的反击。

第四节　再问自己,如果我是法官会怎样裁判

在决定提起一个民商事诉讼之前,我们应当再一次假设,如果我是法官、是裁判者,我审理原告的诉讼后,会支持原告的诉讼请求吗?会在哪些方面、何种程度上支持?如果我不打算支持,理由又是什么?

偶尔,我们会听到同行抱怨:某某法院某某法官水平太低、能力太差,连基本的案件事实都没有查清,法律适用也不准确……诚然,十全十美的裁判文书不多见,也确有极个别案例存在案外因素干扰。但是,在审判制度改革,全面实行法官员额制、责任终身制的今天,我们无端怀疑法官的水平和能力的话,应该反省自身的自信心是不是膨胀了。法官当然有其能力的局限性,但是法官在自身所负责的业务领域确实比我们见多识广。某些法律关系我们可能是第一次接触,我们需要查阅法律规定和司法解释、寻找类案裁判,当我们自认为对该法律关系已经足够了解的时候,很有可能并未触及该法律关系的核心或例外情形,也不了解人民法院裁判此类法律关系的倾向性做法。例如,我们是第一次代理侵害发明专利权诉讼,而承办法官已经裁判过数百个同类案件。况且,不仅是侵害发明专利权纠纷,法官可能还审理过大量的专利申请权权属纠纷,专利权权属纠纷,发明专利临时保护期使用费纠纷,职务发明创造发明人、设计人奖励、报酬纠纷,发明创造发明人、设计人署名权纠纷等相同二级案由下的其他三级案由的纠纷。我们对个案判例法官的抱怨,很大程度上是缘于我们站在己方委托人的立场所

作出的判断或得出的结论。

我们学会站在裁判者的立场考虑问题,就是要突破自身思维的禁锢。律师当然要忠于委托人,要尽可能地维护委托人的合法权益,但是讼争最终是要由人民法院裁判的,把自己置身于公正独立的第三方的位置,不带偏见地审视原告陈述的案件事实和所依靠的证据,同样不带偏见地审视被告可能提出的抗辩理由和可能提供的证据材料,结合法律规定,以符合高度盖然性作为证明标准,自我回答:我会如何裁判?

当然,我们不是裁判者,我们也还不知道被告将如何应诉,之所以建议大家进行这样的思考,是为了避免盲目的自信,从而按照最严苛的标准准备起诉材料,把我们能查找到的最细微的瑕疵加以修复,为被告可能发起的反击制订防范预案。

委托人经常询问的一个问题是,我的这个案子你有多大的把握?我们也许不难判断,但一定要谨慎回答,切忌大包大揽,更不要说"百分之百"和"绝对"。

笔者个人认为,只有当自我判断和内心确信超过70%时,才能考虑接受原告的委托。当然,经过释明当事人仍坚持起诉且书面承诺不追求裁判结果的除外。

· 案例分享 ·

黎某某劳动争议案

黎某某系国内某知名企业的员工,××××年××月因受其亲属犯罪案件的牵连,被江南某市公安机关刑事拘留,羁押30天后变更强制措施为取保候审,该案公安机关对于黎某某既未继续侦查又未撤案。随后黎某某的亲属被移送审查起诉,并被人民法院依法追究刑事责任。黎某某被刑拘30天后持《取保候审决定书》和《释放证明书》回公司上班,被公司人力资源部门告知因严重违纪已被公司解除劳动合同,并向其送达《解除劳动合同通知书》,公司不予任何经济补偿。黎某某释放1年后,办案机关出具《解除取保候审决定书》,黎某某据此提起劳动争议仲裁申请,要求仲裁机关裁决企业向其支付违法解除劳动合同的赔偿金23万余元。

仲裁机关认为企业依据劳动合同以及企业奖惩办法的约定解除劳动合同并无不妥,且无须支付赔偿金,遂裁决驳回黎某某全部仲裁请求。

黎某某不服裁决,向人民法院提起劳动争议纠纷诉讼,要求企业向其支付违法解除劳动合同的赔偿金23万余元,该诉讼请求得到法院全部支持。

该劳动案件的争议焦点为:企业依据劳动合同以及企业奖惩办法中的严重违纪条款解除劳动合同是否合法。企业的规定具体为"被依法羁押/被依法拘留(包括行政拘留、刑事拘留)/被依法追究刑事责任"均属于"违反国家法律法规而被国家相关机构处理的行为",构成严重违纪,企业可据此解除劳动合同且不承担任何赔偿或补偿责任。

但是,"被依法羁押"(包括拘传、刑事拘留、逮捕以及相关的取保候审、监视居住等强制措施),只是刑事案件诉讼过程中办案机关所采取的强制措施,犯罪嫌疑人/被告人无论被采取何种强制措施,并不必然导致被追究刑事责任结果。也就是说,强制措施只是办案的手段和需要,并非国家机关对嫌疑人违法行为所作出的处理性结论。本案中,黎某某虽然被刑事拘留,但并未被追究刑事责任。而根据《劳动合同法》第39条第1款第(6)项之规定"被依法追究刑事责任的"才是用人单位可以解除劳动合同的法定条件。法定解除条件是不能以约定的方式变更的,该案中企业的约定是对"被依法追究刑事责任的"法定解除条件的扩大解释和滥用。

当然,这个案件的承办过程远比笔者介绍的要复杂得多。我们作为代理人,始终从宏观的角度把握案件的本质,即法定解除条件不因双方的约定而变更。无论过程如何曲折、枝节问题如何繁杂,都不能改变最终的裁判结果。

第二章

审慎制定诉讼策略

盲目的诉讼如同毫无章法的击剑表演,没有刺中对方却可能弄伤了自己,还引来观众的嘲讽。

诉讼是需要讲求策略的,厘清涉案法律关系、确定案由、准确提出诉讼请求、精心撰写起诉状、收集和整理证据材料,这些都还只是最基础的工作。

谁来告,告谁,从哪个方向和角度诉讼,避开什么、抓住什么,什么是主要目的和次要目的,冗余度和调整空间的把握……都应该在提起诉讼前充分酝酿,再三斟酌。

第一节 案由,决定诉讼的方向

一、案由不当可能导致法律适用错误

在2007年10月29日最高人民法院通过《民事案件案由规定》(以下简称《案由规定》)以前,裁判文书对于案由的阐述是不够重视的,律师业务中也很少涉及案由。《案由规定》自施行以来,在方便当事人进行民事诉讼,规范人民法院民事立案、审判和司法统计工作等方面,发挥了重要作用。

民事案件案由是民事案件名称的重要组成部分,反映案件所涉及的民事法律关系的性质,是对当事人诉争的法律关系性质进行的概括,是人民法院进行民

事案件管理的重要手段。根据最高人民法院《关于印发修改后的〈民事案件案由规定〉的通知》(法〔2020〕347 号),修改后的《案由规定》采用纵向十一个部分、横向四级结构的编排设置。在案由横向体系上按照由低到高的顺序选择适用个案案由,即应当优先适用第四级案由;没有对应的第四级案由的,适用相应的第三级案由;第三级案由中没有规定的,适用相应的第二级案由;第二级案由没有规定的,适用相应的第一级案由。

对于是否要求当事人在起诉状里列明涉诉的案由,各地法院规定不一。笔者所在地区各级法院是有要求的,甚至可能在对当事人的网上立案进行审查时,提出“案由需细化,请在基本信息中修改,如不能细化请备注或上传情况说明……逾期不补充材料的,视为你方撤回本次立案申请”的审查意见。但是,笔者也收到过部分地区法院的审查意见“请删除起诉状中列明的案由”,理由是对案由的确认是审判人员的职权,言外之意,诉讼当事人不能以诉请的案由引导或制约法官的判断。

是否需要在起诉状中列明案由并不是我们要讨论的重点,但是在诉讼前确定案由却十分重要,它关乎我们对诉讼方向的选择。案由由民事法律关系的性质决定,我们应当按照讼争的法律关系确定诉讼请求,而请求权基础对应不同的法律条文,起诉时确定案由不当可能导致法律适用错误。

下面援引某生效判决书对案由的调整来说明在起诉前准确确定案由的重要性:

“本院认为,原告的事实与理由部分主张被告承担责任的依据为《最高人民法院关于适用〈中华人民共和国公司法〉若干问题的规定(二)》第二十条第二款关于‘公司未经依法清算即办理注销登记,股东或者第三人在公司登记机关办理注销登记时承诺对公司债务承担责任,债权人主张其对公司债务承担相应民事责任的,人民法院应依法予以支持’的规定,本案应为清算责任纠纷。原告于立案时主张的案由为股东损害公司债权人利益责任纠纷,但股东损害公司债权人利益责任纠纷指公司股东因滥用公司法人独立地位和股东有限责任,逃避债务,严重损害公司债权人利益，对公司债务承担责任的民事纠纷，其请求权基础对应的法律条文为《中华人民共和国公司法》第二十条的规定。故本案的案由调整为清算责任纠纷”。

可见，案由不同，对应的法律条文亦不相同。

修改《案由规定》的通知明确规定，人民法院受理民事案件后，经审理发现当事人起诉的法律关系与实际诉争的法律关系不一致的，人民法院结案时应当根据法庭查明的当事人之间实际存在的法律关系的性质，相应变更个案案由。也就是说，当事人主张案由错误并不会导致诉讼请求被驳回的后果，但很可能导致我们在起诉状“事实和理由”部分错误援引处理纠纷应当适用的法律条文。

二、案由实务运用的简要规则

1. 以基础法律关系确定案由。如某案原告以“无因管理纠纷”起诉，法院审理后认为该纠纷涉及的基础法律关系并非无因管理，而是由履行教育培训合同而引发，故结案时变更为“教育培训合同纠纷”。

2. 请求权竞合时，应当以最有利于委托人利益的原则，结合证据材料证明力强度的大小，择优选择确定。

3. 存在多个法律关系时，法院立案庭一般的要求是“一案一案由”，我们需要对案件按照不同的法律关系进行拆分，分别起诉。但也有同一诉讼中涉及两个以上的法律关系且均为诉争的法律关系的，应并列确定相应的案由。如某案原告主张“股东损害公司债权人利益责任纠纷”，法院审理后认为原告的请求权涉及两个不同法律关系，故将该案并列“股东损害公司债权人利益责任纠纷”和“与公司有关的纠纷”两个案由。

4. 基于不真实或不确定的法律关系主张的诉讼需承担败诉的风险。如某案原告主张被告返还讼争房产 50% 的所有权，以“返还原物纠纷”提起诉讼，法院经审理查明，该房产属于“××市历史遗留违法私房”，处于待处理状态，权属不明，原告主张返还建筑物所有权的 50% 不具有事实依据，遂判决驳回原告全部诉讼请求。此案的原告/代理人如果诉前仔细分析产权现状,以“共有权确认纠纷”主张享有涉案房产 50% 的使用权或收益权,或许结果会有所不同。

第二节　再三确认诉讼请求是否精准

如果我们将案件事实看作诉讼的血肉,把证据体系视为诉讼的骨骼,那么诉讼请求则是诉讼的灵魂。

一、不告不理,当事人请求什么人民法院就审理什么

请求权与抗辩权、形成权一同作为权利的类型之一,在民事权利体系中被赋予了与物权、债权、知识产权等权利同样的地位。请求权以其基础权利之不同,分为债权上请求权、物权上请求权、基于他物权上请求权、知识产权请求权①(另一说为:民事权利依其作用,划分为支配权、请求权、形成权和抗辩权)。请求权被定义为“权利人可以要求他人为一定行为或不为一定行为的权利”,而请求权基础是指产生请求权的法律基础。

从广义上讲,诉讼请求是当事人向法院提出的,要求法院予以裁判的请求,具体来说是对诉讼标的的请求。诉讼标的,又称为诉的标的或诉的客体,是当事人双方争议和法院审判的对象,也是裁判对象的最基本和最小的单位。所谓最基本的单位,意思是指诉讼标的是当事人向对方所主张的法律上利益所不能再细分的具体事项,如果再细分就不能构成一个完整的诉讼请求,在不能再划分时的基本单位就是诉讼标的。简单一句话理解,诉讼标的是讼争的法律关系,诉讼请求是当事人对讼争法律关系处理结果向受诉法院提出的具体请求。

民事诉讼实行“不告不理”原则,人民法院根据当事人的诉讼请求来审理案

---

① 对于请求权分类,笔者在本章第一节有简单的归纳。系统性的观点分布于[德]德迪特尔·梅迪库斯:《请求权基础》,陈卫佐、田士永等译,法律出版社 2012 年版,“第一章至第五章”。

件，正是因为诉讼请求关乎裁判结果，所以当事人/代理人需要审慎、精准提出诉讼请求。

通过纷繁复杂的案件事实厘清讼争的法律关系、提出准确的诉讼请求，是每一名从事诉讼业务的律师的基本技能。因诉的种类不同，确认之诉、给付之诉、变更之诉(形成之诉)各自的诉讼目的是不同的，诉讼请求亦应与之相适应。笔者结合自身代理诉讼的实践体验与读者交流探讨。

二、确认之诉诉讼请求实务

确认之诉，是指原告请求人民法院对双方当事人之间存在或不存在某种法律关系进行确认的诉讼。确认之诉又分为积极的确认之诉与消极的确认之诉。

积极的确认之诉：指原告请求法院确认当事人之间存在某种法律关系，如原告请求法院确认二手房买卖合同有效。

消极的确认之诉：指原告请求法院确认当事人之间不存在某种法律关系，如原告请求法院确认房屋租赁合同无效。

实操中应注意，请求确认的法律关系必须明确、具体、排他。比如，“请求确认原告 A 公司与被告 B 公司于某年某月某日签订的《加工承揽合同》(合同编号××××)有效”“请求确认原告赵某与被告钱某为买卖位于××市××区××街道××路××号××花园第×栋第×单元第××号房屋于某年某月某日签订的《二手房买卖合同》无效”，这样的表述便不会使诉讼标的产生歧义。确认法律关系存在或不存在可能不是当事人的全部诉讼目的，当事人通常还会对确认存在或不存在以后的处理提出要求。但是我们不能简单地在“请求确认……《加工承揽合同》(合同编号××××)有效”后面直接添加“并判令被告 B 公司按期交付定作物并承担违约责任”这样的请求，而是应当把“判令被告 B 公司按期交付定作物”单独列为第二项诉讼请求，把“承担违约责任”列为第三项诉讼请求，且需明确是何种违约责任、承担多大的违约责任。同理，《二手房买卖合同》无效之后的“要求返还定金”“赔偿经济损失”也应列为独立的诉讼请求。

要特别注意，某项法律行为或法律关系无效，通常都需有法律的明文规定。如：关于民事法律行为无效，根据《民法典》第143条、第144条和第146条的规定，违反法律、行政法规的强制性规定，违背公序良俗的民事法律行为无效；无民事行为能力人实施的民事法律行为无效；以虚假的意思表示实施的民事法律行为无效。关于合同无效，《民法典》第497条规定了格式条款无效的几种情形；第506条规定了免责条款无效的几种情形；合同编对合同的效力没有规定的，适用《民法典》关于民事法律行为无效的有关规定。关于婚姻无效，《民法典》第1051条规定了重婚、有禁止结婚的亲属关系和未到法定婚龄三种情形。因此，我们在主张法律行为或法律关系无效时一定要慎重，随意提出主张无效的诉讼请求，有很大概率不会被支持。

还需要注意区分确认之诉与变更之诉的不同。比如，"请求确认原告赵某对登记在被告钱某名下的、位于××市××区××街道××路××号××花园第×栋第×单元第××号房屋(不动产登记证号××××)享有50%的权利份额"，如果仅以"请求确认"的文字表述进行判断，很容易认为这是一个确认之诉，但实质上原告赵某是请求对既存法律关系(被告钱某对讼争房产独占100%权利份额)的事实予以变更，如果法院经审理后支持原告的诉请，则该既存法律关系变更为赵某和钱某对房产各占50%的份额，是变更之诉。当然以上只是笔者个人观点，还有观点认为应属于确认之诉，相似的例子还有股东资格确认纠纷、共有权确认纠纷。分歧主要在于理论探讨，对于诉讼结果并无太多影响。

三、给付之诉诉讼请求实务

给付之诉，是指原告请求法院判令被告向其履行某种特定给付义务的诉讼。给付之诉包含给付行为和给付财物。

1. 行为。给付行为包括作为和不作为。作为，如原告要求被告修理被追尾的车辆、在媒体上公开赔礼道歉等；不作为，如原告要求被告停止侵害名誉权的行为等。

2. 财物。给付财物包括给付货币或财产。给付货币如原告要求被告支付货款、借款、工程款等，给付财产如原告要求被告返还占有物、交付定作物等。

实操中我们提出，诉讼请求应力求全面、清晰、精准。例如，某机动车交通事故责任纠纷案，A 是伤者（伤残等级八级，无责），B 是肇事司机（全责），C 是机动车所有权人，D 是承保交强险的保险公司，E 是承保商业险的保险公司。

第一，要避免笼统计算损失项目，如“请求判令本案被告共同承担原告因交通事故造成的各种损失共计××元”，而是应当分别列明损失的项目和金额，如“医疗费××元、后续治疗费××元、误工费××元、护理费××元、交通费××元、住院伙食补助费××元、营养费××元、残疾赔偿金××元、残疾辅助器具费××元、被扶养人生活费××元、司法鉴定费××元、精神损害抚慰金××元，以上各项费用合计人民币××元”，这些赔偿请求项目可以合并为一项，也可以按项目单列诉讼请求。

第二，要明确各被告承担赔偿责任的顺序，如“请求判令被告 D 在交强险责任限额内赔偿××元，不足部分由被告 E 在商业险责任限额内赔偿××元，D、E 责任范围以外的部分由被告 B、被告 C 负责赔偿”，同时还应明确“精神损害抚慰金××元在交强险责任范围内优先支付”，这是因为商业险一般都排除了精神损害抚慰金的赔付责任，而肇事司机/车辆所有人的赔偿能力明显弱于专业的保险公司。

再如，民间借贷纠纷或者买卖合同纠纷诉讼请求一般就是请求被告支付借款/货款和利息/资金占用费等，我们同样要明确本金的数额和利息的数额以及利息的计算方式。如，“请求判令被告向原告支付借款本金××元、利息××元（以本金××元为基数，自某年某月某日起，按照全国银行间同业拆借中心公布的贷款市场报价利率之 1 倍/2 倍/3 倍/4 倍计算，暂计算至某年某月某日，为××元，全部利息计算至实际清偿之日止），以上本息合计××元”。

因为法院是按照诉讼标的额计算案件受理费的，所以通常要求在起诉时明确在某个时间段之内的利息具体数额，而不能笼统地以“本金××元和利息××

元"作为诉讼请求,除非利息的起算日期非常接近起诉日期或原告请求以起诉日作为利息的起算日。而买卖合同纠纷中的货款、租赁合同纠纷中租金的利息计算依据,如合同没有特别约定,则计算标准一般均适用全国银行间同业拆借中心公布的贷款市场报价利率(LPR)。

另外,诉讼请求中对动词的使用要格外用心,须符合对涉案法律关系的定义和判断。举例如下。

"赔偿"一词多用于侵权责任纠纷,如医疗费、残疾赔偿金、精神损害抚慰金、非法解除劳动合同的赔偿金、赔偿因违约而给守约方造成的经济损失等,赔偿即意味着存在过错责任,具有法定性。

"补偿"一词多运用于适用公平原则的情形,如员工与企业协商解除劳动合同的补偿金、股东因未履行出资等义务造成公司丧失清偿能力时对公司债务的补充清偿责任、某民事法律行为与损害结果之间虽没有直接的因果关系,但因该行为有违公序良俗而承担的补偿责任等。补偿同样具有法定性,但具体适用时裁判者有自由裁量权。

"支付""偿付"意思基本相同,通常用于给付货币,如支付货款、支付专利服务费、支付居间服务费、偿付欠款、支付违约金等。

"返还""交付"通常用于给付财产,如返还租赁物、返还出借物、交付定作物、交付购买的商品房等。但是在具体使用时,"返还"通常意味着原告对标的物品拥有所有权但该物品被被告占用或使用。而"交付"则是要求被告履行标的物品所有权或使用权的转移义务,二者是不能混淆的。

"腾退"的含义比较清晰,"腾退"是指要求占用人交还不动产,包括"腾空"和"退还"两个行为。

"修复""恢复原状"既有联系又有区别。恢复原状的适用以须有修复的可能与必要为前提,如玉碎即不能适用此种责任形式。恢复原状在不同的场合适用具有不同的内涵。在合同关系上,当合同无效、被撤销或部分解除,通过恢复原状使当事人的权利义务状态达到合同订立前的状态;在物权法上,意在使权利人恢复对物的原有的支配状态；在侵权法上，通过修理、重作、更换等方式使权利人的损失得以补偿。需要注意的是，诉讼请求中的“恢复原状”不是简单的四个字，应当清晰、明确地要求恢复至何种状态，如“判令被告将租赁房屋恢复原状至交付时的状态（以双方于某年某月某日签订的《房屋交接表和交接清单》及拍摄的照片和视频为准）”。

四、变更之诉诉讼请求实务

变更之诉又称形成之诉，是原告请求法院对其与被告之间的既存法律关系进行消灭或变更。例如，离婚之诉、变更合同内容之诉、解散公司之诉。

对既存法律关系的消灭或变更，必然产生相应的法律后果。以离婚纠纷为例，请求判决准予离婚，是对原、被告之间既存婚姻关系的消灭，而离婚所引起的子女抚养和探视问题、夫妻共同财产分割和共同债务负担的问题都需要在一个诉讼中加以解决，如有遗漏还可在期限内提出离婚后的财产纠纷诉讼。变更合同内容之诉可能导致双方合同权利义务的变化。同样，解散公司之诉仅是从法律上终止公司的存续，但解散后的清算工作远比设立公司要复杂得多。

继续解散公司之诉的话题。既然解散公司之诉的后续工作如此繁杂，我们能否在提起解散公司之诉时一并要求对公司进行清算呢？答案是不能。最高人民法院《关于适用〈中华人民共和国公司法〉若干问题的规定（二）》第2条规定：“股东提起解散公司诉讼，同时又申请人民法院对公司进行清算的，人民法院对其提出的清算申请不予受理。人民法院可以告知原告，在人民法院判决解散公司后，依据民法典第七十条、公司法第一百八十三条和本规定第七条的规定，自行组织清算或者另行申请人民法院对公司进行清算。”

判决解散只是公司进行清算的事由之一，其他的事由还包括：公司章程规定的营业期限届满；股东大会决议解散；因法人合并或者分立需要解散；被吊销营业执照、登记证书；被责令关闭或者被撤销等。

笔者作为被告的代理人，不止一次在原告的起诉状中见过“请求判令解散××

公司并对公司进行清算"的诉讼请求，这种失误是很低级的，应当避免一而再再而三地出现。

变更之诉，诉讼请求不能模糊不清，必须清晰、明确，审判人员才能有针对性地进行审理。举例如下。

案例1　夫妻关系存续期间购买的房产，登记在男方名下，男方因生产经营性负债被列为被执行人，该房产被依法查封，女方欲通过共有权诉讼确定本人对房产的财产份额。其诉讼请求的表述为"请求确认位于××市××区××街道××名庭(三期)×座×××号商品房是原告和被告的夫妻共同财产，原告、被告各占50%的份额"，这看似并没有什么问题。但是开庭时法官要求明确"究竟是请求确认该房产属于夫妻共同财产还是请求确认夫妻双方各占50%的财产份额"，因为确认为夫妻共同财产则房产为共同共有，而确认为各占50%则属于按份共有。虽然在该案中无论按份共有还是共同共有，如无相反情形其比例都是夫妻双方各50%，但该两种共有形式在对共有物的处分上是有很大不同的，依本案原告的诉讼意愿，当庭明确为按份共有。

案例2　房产登记在被告名下，原告1、原告2、原告3主张房产属于家族共有，其家族关系为：原告1是父亲，原告2、原告3和被告均为原告1的儿子。原告1、原告2、原告3的诉讼请求为"请求确认不动产权登记证号×××××证下的房产为各原告与被告家庭共同共有"。开庭时法官询问：家庭共同共有的"家庭"指谁？原告1、原告2、原告3和被告均已成年，都有各自的家庭，该"共有"指哪个"家庭"？如果指"大家庭"或"家族"的概念，那么原告又是谁？"家族"内部是否已经析产、是否各有独立的住所？由此可知，在不考虑案件事实和证据材料的情况下，这样的诉讼请求基本上已经决定了案件的结果。

案例3　某离婚案件原告的诉讼请求是"请求判令原告与被告离婚或宣布婚姻无效"，这就更离谱了。判断感情确已破裂准予离婚的法定情形是：(1)重婚或者与他人同居；(2)实施家庭暴力或者虐待、遗弃家庭成员；(3)有赌博、吸毒等恶习屡教不改；(4)因感情不和分居满二年；(5)其他导致夫妻感情破裂的情形。

而判断婚姻无效的法定情形是:(1)重婚;(2)有禁止结婚的亲属关系;(3)未到法定婚龄。该案原告认为有证据证明被告(男方)婚内出轨,符合重婚的情形,故认为感情破裂或婚姻无效的情形是同时存在的。经立案审查,法官释明,原告保留"准予离婚"的诉讼请求。

案例4 A购买B名下位于××市××区××街道××路××号××花园第×栋第×单元第××号(不动产登记证号××××)二手商品房一套,双方交易已完成,房屋已交接。后A感觉套内面积与不动产权证上登记的建筑面积有较大出入,超过了合理的公摊面积,于是请第三方实测,计算结果套内面积与建筑面积差比接近40%,遂与B协商退还部分购房款。B认为双方按照不动产权证上登记的面积进行交易符合法律规定,即使存在公摊面积过大也不是B的原因所致,且B也是从上家转手而来,故拒绝了A的要求。A以商品房销售合同纠纷向法院起诉,要求B退还超出合理公摊面积部分的购房款,其诉讼请求为"判令被告退还多收取的购房款××万元(以不动产权证登记的建筑面积减去实际测量的套内面积、按照25%作为合理公摊面积的参考基数)",裁判结果当然是原告败诉。笔者认为,该案应以不动产登记纠纷起诉,即变更不动产权证上的登记面积,并依重新登记的面积主张被告返还多收的购房款,而原告绕过变更之诉直接提起给付之诉,没有事实依据岂能不败?

进行民商事诉讼,人民法院除对个别案件(如依照特别程序审理的案件)不收取案件受理费外,对非财产案件按件收取案件受理费,对财产案件分段累计收取案件受理费。因而诉讼请求中所要求给付或索赔的金额越高,当事人需要缴纳的诉讼费用也越高。如诉讼请求不适当,其不适当部分将不能得到支持,当事人须自行负担不当请求部分的诉讼费;如诉求错误或诉求没有相应的证据予以支持,则会导致该诉讼请求被驳回,当事人须自行负担被驳回部分的诉讼费。反之,如果为了少缴案件受理费而盲目减少争议标的的金额,则会致诉讼请求不完全,因人民法院不会主动超出诉讼请求的范围进行审理,则会导致该未请求部分的诉讼标的得不到审理的法律后果。因此,精准提出诉讼请求也是减轻当事人诉讼负担的必然要求。

第三节 原告准确、被告适格、第三人恰当

一、原告错误将导致起诉被驳回

原告是指为了保护自己的民事权益,以自己的名义向人民法院提起诉讼,从而引起民事诉讼程序发生的人。公民、法人和其他组织均具有诉讼权利能力,可以作为民事诉讼的原告。

原告相对容易确定,实践中需注意以下几种情形:

1. 无民事行为能力、限制民事行为能力的人,由其法定代理人或监护人代为行使。

2. 个体工商户以营业执照上登记的经营者为当事人。有字号的,以营业执照上登记的字号为当事人,但应同时注明该字号经营者的基本信息。

3. 未依法登记领取营业执照的分支机构、办事处、联络处等,以设立该分支机构、办事处、联络处的法人为当事人。

4. 未依法登记领取营业执照的个人合伙的全体合伙人为共同诉讼人。

5. 企业法人合并的,因合并前的民事活动发生的纠纷,以合并后的企业为当事人;企业法人分立的,因分立前的民事活动发生的纠纷,以分立后的企业为共同诉讼人。

6. 企业法人解散的,依法清算并注销前,以该企业法人为当事人;未依法清算即被注销的,以该企业法人的股东、发起人或者出资人为当事人。

然而在实践中,与讼争法律关系不具有联系的人以自己的名义作为原告提起诉讼的情况也有发生。有些情况下,两方或多方均与讼争法律关系具有一定程度的联系,需要我们仔细甄别后确定原告的主体资格。

案例1 A公司法定代表人B以个人名义与自然人C签订一份《委托代理

办证合同》,B 向 C 支付办证费用 × × 万元,后 C 在代理办证过程中遇到政策性障碍,迟迟未能把证件办下来,B 提出终止合作,让 C 把预付的费用退还。C 分批向 B 退还了部分费用,还有部分费用没有退还,B 遂向法院起诉,要求 C 退还全部预付的费用。但是,B 在起诉时是以 A 公司作为原告,法官审理后认为,涉案《委托代理办证合同》系由 B 和 C 签订,款项的支付和退还也是发生在 B 和 C 之间,而《委托代理办证合同》从内容到形式均未体现 A 公司的参与,故认定 A 公司与讼争的法律关系不存在联系,A 公司不是合同的相对人,不享有相关权利与义务,遂作出驳回 A 公司起诉的裁定。

案例 2　新冠肺炎疫情期间,A(自然人)与 B 公司联系商量口罩机采购事宜,在尚未签订采购合同的情况下,A 向 B 公司法定代表人 C 的个人账户支付 2 万元诚意金,B 公司据此向 A 出具一张盖有公司公章的收据。后因货源紧张,B 公司提出延期交付,A 不同意延期,要求 B 公司退还 2 万元诚意金,B 公司同意。C 遂通过个人账户向 A 退款,但在手机操作时发生失误,多输入一个“0”导致 20 万元款项退还至 A 的账户。发现错误后 C 随即通知 A 返还多收入的 18 万元,但 A 却称该多付的 18 万元是违约金,不同意返还,双方形成纠纷。

该案系不当得利纠纷,这是不存在争议的。有争议的是应当以 B 公司还是以 C 作为原告。主张以 B 公司作为原告的理由是,虽然诚意金是支付至 C 个人账户的,但收据是 B 公司出具的,且如果最终能够签订合同,也是与 B 公司签订,B 公司才是口罩机的生产厂家,因此应以 B 公司名义主张权利。而主张以 C 作为原告的理由是,虽然 C 是 B 公司的法定代表人,且 C 也已经将 2 万元诚意金转付给 B 公司,但采购合同并未成立,收款及退款均是通过 C 的个人账户进行,C 才是 18 万元款项的实际损失人,亦是主张返还 18 万元款项的权利人。法院采纳 C 作为原告的观点。

案例 3　与案例 2 类似的一个案例。A 因资金周转困难,以个人名义与 B 公司签订了一份《借款合同》,双方签名盖章,同日 B 公司的监事 C 通过自己的个人账户向 A 转账支付 × × 万元,后因 A 未能按时偿还借款,B 公司决定提起诉讼。在以B公司还是以C作为原告的问题上委托人与代理人产生了分歧，委托人认为应以B公司作为原告起诉。理由是《借款合同》是B公司与A签订的，至于B公司与C之间的内部结算问题，与他人无关。但是代理人指出，C既不是B公司的法定代表人也不是B公司的股东，监事只是公司治理结构的人事设置，不是法律意义上的公司经营者，且B公司账户上并没有相对应的付款记录。涉案的××万元款项的支出和部分款项的收回都发生在A与C的个人账户之间，A与C才是借贷行为的真实交易者。B公司后来同意了代理人的观点。

案例4 A女在与B男办理结婚登记前提出共同购买理财产品的要求。投资该理财产品的资金构成情况是，A女三成B男七成（A女的三成中，A女与其母亲各出资50%，B男的七成中B男与其母亲、舅舅分别出资60%、30%、10%），理财产品以A女名义购买，前述出资的五人签署了一份《投资理财协议》明确了各自的份额和分红比例。后A女与B男离婚，法院因该《投资理财协议》涉及案外多人利益，在离婚诉讼中未予分割处理。离婚后，B男另案就《投资理财协议》项下的财产分割提起诉讼。正常情况下应以B男、其母、其舅作为共同原告，A女为被告、A女母亲为第三人作为案件当事人提起诉讼。但由于B男的舅舅前不久去世了，确定继承人参加诉讼程序比较烦琐且耗时（有继承人在国外定居），有迹象表明A女随时都有单独处置理财产品的可能。为尽快起诉并对该理财产品进行财产保全，代理人建议，以B男为原告、A女为被告提起诉讼，同时申请财产保全，待案件进入诉讼程序后，再由法院通知相关权利人以第三人或共同诉讼人的身份参加诉讼，快速解决了诉讼主体问题，为裁判生效后款项的顺利执行奠定了基础。

二、被告人数并不是越多越好

被告是指侵犯原告利益，需要被追究民事责任，并经法院通知其应诉的人。公民、法人和其他组织均具有诉讼权利能力，可以作为民事诉讼的被告。

我们都知道，民事诉讼是在平等主体之间进行，被告与原告在诉讼过程中的地位是平等的，具体来说是指当事人诉讼地位平等、诉讼权利义务平等、在适用法律上一律平等。然而，无论是在人们的传统观念上还是在市场经济的现实环境中，成为被告都不是一件令人愉快的事情。特别是对于企业法人来说，合作伙伴通过信息平台查询到合作对象有大量涉案案件的话，对该企业的信任度就会大打折扣。即使该企业的诉讼地位是原告，合作伙伴也会认为一个动不动就把合作方告上法庭的交易对象是不值得信赖的，需要足够警惕。如果该企业的诉讼地位是被告，合作伙伴可能会对该交易对象产生缺乏实力、履约能力弱、支付能力不强的担忧。此外，当企业法人（包括自然人）处于被告的诉讼地位而案件尚未终结之前，金融机构有很大的可能会暂停对以该被告企业作为申请人的正在进行的贷款或融资项目的审批。如果原告同时申请了诉前保全或诉中保全，法院依申请查封、扣押、冻结了被告方的银行账户（特别是对公基本账户）、机器设备、车辆、房产、股权等，情况就会变得更加严重，被告是无法对原告进行反制的（被告提起反诉的情形除外）。

那么原告错告了会受到惩罚吗？事实上没有。最大的“惩罚”就是判决驳回原告全部诉讼请求和负担全部诉讼费用，在有约定的情形下，原告还需负担被告为应诉而支出的律师费用。《民事诉讼法》第 108 条是对于错误申请财产保全而做的规定：“申请有错误的，申请人应当赔偿被申请人因保全所遭受的损失。”在实践中，“赔偿损失”是一件相当烦琐又相当令人沮丧的证明过程。当然，我们的司法资源是非常宝贵的，公民、法人和其他组织的正当权益也是需要保护的，对于“恶意诉讼”如何防范和惩戒，立法机构、最高人民法院有必要加强研究决策，适时制定规范性文件，但这不在本书的探讨范围之内。

如此说来，原告是不是可以随心所欲地起诉他人呢？当然不是。《民事诉讼法》第 122 条规定，起诉必须符合下列条件：

（1）原告是与本案有直接利害关系的公民、法人和其他组织；

（2）有明确的被告；

（3）有具体的诉讼请求和事实、理由；

(4)属于人民法院受理民事诉讼的范围和受诉人民法院管辖。

这里“有明确的被告”不仅仅指被告的身份信息、法人的登记信息必须明确，还必须与讼争的案件事实或处理结果有直接利害关系，起诉状中的“事实、理由”部分要能体现和反映被告与讼争案件事实的关系。

在实操中，有时为了便于纠纷的解决，需要我们适当扩大被告的范围，这与恶意诉讼或滥诉是有本质区别的。

例如，在被告是有限责任公司分公司时，考虑到该分公司的清偿能力，应该将其母公司列为共同被告；在被告属于自然人独资或法人独资的一人有限责任公司时，我们通常应当将该公司的自然人股东、法人股东列为共同被告；在法律规定某些侵权责任可以选择向某个或多个责任人主张权利时，我们一般建议把多个责任人均列为共同被告。尤其是对于抛物造成他人损害的，经调查难以确定具体侵权人时，我们应当将可能加害的该建筑物使用人均列为被告，要求承担补偿责任，等等。

案例5 某开发商A将某小区装修工程承包给B公司，B公司又将装修工程的零星工作分包给C(无资质的个人施工队)，B公司与C签订了简单的分包协议。因B公司长期拖欠工程款，C迫于无奈向A公司反映，A公司越过B公司向C支付了部分劳务费用。装修工程全部完工后，C向B公司索取剩余款项，B公司称项目亏损且A公司也没有结清工程费用，B公司同时声称C的账务已结清。现C准备起诉，但缺少一份重要的证据，即A公司与B公司之间的装修工程结算报告，有了这份报告才能核算C分包的零星工程的工程量并确定最终的款项。代理人建议，将A公司和B公司列为共同被告。理由是，虽然C与A公司没有直接的合同关系，但是A公司曾经数次直接向C支付劳务费，说明A公司明知C是装修工程的参与方。A公司应诉后为了自证无责，应该会向法庭提交工程结算报告以及已经付清装修款的证据材料，从而辗转实现原告的诉讼目的。

案例6 某买卖合同纠纷案。原告A是一家手机配件供应厂商，被告B是一家手机组装生产厂商，被告拖欠了原告大量的货款。已知该 B 公司涉及诉讼数量较多、不能清偿的到期债权数额十分巨大，原告担心即使胜诉也难以实现债权。经代理人认真梳理证据材料，发现原告的部分增值税专用发票是开给 C 公司的，也有部分货款是由 C 公司直接向 A 公司支付。进一步审查发现，该 C 公司虽然在外省设立，但公司名称除行政区划不同以外，字号与被告是相同的，继续挖掘发现，C 公司的股东、高管与 B 公司存在重叠，且两家公司的经营范围和业务高度重叠，基本判断 C 公司与 B 公司存在公司人格混同，建议将 B 公司和 C 公司列为本案共同被告。后经法院审理，确认了 B 公司和 C 公司人格混同的事实，判令两家公司对债务承担连带清偿责任，A 公司顺利收回货款。

三、合理追加第三人有助于原告实现诉讼目的

第三人，是指对于他人已经开始的诉讼，以该诉讼的原被告为被告提出独立的诉讼请求，或者由该诉讼中的原告或者被告引进后主张独立的利益，或者为了自己的利益，辅助该诉讼一方当事人进行诉讼的参加人。

第三人分为有独立请求权的第三人和无独立请求权的第三人。有独立请求权的第三人，是指对他人之间的诉讼标的主张独立的请求权，而加入原、被告正在进行的诉讼中的人。有独立请求权利第三人是以提出诉讼的方式参加。无独立请求权的第三人，是指因正在进行的诉讼的裁判结果与他可能具有法律上的利害关系而参加诉讼的人。无独立请求权的第三人参加诉讼的方式是主动申请参加诉讼或由法院通知其参加诉讼。

原告起诉时如果认为将要提起的诉讼的裁判结果可能与案外人具有法律上的利害关系，需要将该案外人列为第三人的，一般不在起诉状中直接列明第三人的身份信息和诉讼地位，而是以附加追加第三人申请书的方式向受诉法院提出。但是法律、司法解释对第三人诉讼地位有明确规定的，应在起诉状中列明第三人的基本信息和诉讼地位。例如，《公司法》的相关解释：

1. 股东提起解散公司诉讼应当以公司为被告，原告以其他股东为被告一并

提起诉讼的,人民法院应当告知原告将其他股东变更为第三人。

2. 原告请求确认股东会或者股东大会、董事会决议不成立、无效或者撤销决议的案件,应当列公司为被告。对决议涉及的其他利害关系人,可以依法列为第三人。

3. 股东依据《公司法》第 151 条第 2 款、第 3 款的规定,直接对董事、监事、高级管理人员或者他人提起诉讼的,应当列公司为第三人参加诉讼。

4. 此外,执行案件的申请人作为原告提起执行异议之诉,要求公司股东对公司不能清偿的债务承担连带清偿责任或补充清偿责任的,该被追加的公司股东为被告,公司列为第三人,等等。

除法定情形以外,原告认为需要追加第三人的,一般是出于查明案件事实的需要或者补强被告人的偿付能力。

案例 7 某超市因地面油渍没有擦除干净,导致顾客 A 购物时滑倒致骶骨骨折,顾客 A 起诉向超市索赔,得知顾客 B 也曾在此地滑倒但未造成损伤,要求顾客 B 作为证人出庭但遭到拒绝,遂申请法院将顾客 B 追加为第三人,其目的是让顾客 B 佐证地面油滑的事实。同样是这个例子,假如顾客 A 恰好是被顾客 B 的购物车擦碰加之地面油滑而摔倒受伤,顾客 A 却只起诉超市承担赔偿责任,超市遂申请法院将顾客 B 追加为第三人,超市的目的则是证明顾客 A 受伤是多重因素造成的,希望顾客 B 共同承担赔偿责任。

案例 8 某教育培训合同纠纷,A 向培训机构 B 一次性交付了 5.8 万元课外培训课时费,但当时 A 忽略了收据上面加盖的是 C 公司的印章,而收款人签名又是 D 老师。在剩余课时费还有 4 万元时,培训机构 B 关门歇业了,A 向法院起诉要求 B 机构、C 公司退还剩余课时费。B 机构声称自己只是将资质借给了 C 公司,实际收款和负责培训的是 C 公司,B 机构自身没有参与培训活动;C 公司辩称是 B 机构的数名任课老师利用 B 机构的资质私下开展培训活动,C 公司只是提供 POS 机收取一点手续费,扣除手续费后款项给了 D 老师,培训活动与己无关。A 此时才发现,D 老师这个人物很关键,他究竟是哪家机构聘用的老师?他用自己的私人账户收取学费后将款项转向何处？遂申请追加D老师为案件的第三人。后经法院审理查明,D老师系B机构聘用的教职员工,D老师收款后已将款项转给了B机构。D老师在本案中作为无独立请求权的第三人,其作用在于协助查明款项的去向和负责培训的机构。由此确定了B机构的责任。

第四节　用高质量的起诉状为胜诉奠定坚实的基础

民事起诉状,是指公民、法人或其他组织,在认为自己的合法权益受到侵害或者与他人发生争议或者需要确权时,向人民法院提交的请求人民法院依法裁判的法律文书,起诉状是进行民事诉讼的最基础材料。其作用表现在:

第一,当事人提交起诉状是其行使起诉权的表现,是其维护自身合法权益,请求国家司法救济的途径,有利于其实体权利依法得到应有保护;

第二,起诉状是人民法院受理民事案件,予以立案、受理的凭证;

第三,起诉状是人民法院对民事纠纷进行调解和审理的基础,通过起诉状可以使法院了解原告的诉讼请求、事实和理由,为公正、合理地解决纠纷打下基础;

第四,起诉状也是被告应诉答辩的依据。①

对起诉状的要求,《民事诉讼法》第124条规定,起诉状应当记明下列事项:

(1)原告的姓名、性别、年龄、民族、职业、工作单位、住所、联系方式,法人或者其他组织的名称、住所和法定代表人或者主要负责人的姓名、职务、联系方式;

(2)被告的姓名、性别、工作单位、住所等信息,法人或者其他组织的名称、住所等信息;

(3)诉讼请求和所根据的事实与理由;

(4)证据和证据来源,证人姓名和住所。

---

① 关于民事起诉状的定义和作用,参考搜狗百科相应词条。

在实操当中,起诉状的核心和重点是“诉讼请求和所根据的事实与理由”。至于证据和证据来源,证人姓名和住所等信息一般可不在起诉状中列明,而是以独立的证据目录、证据材料、证人出庭申请书的形式在起诉时一并提交。

一、撰写起诉状要避免极简和极繁两个极端

起诉状对于民事诉讼的重要性,怎么强调都不为过。起诉状应当简明扼要还是翔实具体,不能一概而论,要根据诉讼请求的事项、案件事实和法律关系的复杂性来决定。但总的要求是段落分明、层次清晰、逻辑严谨、论证充分,紧紧围绕讼争的事实和诉讼请求而展开。无论案件事实多么复杂、起诉状的篇幅是长还是短,都要让审判人员看过以后对原告的诉求及案件事实的来龙去脉有十分清晰的了解,初步形成内心确信。一份出色的起诉状应该足够贴合案件事实,其对案件事实的阐述基本就是裁判文书“审理查明”的事实,其对法律关系的阐述当如裁判文书的“本院认为”的认定,其提出的诉讼请求就是裁判文书的“判决如下”所作的结论。

撰写起诉状要避免两个极端,一是过于简单,事实理由一笔带过,把一切都交给法院,这样处理或是为了掩饰对己方的不利事实和证据,或是不愿过早暴露真实的诉讼意图,或是自认为案情简单明了无须浪费笔墨。二是杂乱无章,逻辑混乱,事无巨细唯恐遗漏故而面面俱到,陈述事实颠三倒四,阐述法律关系不着边际,读后令人一头雾水。第一种情形多是缘于代理人的自信或自以为是的策略选择,第二种情形主要是原告缺乏法律常识又无诉讼经验所致。

关于确定诉讼请求,前文有述及,这里不再重复。前文还提及,我们在决定提起一个诉讼的时候应当站在裁判者的角度思考,撰写起诉状正是需要这种思维。下面以买卖合同纠纷,民间借贷纠纷,清算责任纠纷,生命权、健康权、身体权纠纷为例简要介绍如何在撰写起诉状时顺应法官的思路。

二、买卖合同纠纷起诉状需明确标的物的交易细节

此类纠纷,在法庭调查阶段,法官通常会询问的事项是:合同或订单对主要

交易细节的约定、送货单签收情况、对账单确认情况、有无质量异议、发票开具和抵扣情况、已支付货款的情况、资金占用费的依据和起算时间、违约条款的约定是否适当等。买卖合同纠纷一般不存在不宜过早暴露的诉讼目的的说法,因此起诉状应当将审判人员的关注点一一讲述清楚,这样可以大大节省庭审时间。

案例 1 某买卖合同纠纷案,双方往来持续时间较长,交易频繁,被告支付货款迟缓且每次支付均不足额,致使账目比较混乱。如果简单诉称加工费总额是多少、被告支付了多少、还拖欠多少,并不能使法官一目了然地掌握交易情况,因此应当在起诉状的事实部分中予以述明:

"原告与被告系业务往来单位。被告委托原告对其开发的模具进行镜面放电处理,具体方式为:原告按照被告的通知前往被告处将需要加工的模具运回原告处,处理完成后再交付给被告,由被告工作人员验收合格后在送货单上签收。原告对每个月应收取的加工费用开具对账单,经被告核对无误后签名盖章确认,再以图片的形式将对账单通过微信回传给原告,双方口头约定月结 60 天。双方自 2018 年 4 月开始合作,截至 2021 年 3 月,原告共应收取加工费 1,283,430 元,原告已全部开具增值税专用发票,被告收票且已抵扣,被告自行或委托代理公司累计向原告支付加工费 675,747.29 元,尚有 607,682.71 元未支付。具体月份的加工费交易情况如下:

2018 年 4 月 24,840 元、5 月 23,370 元、6 月 63,260 元、7 月 46,160 元、8 月 63,660 元、9 月 15,500 元,2018 年合计 236,790 元。

2019 年 1 月 49,000 元、2 月 34,000 元、3 月 45,000 元、4 月 33,600 元、5 月 82,500 元、6 月 47,400 元、7 月 19,800 元、8 月 7500 元、9 月 15,000 元、10 月 45,300 元、11 月 37,800 元、12 月 52,500 元,2019 年合计 469,400 元。

2020 年 1 月 53,100 元、3 月 15,000 元、4 月 30,000 元、5 月 9700 元、6 月 98,000 元、7 月 78,500 元、8 月 23,000 元、9 月 30,000 元、10 月 7500 元、11 月 54,000 元、12 月 94,500 元,2020 年合计 493,300 元。

2021 年 1 月 45,000 元、2 月 15,000 元、3 月 24,000 元,2021 年合计 84,000 元。"

起诉状中提及的每笔交易都有证据材料予以支持，送货单与对账单一一对应，数额准确无误，虽然看似烦琐，但起诉状对双方交易的方式、款项结算周期、每一笔交易细节等均有陈述，不仅方便开庭时书记员记录庭审笔录，也方便审判人员一一核对，可以有效提高庭审效率。

三、民间借贷纠纷起诉状重在阐述借贷关系的真实性

此类纠纷在法庭调查阶段，法官通常会询问的事项是：出借人与借款人的关系、出借的日期和次数、出借资金的银行流水或转账记录、有无借据或借条、利息的约定和支付方式、借款人还款的情况、归还的是利息还是本金、是否存在虚假诉讼或非法放贷，等等。所以起诉状应当将审判人员的关注点陈述清楚。

案例 2 某民间借贷纠纷案。该民间借贷虽然借款金额不大但时间久远，又存在补写欠条的情况，且已知被告大概率不会应诉，原告举证责任大。其中的关键点是从 2015 年 10 月到 2019 年 9 月，被告补充出具欠条期间已归还的款项是否低于约定的应支付的利息，且是否低于 2 万元，否则欠条上记载的 17 万元的本金就不符合事实和法律规定；又因为欠条实质上是还款计划，没有利息的约定，故需说明从被告最后一次付款的次日起按照 LPR 请求支付利息。为把前因后果写清楚，起诉状在事实部分是这样表述的：

“因生产经营需要，被告通过熟人介绍向原告借款。2015 年 10 月 22 日，原告通过卡号为 6222××××（中国××银行××支行）的账户向被告卡号为 6222××××（中国××银行××分行）的账户转账 150,000 元。因为是原告侄女介绍，所以没有签订书面借款协议，双方口头约定按月付息，月利率 2%，到期还本，借款期限为 6 个月。但是被告未能按照约定支付利息和本金，原告就款项归还与被告进行过长达几年的沟通，被告仅支付过几次利息。被告通过本人及其亲朋账户支付利息的情况如下：2017 年 9 月 11 日支付利息××万元，2019 年 7 月 20 日支付利息××万元，2019 年 12 月 10 日支付利息××万元，2020 年 1 月 24 日支付利息××万元，合计支付利息××万元。

2019 年 9 月 2 日，在原告的强烈要求下，被告根据当时拖欠本金和利息的情况出具一份《欠条》，称：本人张某某，身份证号码 4503×××××××××××××向××（原告）借人民币 17 万元（大写：壹拾柒万元整），定于 2019 年 9 月 15 日还款 4 万元，2019 年 9 月 30 日还款 4 万元，2019 年 10 月 1 日还款 4 万元，2019 年 10 月 31 日还款 5 万元。张某某在欠条上签名、填写日期和捺印。虽然当时被告欠息远不止 2 万元，但是考虑到是熟人介绍，加之这笔借款拖延时间太长，给原告造成沉重的经济压力，原告同意本息按照 17 万元处理。

但被告出具欠条后，仅于 2019 年 12 月 10 日和 2020 年 1 月 24 日分两笔共支付 35,000 元，余欠 135,000 元没有支付。原告请求从 2020 年 1 月 25 日起，以 135,000 元为基数、按照全国银行间同业拆借中心公布的贷款市场报价利率计算至本息付清之日止。"

需要注意的是，起诉状说明原告与被告之间是因为亲属的介绍而产生的借贷关系，是为了排除原告职业放贷人的嫌疑，并以原告真实出借和被告曾经还款的事实排除虚假诉讼的嫌疑。

四、清算责任纠纷起诉状需突出股东承担责任的理由和依据

对于此类纠纷，审判人员重点审查的是：债务是否客观存在、作为债务人的公司何时注销和为何注销、公司是否未清算以及如何清算、要求股东承担责任的依据等。

案例 3 某清算责任纠纷案。原告与对方公司存在未结清的货款，因数额不大一直没有起诉，诉前原告并不知道对方公司已经被注销，直至代理人查询对方公司工商登记信息才发现，故而提起清算责任纠纷诉讼。起诉状除了需把拖欠货款的事实说清楚，还应将要求该公司股东承担责任的理由和法律依据讲清楚。起诉状的理由部分是：

"被告刘某某是××公司的自然人独资股东，2020 年 11 月××日，该公司办理注销登记，刘某某是公司清算组唯一成员。刘某某在《××公司清算报告》中

的（四）清算财产分配情况第3项声明‘公司的债务已清偿完毕’，在（五）清算其他情况第2项中承诺‘投资人保证企业债务已清偿完毕，所报清偿备案材料准确真实，并承担由此产生的一切法律责任’。

《公司法》第一百八十五条规定‘清算组应当自成立之日起十日内通知债权人’，刘某某明知原告是××公司的债权人，未向原告发出债权申报通知。

最高人民法院《关于适用〈中华人民共和国公司法〉若干问题的规定（二）》第十一条第一款‘公司清算时，清算组应当按照公司法第一百八十五条的规定，将公司解散清算事宜书面通知全体已知债权人……’第二款‘清算组未按照前款规定履行通知和公告义务，导致债权人未及时申报债权而未获清偿，债权人主张清算组成员对因此造成的损失承担赔偿责任的，人民法院应依法予以支持’。

特此诉讼，望判如所请。”

因债务是法人之间产生的，而被告法人已经注销，当不能再以买卖合同纠纷起诉，如要求追究股东的个人责任，需说明追究股东个人责任的理由。

五、生命权、健康权、身体权纠纷起诉状强调的是因果关系，适当辅之以情理（附：李某生命权纠纷案起诉状全文）

撰写起诉状虽然没有必须遵循的模式，但总体上要遵循条理清晰、严谨客观的基本要求，尽量使用法言法语，非特殊原因不要使用形容词或强烈的语气词。而诸如“穷凶极恶”“气急败坏”“丧心病狂”“背信弃义”之类的带有主观臆断的词语，或者“拳打脚踢”“腹背受敌”等指向不明的词语也应避免使用，即使是“罔顾事实”“践踏契约”“颠倒黑白”等带有谴责性的话语也要慎用。尤其是在代理家事案件时，要善于化解当事人之间的对立情绪，避免使用过激语气加剧双方之间的矛盾，更不应该把自己置身于当事人的角色。

但凡事都不是绝对的，有些案件需要在起诉状中加以引导，提升审判人员的关注度，使用文学化的表述也未尝不可，如生命权、健康权、身体权纠纷。此类案件的审查重点是侵权行为与侵害结果之间是否存在因果关系，除了举证责任倒置的几种情形，原告由于自身条件的限制并不是很容易证明被告的行为存在过错。生命权、健康权、身体权纠纷通常都已造成比较严重的后果，给受害人或者亲属带来巨大的精神损害，冷冰冰的法言法语不足以点燃司法的温度，有必要加入一些文学方面的修饰，引起审判人员的同情和关注。

案例 4　李某生命权纠纷案。案情不复杂，已婚男人张某勾引未婚女子李某，两人发展为情人关系且关系持续了四年之久。后因张某另有新欢提出与李某分手，理由是要回归家庭、承担家庭责任，李某本就对分手难以接受，得知事情真相后越发难以自拔，最终难以承受感情的折磨，选择自杀解脱。

该案的难点在于李某自杀前删除了微信、钉钉记录中所有两人亲密的文字和照片，李某虽在日记里多次提及有结束生命的念头，但日记毕竟属于个人隐私，不能推断张某知悉日记内容。而李某发给张某的微信、钉钉等信息均比较隐晦，没有直接告知对方有轻生的打算，只能从数量庞大的信息中一点点寻找关联线索，故而能证明张某"未尽到足够关注义务，未采取有效措施阻止悲剧发生"的证据不足，让张某承担赔偿责任的事实依据不充分。但生命的逝去是令人痛心的，即使张某不存在法律意义上的侵权责任，法律也应当对张某违背公序良俗、有违社会主义核心价值观的行为予以否定性的评价。基于以上考虑，起诉状采用了讲述故事的形式，引导审判人员全文读下去，继而达到重视审查原告所提交证据材料的目的。

起诉状全文如下：

民事起诉状

原告：李某某，郭某某。

被告：张某。

案由：生命权纠纷。

诉讼请求：

一、判令被告张某向原告支付李某的死亡赔偿金、丧葬费、交通费、精神损害抚慰金共计人民币 440,000 元。

二、判令被告承担本案诉讼费用。

事实和理由：

202×年××月9日凌晨，一条鲜活的生命逝去了。李某在即将迎来自己29岁生日的前夕，采用极端决绝的床头自缢方式结束了自己年轻的生命，殁年28岁，未婚，无子女。

李某的微信记录和通话记录显示，自××月8日晚至9日3:10，李某3次使用微信语音、2次使用手机试图联系一个名叫张某的男性，对方均未接听。

张某，34岁，有妻室有子女。与李某同在××市××货运代理有限公司工作。在202×年5月以前，也是李某的恋人。自201×年至202×年，两人维持了一段持续四年的畸形恋情，不该发生的情爱最后终结了李某的生命。

李某的《居民死亡医学证明》表述的死因是"呼吸心跳停止窒息"，这些冷冰冰的字眼后面，是李某从懵懂无知到两情相悦、从难以自拔到失落绝望的情感历程。

201×年××月22日，24岁的李某怀揣着希望和梦想加入××货运代理有限公司，这是一份平凡但稳定的工作，上班忙碌而充实，团队互助合作，下班后和亲属一家住在一起，食宿无忧。事情如果照此发展下去，李某会和其他女孩一样，恋爱、结婚、成家、生子……但是，张某出现了。

我们不去揣测张某最初的动机和目的，张某接近李某的手法也不新奇，按照李某日记里的记述，无非是恰到好处的关心、不厌其烦的帮忙，关键的时候陪着练车、口渴的时候递一瓶水……李某对他的评价是"说话好听又会哄人""真是个情商高、幽默体贴的中央空调"。

在"中央空调"刻意营造出来的舒适宜人的氛围中，李某年轻的心被融化了，在意乱情迷的错爱中迷失自我，沉浸在初恋的虚幻中。201×年1月更是瞒着亲属一家，以公司要求为由搬出来租房居住，两人开始了同居生活。

对于张某而言，虽然痴迷李某年轻的身体和懵懂的情感奉献，但是自己有家庭且不愿意放弃始终是他必须面对的现实问题。无视道德与忠诚的约束，维系一段有悖伦理的恋情是对情商的考验，张某显然没有通过这场考验。202×年5

月张某作出了分手的决定，理由是离不开家人，累了，以后只谈工作不谈其他。始乱终弃、离经叛道的爱情通常都是这种结局。

从5月中旬到××月9日，李某经历了人生最苦不堪言的最后几个月时光。面对昔日恋人的决绝，李某陷入痛苦、迷惘、自责、自怜、自虐中难以自拔。她大段大段地给张某发送信息，即使已经被张某拉黑；她一遍遍在日记中铭刻抑郁的折磨、讲述自己的心境与悔恨；她也曾尝试用酒精麻醉神经、用学习英语转移注意力、用旅游置换心情，这一切挣扎终归没能改变宿命，××月9日凌晨，李某失去了继续活下去的勇气。

如果，张某的分手是为了回归家庭的港湾，是带着愧疚去弥补对家人的伤害，那么李某理应理性对待恋情的终结，即使心有不甘、情有不愿也须放手。但是，张某是不懂回头的浪子，是没有担当的负心汉，抛弃只因厌倦，分手为了新欢。田某某，是张某的新欢，李某和张某的同事。张某和田某某公然热恋秀恩爱，夺走了李某对生命残存的最后一丝留恋。

在李某在床头自缢身亡的那个揪心时刻，张某和田某某睡在一起。为了证明张某没有作案的时间，田某某毅然现身警局做证，在通奸和犯罪嫌疑之间，两害相权取其轻。

李某是不可原谅的。她以极端的方式去寻找没有感情纠葛的世界。《孝经·开宗明义》有云：身体发肤，受之父母，不敢毁伤，孝之始也。这是亘古不变的道理，况且命乎？闻此噩耗，原告顿感天崩地裂、悲痛欲绝，几十载的哺育换回一抔骨灰。

张某是不能原谅的。违反忠诚原则，背叛婚姻，拈花惹草，始乱终弃，承诺不能兑现，谎言常挂嘴边。明知被弃之人已经陷入崩溃和生死抉择的边沿，非但不施以开导和救助，反而和新欢大秀恩爱，落井下石，将李某逼上绝路。

斯人已逝，生者如斯。逝去的生命无法挽回，痛彻心扉的伤害应予抚慰。原告尊重警方作出的自杀的结论。原告承认亲生女儿对事件的发生负有不可原谅的过错与责任。但是，张某必须扪心自问：你的良心会受到谴责吗？你的余生能否安宁？张某必须对李某的死亡承担他自己应负的责任。

特此诉讼，恳请明断。

此致

××市第×人民法院

具状人：李某某、郭某某

二〇二×年××月××日

附：赔偿金计算标准和责任分担。

李某人身损害赔偿计算标准和责任分担

根据2020年8月4日广东省高级人民法院发布的《广东省2020年度人身损害赔偿计算标准》公布的计算标准，李某的赔偿项目和数额如下：

一、赔付项目和数额

1. 死亡赔偿金：962,360元（48,118元/年×20年）

死亡赔偿金按照受诉法院所在地上一年度城镇居民人均可支配收入标准，按20年计算。

2. 丧葬费：31,261元（62,521元/年÷2）

丧葬费按照受诉法院所在地上一年度职工月平均工资标准，以6个月总额计算。

3. 交通费、食宿费：6379元（酌定）。

4. 精神损害抚慰金：100,000元。

以上1～4项合计：1,100,000元。

二、责任分担请求

李某、张某按照6:4分担责任。李某自己承担全部损失的60%即660,000元，张某承担全部损失的40%即440,000元。

这个案件如果张某对于李某的死亡负全部责任的话，赔偿总额为110万元，原告在诉状中主动让李某承担60%的责任，要求张某承担40%的责任，目的是降低审判人员的抵触情绪，以“自罚”换取理解和同情，此类纠纷往往有一个不好的倾向，原告在起诉时不顾及己方的责任，要求对方足额承担全部责任。须知如果没有证据支撑的话这样的请求是不会被法院支持的，反而会让审判人员产生“你自己就没有一点责任吗”的职业反应，转而主动判定原告应负的责任，所以原告的诉求可能降低审判人员的内心同情度，虽然最终裁判都是建立在案件事实、证据基础和法律规定之上的。

这个案件的结果虽然并不如原告所愿，但是两级法院的审判人员均倾注了大量的心血，并在二审阶段促成双方达成和解，体现了司法的公平与公正。

第五节　不应疏忽的工作：诉前保全和诉中保全，先予执行

给付之诉，尤其是给付财物之诉，原告的目的是拿回属于自己的财物。但是现实情况是，执行难始终是不能完全攻克的难题，大量生效裁判文书裁定的给付标的不能兑现，申请人拿到的只不过是一份“终结本次执行程序”的终本裁定，诉讼的目的不能得以实现。

被执行人如果确属无偿付能力，那么也只能将其列入失信被执行人名单和予以限制高消费的惩戒，待其恢复偿付能力。但并不是每一个被执行人都是愿意积极配合执行的，不乏有人早在诉讼开始前就已经有计划、有步骤地转移和隐匿财产，并非所有逃避执行的行为都能被发现及受到追究。

财产保全可以有效防范被告方转移、隐匿财产，逃避履行债务的不法行为，有效保障生效判决得以顺利执行。申请财产保全需要提供担保，现在通常都是由第三方保险公司或担保公司出具保函，而申请出具保函不仅需要支付一定的费用，还需要遵循保险公司或担保公司的审查流程，而各地法院对于接受保函的程序规定也不一致，这就导致部分代理人嫌麻烦，不愿意申请财产保全，这样不利于债权的实现，我们应当克服这种畏难情绪。不过也有相反的情形，有些代理人不管案件标

的大小,也不客观判断纷争的起因及被告的履行能力,只要是给付财物之诉一律申请保全,这不仅增加了委托人的费用负担,也极大加重了人民法院的工作负担,随意保全还可能因申请有错误导致申请人赔偿对方因保全所遭受的损失。

一、诉前保全能取得最好的突袭效果

如果可以选择,我们当然希望法院进行诉前保全。突袭才能取得最好的效果,甚至可以根据保全的结果决定是否需要在30日内提起诉讼。但是人民法院对于诉前保全的条件要求也较为严格,《民事诉讼法》第104条规定:"利害关系人因情况紧急,不立即申请保全将会使其合法权益受到难以弥补的损害的……"该条款的两个前提条件"情况紧急"和"难以弥补"不容易证明。比如,债务人电话关机、微信拉黑只能被看作可能存在逃避债务的企图,但并不符合"情况紧急"的要求,但如果交易对象一夜之间将所有机器设备等财产转移一空,通过注册地址已无法取得联系,则法院可以认为符合"情况紧急"的条件,既然已经逃匿,则损失"难以弥补"顺理成章得到证明。

案例1 某生产布艺玩具的A公司向供应商B采购了一批布料和填充材料,提货时支付了3万元现金,余款27万元到货后3日通过网上银行支付完毕。时隔半个月左右,供应商B来电催促A公司支付尾款,A公司非常惊讶,连忙查看转账记录,发现原来是财务人员疏忽把27万元款项转给了曾经有过往来的C公司(自然人独资)。A公司紧急与C公司股东联系,该股东电话已办理秘书转接业务,该股东始终没有回电,经实地寻找发现C公司已经关门歇业。A公司遂向法院申请诉前保全,要求查封冻结C公司的收款账户。法院经审查认为该情形符合"情况紧急"和"难以弥补"的条件,迅速查封了C公司的收款账户,幸运的是这笔27万元的款项分文未少地躺在账户内。A公司随即提起不当得利纠纷诉讼,经审理后得知C公司的股东由于亏损停止了公司运营,但是未按规定办理清算和注销,他并不清楚账户内有这笔进账,否则后果就不好预测了。因及时采取了诉前保全措施,A公司得以挽回全部经济损失。

二、诉中保全亦能有效地防止被告人转移财产

诉中保全虽然没有"突袭"的效果,但作用依然显著。一般的做法是,案件立案,分配承办法官以后,及时与跟案助理取得联系,在向被告送达法律文书之前先行处理保全申请,待保全完成后再通知被告应诉,如此也能有效防止被告提前转移财产。前文已经提到,如果被告是正常经营的企业法人,其对公账户被查封会给企业带来很严重的影响,因为员工的社保需要通过这个账户扣缴,与供应商和客户的资金也需要通过这个账户往来,如果企业正在申请银行贷款或金融支持,任何账户被查封,或者仅仅由于企业成为诉讼中的被告都可能导致资金审批的中止。同样地,无论是企业还是个人的机器设备、车辆、房屋、股权、证券账户或其他财产被查封和冻结都会产生相应的负面效果。对这些财产采取查封、扣押、冻结等保全措施至少可以防止被告人在诉讼过程中转移、处置被查封的财产,为实现和解或日后生效裁判文书的执行提供了坚实的保障。

案例2　自然人A起诉自然人B,主张B退还居间佣金230万元。因诉讼标的较大且理由较为充分,原告在起诉后申请财产保全,要求查封被告B名下的一套房产。房产被查封后被告B主动要求和解,分三期退还了居间佣金。原来,被告B知道A起诉自己后,为避免自己名下的房产被查封,与妻子办理了离婚登记,将房产转移至其"前妻"名下并委托中介代办过户手续,因中介准备资料耽误了一点时间,被不动产登记中心告知一天前房屋已被法院查封。这一天的时间差竟成了"胜负"的分水岭。

案例3　A公司是制造企业,部分产品由B公司代理销售,双方合作时间比较长,相互之间也比较了解。后来B公司回款越来越慢、数额越欠越多,这引起了A公司的注意,对此B公司的C股东总是以货款暂未回笼进行解释,承诺等客户付款后一定及时补上对A公司的拖欠。继续等待一段时间后A公司决定起诉,因为B公司是一家贸易型企业,没有机器设备或其他高价值的资产,且该公司C股东持有公司98%的股份,持有另外2%股份的股东是C的远房亲戚,徒有

虚名,注册资本300万元系认缴制,股东未实缴。代理人建议对C所持有的98%的股权进行保全,因为有迹象显示C股东有“金蝉脱壳”的可能,如果其把股份转让给“穷亲戚”,再把法定代表人变更为没有任何偿付能力和管理能力的“傀儡”担任,那么B公司就将彻底丧失清偿能力。即使将来能够让股东的“期限利益”加速到期,也会由于新股东没有出资能力而使注册资本实缴到位的风险显著增加。A公司采纳了代理人的建议,正是因为果断冻结了C所持有公司股份,C转让股份的意图未能实现,案件得以和解。

三、先予执行有严格的条件限制

对于先予执行,民事诉讼法有较为严格的条件限制,且先予执行的裁定应当是在受理案件后,终审判决作出前作出。在实践中能够裁定先予执行的并不多见,因为案件尚未经过实体审理,请求所依据的事实和证据未经审理查明,如果申请错误,申请人应当返还因先予执行所取得的利益。

《民事诉讼法》第109条规定了可以裁定先予执行的案件范围:(1)追索赡养费、扶养费、抚养费、抚恤金、医疗费用的;(2)追索劳动报酬的;(3)因情况紧急需要先予执行的。对于第(3)项所称的“紧急情况”,最高人民法院《关于适用〈中华人民共和国民事诉讼法〉的解释》(以下简称《民诉法解释》)第170条进一步明确为:(1)需要立即停止侵害、排除妨碍的;(2)需要立即制止某项行为的;(3)追索恢复生产、经营急需的保险理赔费的;(4)需要立即返还社会保险金、社会救助资金的;(5)不立即返还款项,将严重影响权利人生活和生产经营的。除了适用范围,《民事诉讼法》第110条还规定了法院裁定先予执行应当符合的条件:(1)当事人之间权利义务关系明确,不先予执行将严重影响申请人的生活或者生产经营的;(2)被申请人有履行能力。

实操中比较常见的是追索劳动报酬案件,且一般需满足用人单位已经出具工资结算单或者付款承诺书的条件,也就是需要满足当事人之间权利义务关系明确的条件。

第三章
证据是胜诉的基石

未经梳理的证据材料就如同凌乱堆放的建筑材料,看不出落成后的房屋是什么样子。

证据目录好比施工设计的蓝图,使凌乱的材料分门别类、各就其位。而证据的出示方式则是对材料的切割、对接和组合,不同类型的材料之间、材料与材料之间、单个材料与全部材料之间的相互融合、相互支撑则构建起房屋的框架。

辅之以墙体(案件事实)则房屋建成,但还只是毛坯房,我们还需用心遴选、收纳、打磨和包装使之成为精装房,用心的程度决定了建筑物的风格和档次,有效降低人们对粗制滥造产品的负面心理。

第一节　摸排查清案件的待证事实

打官司就是打证据,此话不虚。

诉讼请求由案件事实决定,案件事实需要证据加以证明。

一个诉讼中可能存在多个待证事实。比如,在离婚诉讼中,原告请求准予离婚,被告不同意离婚,则感情是否确已破裂就是一个待证事实。如原告主张房产虽然是婚后购买,但购房资金为原告婚前个人所有,则购房资金来源也是一个待证事实。再如,被告声称某笔借款虽然是由被告借入,但该借款用于家庭共同生活开支，则该借款的用途又是一个待证事实。

并不是每一个当事人都能明白待证事实与证据证明之间的关系，甚至认为律师故意把简单的事情复杂化，不能理解就谈不上好好配合，这需要我们耐心解释和疏导。

案例1 某民间借贷案件的原告，因被告借款时借条写得很简单，既没有体现借款期限也没有约定利息，但事实上被告是有支付利息的，这些案件细节通过双方的微信聊天记录是可以得到佐证的。原告因故不能参加庭审，也不方便把安装微信的手机载体邮寄给代理人，代理人要求其在当地公证处对相关微信聊天记录做证据固定。原告对此非常不理解，认为有聊天记录的截图就足够了，不愿意花钱做公证。代理人耐心解释，本案未还本金的准确数额和利率的确定是两个关键的待证事实，双方的微信记录是最直接的证据。但是人民法院对于电子数据证据的证明规则有特别的要求，截图打印件不能视为原件，且被告不出庭的概率极大，如果不做公证，原告可能要承担举证不能的不利后果。讲清了利害关系，自然得到委托人的配合。

案例2 某男咨询离婚事宜，声称自己掌握了妻子婚内出轨的物证，问离婚时是否可以要求女方少分或不分共同财产。律师问其物证是什么，答曰收缴了一条其妻的内裤，上面有女方情人的精斑。律师问何以证明精斑是其妻情人的？再问何以证明该内裤为其妻所有？答曰可以鉴定。律师告知其不要混淆刑事案件和民事案件，在民事诉讼中何以运用刑事侦查技术？只有检材没有嫌疑人的DNA样本何以比对？且该所谓物证没有采用专业封装，时间又过去了好几个月，如何保证不受污染？就算拿到了鉴定意见也不能等同于证明其妻婚内出轨这个待证事实，其妻完全可以否认该内裤为本人所有。且证明了婚内出轨这个待证事实也未必就能实现少分或不分共同财产的目的。故律师建议其如打算离婚应从其他途径寻找感情破裂或对方背叛忠诚义务的证据，不要再在所谓物证问题上做文章。但是该男并不接受律师的解释，愤然离开。

案例3 甲女与乙男婚后育有两个女儿，后两人感情不和经法院判决离婚，长女归乙男抚养，次女归甲女抚养，但两人并未实际分家，而是与两个女儿共同生活在一起。2018 年 5 月 ×× 日，乙男外出打工期间，因暴雨致出租屋漏电，乙男不幸触电身亡。悲剧发生后，在当地居委会调解委员会的主持下，出租屋业主丙与乙男的母亲、乙男的长女（9 岁）、次女（7 岁）达成《人民调解协议书》，由出租屋业主丙向乙男的前述继承人补偿 52 万余元，款项一次性支付至乙男母亲的账户。整个处理过程中令人感到蹊跷的是，甲女作为两个女儿的法定监护人在其前夫亲属的强烈要求下被排除在调解程序之外。

律师的看法是，两个女儿分别为限制民事行为能力人和无民事行为能力人，她们在调解书上的签字在没有得到其母亲甲女的追认前是无效的，故《人民调解协议书》处于效力待定状态。因情况紧急，人民法院采取诉前保全冻结了乙男母亲接收 52 万余元和解款的账户，接下来将要进行的诉讼有三个待证事实：一是甲女与两个女儿的身份关系的事实，二是协议书上两个女儿签名效力的事实，三是补偿金额是否适当的事实。而甲女拿不出身份关系的证明，因为户口簿由乙男母亲掌握，其不愿意提供，而离婚判决书也找不到了。甲女则认为“我是孩子的母亲”是不需要证明的事实，在老家人人都知道为什么还需要证明？对此非常抵触，认为这是律师、法院故意刁难。代理人再三解释，如果没有身份关系就不能证明监护关系，没有监护关系就无法提起诉讼，只有提起诉讼才能解决其他争议问题。且身份关系证明很容易取得，当地派出所甚至村委会都可以开具证明，而遗失的判决书也是可以去当地法院查档复印的，回一趟老家就能解决的事情为什么要僵持呢？甲女虽非常不情愿但还是回户籍地开具了身份关系证明。各方纷争通过诉讼得以解决。

相对应地，案件的待证事实越多，所需要的与之相关的证据材料就越多。孤证不能定案，在待证事实满足有 2 个以上证据证明的基础上，还需要通过对比不同的证据，用印证来检验各证据的客观真实性。但是证据也不是越多就越好，特别是同类证据。比如，某员工未签订劳动合同，可以找同公司的员工出具证人证言证明该员工与企业存在劳动关系，但并不需要七八名员工都出面作证，有两三名员工作证即可。虽然可以用于证明案件事实的材料都是证据，证明力大小与证据数量没有直接关联，证据越接近客观事实真相，其证明力越强。

待证事实（证明对象）也有例外，即免证责任，最高人民法院《关于民事诉讼证据的若干规定》（以下简称《证据规定》）第10条列举了七种当事人无须举证证明的情形：（1）自然规律以及定理、定律；（2）众所周知的事实；（3）根据法律规定推定的事实；（4）根据已知的事实和日常生活经验法则推定出的另一事实；（5）已为仲裁机构的生效裁决所确认的事实；（6）已为人民法院发生法律效力的裁判所确认的基本事实；（7）已为有效公证文书所证明的事实。

前款第（2）项至第（5）项事实，当事人有相反证据足以反驳的除外；第（6）项、第（7）项事实，当事人有相反证据足以推翻的除外。请注意“足以反驳”和“足以推翻”的区别，还要注意“已为人民法院发生法律效力的裁判所确认的基本事实”这句话，免证事实的“事实”仅指“基本事实”，而不是生效裁判认定的全部事实，因为此案与彼案的案件事实会存在区别。

第二节　划重点，收集和判断证据

每一个诉讼都是唯一的，即使是不同原告、相同被告，或者相同原告、不同被告之间基于相同法律关系而产生的批量诉讼，其个案也有不同。当然，同类诉讼有其共性，所要证明的对象和所需提交的证据材料大同小异。

一、需要哪些证据、证明标准、证明方法和对证据的审查判断

1. 原告起诉需要哪些证据材料

在准备起诉阶段我们当然要对受诉法院对证据的要求有所了解，各人民法院通常都会在其官方网站上发布常见案件的诉讼材料清单指引或诉讼指南，但

是由于不同类型案件对于证据有不同的要求，即使相同类型的案件因案情不同对证据的要求也会存在差异，一个案件需要准备哪些证据是由该案件的待证事实决定的，所以并没有必须遵循的证据清单。

比如，网络流传的《划重点！离婚、财产、债务、遗产等18类案件171种证据要知道》一文就对常见类型案件所需证据材料进行了归纳（出处未查明，据说是某地中级人民法院公众号发布的），笔者阅读后认为，该文归纳的证据清单显然过于繁杂和琐碎，不能给予当事人清晰的诉讼指引。如该文对于婚姻纠纷案件所需证据材料是这样要求的：

“（1）结婚证或婚姻登记机关的证明；

（2）没有登记结婚的，关于同居时间或举行婚礼时间的证明；

（3）再婚的，原离婚调解书、判决书或有关部门的证明；

（4）被告下落不明的，关于下落不明时间、情况的证明；

（5）一方或双方为现役军人的，提供所在部队团以上政治机关出具的证明；

（6）一方智力有缺陷、患有性病、精神病的病情诊断等证据；

（7）一方因犯罪被判刑劳改的，关于原判法院、刑期和劳改地点的证明；

（8）婚后感情的事实依据；

（9）一方有过错的相关证据；

（10）子女姓名、性别、年龄、生活状况的证明；

（11）养子女、继子女的有关证明；

（12）请求抚养子女的有利条件或其他条件的证明；

（13）请求给付抚养费数额的依据（双方工资或劳动收入等）；

（14）房产、汽车、电器等财产名称、数量、价格（值）的证明；

（15）财产性质（婚前、婚后或夫妻约定财产）的证明；

（16）储蓄、国库券、股票、基金、理财、保险、投资等财产的证明或相关线索；

（17）债权债务情况及性质（婚前、婚后、男女一方个人债权债务）的证明；

（18）住房情况（私房建造时间、面积、造价；公房户名、面积、间数、常住人口、

分配来源)的证明;

(19)其他证据。”

这份清单看似详尽,实则非常庞杂,在整体性和系统性上存在较大的不足。一般的婚姻纠纷并没有涉及如此多的法律关系,且“私房”“公房”的分类给人以脱离时代的感觉,用“劳改”替换“服刑”亦与刑事法律政策的进步不相符。当事人找齐所需要的证据并非易事,就算能够找齐也非常凌乱。

我们知道,以上只是人民法院对同类案件所需证据种类和范围的大体要求,并没有细化到每一项证据的形式和内容,也没有涉及证明力的有无和证明力的大小,更没有关于证明过程和对证据的审查判断的说明。换言之,法院只是提出“需要什么”,而我们还要知道“怎样说明”。

以该网文“婚姻纠纷案件”证据指引第(8)项“婚后感情的事实依据”为例,原告要证明双方感情确已破裂,那么原告需要证明被告方或双方之间存在《民法典》第1079条第3款规定的五种情形之一:(1)重婚或者与他人同居;(2)实施家庭暴力或者虐待、遗弃家庭成员;(3)有赌博、吸毒等恶习屡教不改;(4)因感情不和分居满二年;(5)其他导致夫妻感情破裂的情形。“婚后感情的事实依据”要围绕这五种情形举证。

再具体一些,证明对方“重婚”的,需要生效的刑事判决书或直接证实重婚的书证。要证明“与他人同居”的,需要证明同居的对象、持续时间、同居地点、出双入对的照片、影像或证言。要证明“家庭暴力、虐待或遗弃”的,需要报警记录、警方讯问笔录、医院诊断证明和病历资料、法医鉴定意见、证人证言或生效的能证明存在暴力、虐待、遗弃行为的民事或刑事判决书。同样,要证明“赌博、吸毒”的,需要办案机关的相关处罚决定,且不止一次。这里特别需要说明的是“分居满二年”,其前提是“因感情不和”而分居,不能是因为工作、学习、生活而造成的两地分居,一般也不能是同一屋檐下两张床的分睡。因感情不和而分居的最好证明是双方签订的分居协议,或者虽无分居协议,但通过短信、微信沟通内容可以证明双方自愿分居各自生活的;如果不存在地理或交通障碍夫妻同处一个城市却各自购房或租房居住的(需有各自的居住登记信息辅佐),也可以作为“分居”的证明。

笔者所在城市某区基层人民法院家事庭推出的《离婚财产申报表》值得推广,其“填报指南”非常详尽,对于诉讼当事人困惑的财产分类做了清晰的解释和说明,所需提交各类财产资料的范围是一年还是三年均有明确要求。《离婚财产申报表》集成了涉诉当事人所有的人身和财产信息,便于承办法官一目了然地掌握案件基本信息,了解双方分歧所在。

笔者认为填写该《离婚财产申报表》虽然只是个别法院的要求,但对于我们承办婚姻纠纷案件时界定财产范围、寻找收集证据大有裨益,值得借鉴,分享给大家。

离婚财产申报表

填报指南

(1)工资、住房公积金、奖金、津贴、补贴等收入,是指本人近三年来扣除所得税、养老保险、医疗保险、职业年金等后的工资、住房公积金、奖金、津贴、补贴等全年实际所得的收入。收入中包括基本年薪、绩效年薪、任期激励收入等的,计入工资。

(2)土地、房产等不动产。不动产取得方式主要包括购买、继承、接受赠与等方式。房产主要包括商品房、福利房、经济适用房、限价房、自建房、小产权房、厂房、店铺、酒店式公寓等不同性质的房产。有单独产权证书或虽未取得产权证书但经房产管理部门备案的车库、车位、储藏间等也应申报。

(3)车辆、贵重私人物品等价值较大动产,是指车辆、珠宝首饰、贵重家电等动产,取得方式主要包括购买、继承、接受赠与等。

(4)银行存款,是指所有银行账户的人民币或外币存款余额。同时双方当事人须提交本次离婚诉讼前一年,或本院指定期限内的所有银行账户交易流水。

(5)租金、政府津贴、农村集体组织红利等生产、经营性收益,是指双方当事人本次离婚诉讼前一年，或本院指定期限内的因生产经营活动而取得的收益。

(6)股权及其收益，是指所有本人名下或控制的有限责任公司、上市公司等公司股权及双方当事人本次离婚诉讼前一年，或本院指定期限内的股权收益。

(7)股票、基金等有价证券，是指本人名下或控制的股票、基金(含公募基金和私募基金)等有价证券。当事人须申报证券名称、账户编号、持有数量和现值。持有数量和现值是指在填报前一交易日收盘时的持有数量和市值。同时双方当事人须提交本次离婚诉讼前一年，或本院指定期限内的股票、基金交易情况。

(8)投资型保险，是指截至申报日仍然生效的人身保险投资型保险和财产保险投资型保险的保险产品。当事人须申报该保险产品全称、保单号、保险公司名称和保单累积缴纳保费、投资金总额等事项，并申报双方当事人本次离婚诉讼前一年，或本院指定期限内的购买投资型保险情况。

(9)债权债务，是指形成于婚姻关系存续期间的债权或债务，或当事人对于是否属于夫妻共同债权、夫妻共同债务存在争议的债权债务。当事人须同时提供证明其主张的证据。

(10)婚前购买，婚后还贷的动产或不动产，是指一方婚前签订动产或不动产买卖合同，以个人财产支付首付款且在银行贷款，并将该财产登记于其名下，之后存在婚后还贷情形的财产。当事人须填写该财产取得时间、取得方式、取得时价值、首付款金额及支付时间、向银行贷款金额、婚前还贷时间和金额、婚后还贷时间和金额，估计现价等情况。

(11)其他登记于一方名下或由一方持有或保管的财产或权益，是指当事人可能对该财产或权益是否属于一方或双方所有，或是否属于夫妻共同财产存在争议的财产或权益。当事人亦应申报并提供证明其主张的相应证据。

(12)以上填报指南和《离婚案件当事人夫妻共同财产申报告知书》中未穷尽的依法属于夫妻共同财产的财产或权益，当事人亦应如实申报。

(13)当事人须在《离婚案件当事人夫妻共同财产申报表》的每一页签名并签署填报日期。

本人已阅读并了解上述告知事项，并保证依法如实申报财产。

当事人签名：×××

日期：××××年××月××日

以下为申报事项

一、填报人的基本情况

<table>
<tr><td colspan="2">姓名：</td><td colspan="2">性别：</td><td>出生日期：</td></tr>
<tr><td colspan="2">职业：</td><td colspan="2">结婚日期：</td><td>是否初婚：</td></tr>
<tr><td rowspan="3">子女
情况</td><td>子女姓名</td><td>子女性别</td><td>子女出生日期</td><td>子女就读或就业情况</td></tr>
<tr><td></td><td></td><td></td><td></td></tr>
<tr><td></td><td></td><td></td><td></td></tr>
</table>

二、工资、住房公积金、奖金、津贴、补贴等状况（近三年来）

单位：元/月

项目	2020 年	2021 年	2022 年
工资			
住房公积金			
奖金			
津贴			
补贴			
其他			

三、财产、权益状况

（一）土地、房产等不动产（附产权证明、使用权证明等）

编号	地址或方位	取得时间和方式	权属登记编号、登记人	不动产性质建筑面积	取得时价值	有无按揭	自估现价
1							
2							
3							

(二)车辆(附行驶证等权属证明)

编号	登记车主	品牌型号及车牌号码	取得时间和方式	取得时价值	有无按揭	自估现价
1						
2						

(三)贵重私人物品等价值较大动产(如珠宝首饰等)

编号	物品名称、品牌、型号	取得时间和方式	取得时价值	自估现值
1				
2				

(四)银行存款(附最近一年的交易流水记录)

编号	开户银行名称	账户号码	账户余额
1			
2			

(五)租金、政府津贴、农村集体组织红利等生产,经营性收益

编号	名称	单次领取金	取得期间	余额	用途、去向
1					
2					

(六)股权及其收益、其他投资企业情况(附工商登记查询结果、股东信息等)

编号	企业名称	注册时间	注册资本	持股比例和持股数量	现总资产
1					
2					

(七)股票、基金等有价证券(附最近一年的交易记录)

编号	证券名称	账户编号	持有数量	现值
1				
2				

(八)投资型保险

编号	保险产品	权属证明	取得时间和方式	取得时价值	自估价值
1					
2					

(九)知识产权的收益、继承或赠与所得财产等其他财产情况

编号	财产名称	权属证明	取得时间和方式	取得时价值	自估现值
1					
2					

四、其他须申报的内容

(一)债权

编号	债权人	债务人	金额	发生时间	备注
1					
2					

(二)债务

编号	债权人	债务人	金额	发生时间	备注
1					
2					

（三）婚前购买，婚后还贷的动产或不动产

编号	地址或方位	权属登记情况	取得时间和方式	取得时价值	首付款金额及支付时间	向银行贷款金额	婚前还贷期间和金额	婚后还贷期间和金额	自估现值
1									
2									

（四）其他填报人认为有争议的财产或权益

编号	财产名称	权属证明	取得时间和方式	取得时价值	自估现值
1					
2					

当事人签名：×××

日期：××××年××月××日

2. 证明任务（证明标准）

查明案件事实的过程，就是一个证明过程。民商事诉讼的证明任务，或称证明要求，是指诉讼中对案件事实的证明所要求达到的程度或标准。接下来简单回顾我国民事诉讼法、相关司法解释对于证明任务，即证明标准的要求。

第一，对于本证人民法院采用高度盖然性证明标准。

《民诉法解释》第108条第1款规定："对负有举证证明责任的当事人提供的证据，人民法院经审查并结合相关事实，确信待证事实的存在具有高度可能性的，应当认定该事实存在。"这里的"具有高度可能性"就是对高度盖然性证明标准的清晰表述。

第二，对于反证人民法院采用真伪不明证明标准。

《民诉法解释》第108条第2款规定："对一方当事人为反驳负有举证证明责

任的当事人所主张事实而提供的证据，人民法院经审查并结合相关事实，认为待证事实真伪不明的，应当认定该事实不存在。”即如果反证使对方本证陷入真伪不明的状况，则不能认定负有举证责任一方所主张的事实成立。

第三，对于当事人对欺诈、胁迫、恶意串通事实的证明，以及对口头遗嘱或者赠与事实的证明人民法院采用排除合理怀疑证明标准。

《民诉法解释》第 109 条规定：“当事人对欺诈、胁迫、恶意串通事实的证明，以及对口头遗嘱或者赠与事实的证明，人民法院确信该待证事实存在的可能性能够排除合理怀疑的，应当认定该事实存在。”排除合理怀疑证明标准比高度盖然性证明标准的要求更高。

第四，对于与诉讼保全、回避等程序事项有关的事实人民法院采用优势证据证明标准。

《证据规定》第 86 条第 2 款规定：“与诉讼保全、回避等程序事项有关的事实，人民法院结合当事人的说明及相关证据，认为有关事实存在的可能性较大的，可以认定该事实存在。”

综合以上，我国民事诉讼的证明任务(证明标准)由严格到宽松依次为：排除合理怀疑证明标准、高度盖然性证明标准、真伪不明证明标准、优势证据证明标准。其中真伪不明证明标准是对高度盖然性证明标准的补充。①

3. 证明方法

证明方法是诉讼主体运用证据论证待证事实、确认案件事实所采取的方法。分为一般的证明方法和特殊的证明方法。

一般的证明方法即经过对证据的收集、对证据的审查判断、对证据的认定，最终达到在法庭上证明案件事实的目的。

特殊的证明方法即推定。

推定，是根据法律规定或逻辑与经验法则，从基础事实或判断出发，推导出

---

① 关于证明标准的论述参考了张群力：《最高人民法院新证据规定与证据实务——民事证据制度的完善与阐释》，法律出版社 2020 年版，“第七章《证明标准制度的完善》的相关内容”。

新的关于事实的认识或判断。

《证据规定》第10条“下列事实,当事人无须举证证明……(三)根据法律规定推定的事实;(四)根据已知的事实和日常生活经验法则推定出的另一事实……”是对推定作出的规定。

推定包括事实推定和法律推定。

事实推定涉及两种事实,其中据以作出推断的事实,即进行推断所依据的事实,为基础事实;根据基础事实而假定存在的事实,为推定的事实。基础事实必须得到证明,推定事实的可靠性取决于基础事实的真实性,推定免除的是当事人对推定事实的举证责任,而不是对基础事实的举证责任。推定是允许当事人反驳的。

法律推定是指通过法律,明文规定的推定。如《证据规定》第48条“控制书证的当事人无正当理由拒不提交书证的,人民法院可以认定对方当事人所主张的书证内容为真实”就是法律推定。

实践中还要注意区分推定和法律拟制的区别。我国现行法律中所使用的“视为”“以……论”表述的均为拟制,如《证据规定》第4条“一方当事人对于另一方当事人主张的于己不利的事实既不承认也不否认,经审判人员说明并询问后,其仍然不明确表示肯定或者否定的,视为对该事实的承认”,所有拟制的事实都是不能否定的,这是与推定的本质区别。①

此外,免证事实和自认是不需要当事人举证证明的。

《证据规定》第10条规定:“下列事实,当事人无须举证证明:(一)自然规律以及定理、定律;(二)众所周知的事实;(三)根据法律规定推定的事实;(四)根据已知的事实和日常生活经验法则推定出的另一事实;(五)已为仲裁机构的生效裁决所确认的事实;(六)已为人民法院发生法律效力的裁判所确认的基本事实;(七)已为有效公证文书所证明的事实。前款第二项至第五项事实,当事人有

---

① 关于推定和拟制的论述参考了陈一云、王新清主编:《证据学》,中国人民大学出版社2015年版,以及唐良艳、李海萍主编:《证据学》,法律出版社2016年版的观点。

相反证据足以反驳的除外;第六项、第七项事实,当事人有相反证据足以推翻的除外。”请注意“足以反驳”和“足以推翻”的区别。

自认,是指当事人在诉讼过程中承认于己不利的事实。

《证据规定》第3条规定:“在诉讼过程中,一方当事人陈述的于己不利的事实,或者对于己不利的事实明确表示承认的,另一方当事人无需举证证明。在证据交换、询问、调查过程中,或者在起诉状、答辩状、代理词等书面材料中,当事人明确承认于己不利的事实的,适用前款规定。”

需要指出的是,自认只是免除了证明责任,并不等同于确认了待证事实。

比如,在审理民间借贷纠纷案件时,被告人即使同意了原告主张的借款的事实,如果没有资金出借的银行证明,而涉案的出借金额又相对较大,则审判人员不能排除原被告串通、虚假诉讼的可能,很可能不会支持原告的诉讼请求。

在买卖合同纠纷案件的审理中也一样。如果仅凭被告对拖欠货款金额的承认,而没有采购合同、订购单、送货单、对账单、增值税发票等予以辅证,则交易的真实性难以得到确认,在基础法律关系得不到证明的情况下,审判人员很难仅凭被告的自认裁判支持原告的诉讼请求。

4. 对证据的审查判断

审查判断证据,是指司法人员在诉讼过程中对当事人等提供的证据和自行调查所收集的证据进行分析研究,鉴别真伪,确定其与案件事实之间的客观联系和证明作用,进而对案件事实作出结论的活动。换言之,审查判断证据是司法人员在办案过程中的一种思维活动,是对证据材料进行“去粗取精,去伪存真,由此及彼,由表及里”的分析,使自己对证据的认识上升到理性阶段,从而对待证的案件事实作出认定。

审查判断证据的任务,就是分析、研究证据是否具有客观真实性、关联性和合法性,从而确定证据是否具有证明力和证明力的大小,能否用作定案的根据。

对证据的审查判断包括三个步骤:对单个证据的审查判断、对多个证据的审查判断、对全案证据的审查判断。①

审查判断的具体方法,《证据规定》第87条规定:"审判人员对单一证据可以从下列方面进行审核认定:(一)证据是否为原件、原物,复制件、复制品与原件、原物是否相符;(二)证据与本案事实是否相关;(三)证据的形式、来源是否符合法律规定;(四)证据的内容是否真实;(五)证人或者提供证据的人与当事人有无利害关系。"第88条规定:"审判人员对案件的全部证据,应当从各证据与案件事实的关联程度、各证据之间的联系等方面进行综合审查判断。"

对证据进行审查判断或者审核认定固然是司法审判人员的职责,是进行证明活动的关键性步骤,是案件事实得以认定并据此作出裁判的基础。但是律师作为涉诉案件的代理人,在对证据材料进行收集、整理、提交、质证的每个环节其实都是对证据进行审查判断的过程,只有经过我们的审查判断,才能对某份证据是否有证明力、证明力大小、有无其他相应证据辅佐及能否形成完整的证据链等作出判断,以决定应否提交,并据此对提交后对方可能产生的反应、我方的应对措施提早作出安排。

二、吃透案情,梳理涉案法律关系,全面收集证据

案例1 某锂电池质量问题导致的买卖合同纠纷案

【案情简介】

原告A公司是一家从事笔记本电池研发、生产与销售的企业,被告B公司是一家从事锂离子电池研发、生产与销售的企业。A公司从B公司采购锂离子电芯组装成不同规格型号的笔记本电池,在亚马逊网站销售。为方便配送,A公司分别在美国和欧洲租赁仓库用于存放笔记本电池,当亚马逊网店出现订单后视终端客户所在区域就近从美国仓库或欧洲仓库调货配送从而实现销售。

---

① 关于对证据的审查判断的论述参考了陈一云、王新清主编:《证据学》,中国人民大学出版社2015年版,"第十三章《审查判断证据》"第151～163页,以及唐良艳、李海萍主编:《证据学》,法律出版社2016年版,"第八章《证据的审查判断》"第160～170页的观点。

2017年××月起,开始有客户向亚马逊官网及A公司的网店投诉,称所购买的笔记本电池在使用过程中频繁出现发热、发烫、冒烟甚至起火爆炸的现象,造成用户财产损失并危及用户人身安全。A公司及时与用户协商沟通,赔付用户损失,实际赔付折合人民币35万余元。因产品存在重大安全隐患,亚马逊网站一度关停了A公司的网店,责令A公司在亚马逊销售的所有笔记本电池下架暂停销售,重新评估产品的安全性。截至质量事故发生时,A公司在美国仓库和欧洲仓库尚有各种型号的笔记本电池约2.4万块,总计价值约合人民币320万元。A公司认为该公司生产笔记本电池出现的种种现象均是由于B公司提供的电芯品质差而引起的,要求B公司赔偿其直接经济损失320万元,并对A公司向用户支付的35万元赔付款承担责任。

【法律关系分析】

1. 销售模式。A公司采用的是"前店后厂"的直营销售模式,由A公司直接对接终端用户,没有中间环节,亚马逊仅仅是一个销售平台。其产品生产出来后被运往美国仓库和欧洲仓库存放,在实际销售给终端用户之前,笔记本电池的所有权并未发生转移,其境外仓库存放的电池仍然是A公司的待售商品,如有损失还是A公司的损失。

2. 责任形式。终端用户使用A公司的产品所遇到的问题和造成的损失,是由于A公司销售不合格产品而产生侵权责任纠纷,虽然发生在境外也解决在境外,但A公司(含其亚马逊网店)是直接责任人,也是赔付责任主体。

3. 涉诉法律关系。A公司向B公司采购锂离子电芯,双方之间形成买卖合同关系,A公司主张B公司承担赔偿损失的责任,理由是B公司供应的电芯存在产品质量问题,而交易标的物、价值、质量、交付等均由买卖合同调整,故A与B之间的讼争应按照买卖合同纠纷处理。

【两大待证事实】

1. 笔记本电池的品质问题是由电芯品质决定的,笔记本电池发热、发烫、冒烟、起火爆炸实质上就是电芯发热、发烫、冒烟、起火爆炸,第一个待证事实可以简称为责任问题。

2. 库存价值320万元的笔记本电池应否全部作为A公司的损失，有哪些客观依据支持，数额计算是否准确，第二个待证事实可以简称为数额问题。

【如何证明】

1. 责任问题。A公司生产的笔记本电池由电芯、保护板、外胶壳三部分构成。电芯是笔记本电池的核心组件，保护板起过载保护作用，并与不同型号的笔记本电脑的受电插口连接，外胶壳用于封装电芯和保护板。从三个部件的物理属性可知，电芯是唯一造成发热、发烫、冒烟、起火爆炸的原因，可归属免证责任的范畴。且可以用肉眼直接观察到客户退还的事故电池电芯融化、炸裂的清晰痕迹，毁坏电芯上的产品编号与B公司生产的一致，如果在诉讼过程中确有必要，可以进行事故原因鉴定，因此判断责任原因当可归属B公司。

2. 数额问题。美国仓库和欧洲仓库存电池数量，根据不同型号与亚马逊网店的售价计算得出320万元，但是该数额包括尚未实现的销售利润，应当分解为实际损失（成本+运费+仓储）和预期利益损失（销售利润）两部分，分别请求。

3. 由数额问题衍生的另一个待证事实，即损失是否实际发生。电池或者说电芯存在质量问题，理论上应只占全部库存产品的少数，但是逐个拆开检测在时间和成本方面均难以承受。同样，将全部库存电池空运回国内处理，根据国际货物运输代理机构的报价运费加关税成本接近甚至超过电池的实际成本，将造成损失的扩大。如果将电池就地抛弃，将因违法废弃严重污染物受到所在国法律的严厉追究，A公司不得不将全部电池移交当地华人代为处置，处置费用自理，残值归处置方所有。因此可以判断损失已经全部形成且已实际发生。

【证据收集】

1. 订购单、送货单、对账单、支付凭据、增值税专用发票等书证，用以证明A公司与B公司之间存在真实的电芯买卖关系，重点证明每批次交付电芯的序列编号。

2. 海关报关单、运单、货物代理公司的收货单等书证，用以证明A公司向美国仓库和欧洲仓库发货的电池数量。

3. 2017年1月～××月亚马逊网站销售数据下载等电子数据证据，用于证明该期间A公司电池的销售数量，以此计算库存数量。

4. 注册商标和协议等书证，A公司在美国为所销售的电池产品申请的注册商标，并以A公司法定代表人个人名义与亚马逊签署在其平台销售该注册商标产品的协议，证明A公司的电池产品是通过亚马逊网店销售。

5. 仓库租金转账记录等书证，用以证明A公司在美国和欧洲都租用场地存放电池。

6. 客户投诉的往来邮件、向投诉用户支付赔付款的转账记录、亚马逊公司关闭交易账号的通知和申诉等书证和电子数据证据，用以证明产品存在质量问题、被销售平台处罚、向投诉用户赔付的真实性及赔付款项的数额。

7. 运费单据，用以证明事件发生后A公司为避免损失扩大将部分电池从欧洲运回国内所发生的费用，证明关税加运费几乎等同于电池的成本价，A公司不得不选择对电池就地委托第三方进行处置的方案。

8. 出库单据，用以证明库存电池已全部交给第三方代为处置，处置费用自理，残值归处置方所有。

9. 各种型号库存电池和事故后退还的电池等物证，用以证明A公司生产的电池的组成构造、各构件的用途，从物理属性上证明电芯是唯一能造成成品电池发热、发烫、冒烟、起火爆炸的部件，燃爆后的电芯用以证明毁坏电芯上的产品编号与B公司生产的一致。

10. 协商函、索赔函等书证，用以证明电芯事件发生后A公司及时向B公司反馈情况，并就电池是否运回国内与B公司协商，但均未得到B公司的正面回应。

11. A公司法定代表人与案外人的通话录音和短信记录等视听资料、电子数据证据，用以证明同样使用B公司电芯的其他企业也遭遇同样的电池发热、发烫、冒烟、起火爆炸问题，案外人已经与B公司达成了解决方案。

【举证难点】

其一，该案发生的背景为最高人民法院《证据规定》未作修改之前，上述证据中如亚马逊平台的销售数据、平台对A公司的处罚、用户投诉和赔付、国外商标注册等均发生于境外，按照当时的《证据规定》，境外形成的证据应当经所在国公证机关予以证明，并经我国驻该国使领馆予以认证，即需履行双认证规则，这项工作是非常耗时且烦琐的，委托人没有能力达成。

其二，大量的外文书证，需要附有中文译本。

其三，因电子邮件使用的是国外的服务器，国内公证处不予办理证据固定。

其四，对于损失数额在诉讼时不能简单地以发货数量减去销售数量等于库存数量加以证明，而应委托第三方出具审计报告，但是国内会计师事务所同样面临数据难以核实的问题。

【综合评判】

1. 该案证据数量充足、种类覆盖广，且均与待证事实具有程度不同的关联性。

2. 因客观原因，其中很多境外形成的证据难以证明其真实性，缺乏真实性的证据其关联性便失去了证明价值。

3. 建议委托人暂缓起诉，补足证据的证明力，待综合判断全案证据的证明力达到或超过75%时再行起诉。

4. 如果坚持以现有证据起诉，必须做好撤诉的心理准备，并自行负担发生的诉讼费和律师费。但是鉴于B公司已经有与案外人协商处理的先例，如果A公司坚持起诉，应当立足于以诉讼为手段，推动双方达成和解。

最终该案以和解结案。

案例2 洪某离婚纠纷案

【案情简介】

原告洪某（女）与被告陈某某（男，中国台湾地区）于199×年相识恋爱，

199×年6月儿子出生,199×年4月洪某与陈某某在××省民政厅办理了结婚登记,200×年2月女儿出生。婚后洪某在陈某某开办的塑胶厂上班。200×年陈某某注册成立个人独资的外资A公司,200×年陈某某以个人名义购买某村委集体土地并自建厂房6万多平方米将公司迁入,陈某某还在厂区内建了一栋别墅,供其家人居住,洪某带着孩子与陈某某的弟弟、弟媳三家人共同居住在此。直至201×年3月,陈某某的儿子不忍看到母亲孤独一人屡受陈某某家人白眼,在儿子强烈要求下,陈某某才以自己个人的名义购买了一套小产权房供儿子、女儿、洪某居住,洪某至此才得以脱离陈家的监视。

陈某某在赚到钱后,开始流连于各种娱乐场所。200×年在娱乐场所结识文某某后,陈某某为文某某购买商品房一套用于两人同居生活,时间超过8年。201×年陈某某又与另一娱乐场所女子欧某某结识,为其购买豪宅一套供两人以夫妻名义共同生活,还为欧某某购买小车一辆,非法同居7年期间欧某某为陈某某生下两个女儿。自200×年陈某某与文某某、欧某某同居以后,再也没有回过其与洪某的家,时间超过15年。

有了孩子后欧某某有恃无恐,明知洪某是陈某某的合法妻子且还在A公司上班的情况下,欧某某在工作时间带着孩子频繁出入公司办公场所,并在办公场所与陈某某的家人、公司员工、公司供应商等谈笑风生,以老板娘自居,丝毫没有掩饰之意。陈某某还多次带欧某某及孩子回台湾地区拜见父母,这些情况在A公司可以说是人尽皆知,陈某某与欧某某的所作所为使洪某的精神受到巨大的刺激、感情受到严重的伤害,愤而下定决心与陈某某离婚。

【案件性质分析】

根据委托人的陈述,辅以前期收集调查的证据材料,陈某某长期与他人以夫妻名义共同生活,且育有两名非婚生子女,性质和情节均已达到恶劣和严重的程度,符合重婚罪的追诉标准。该案先以刑事自诉案件向法院起诉,以实现以刑案促双方协商解除婚姻之目的,但法院审查后认为证据不足不予立案。转而请求公安机关以重婚罪立案侦查,公安机关初步审查后认为符合立案条件,作出立案决定,但因陈某某已闻讯去台湾地区躲避,案件侦查陷入僵局。遂决定提起离婚诉讼。

【两大待证事实】

1. 感情是否确已破裂。洪某与陈某某之间符合"重婚或者与他人同居""因感情不和分居满二年"这两种法定判断标准。但是如要证明被告重婚,依靠现有证据材料或者公安机关的立案决定书是不够的,人民法院对于刑事案件的证据要求更为严格,必须做到"案件事实清楚,证据确实、充分",各证据之间不存在无法排除的矛盾和无法解释的疑问的,才能作为定案的根据,这与民事诉讼的证明要求有显著不同。但在离婚案件中证明被告与他人长期同居则相对容易实现,至于分居满两年的事实也不难证明,虽然原告一直带着孩子生活在自家的别墅里,但被告并未与原告共同生活,在长达15年的时间里不履行家庭责任和义务,一直在外租房、购房与多名女子同居且生育两名子女,原、被告仅有夫妻之名不行夫妻之实,原告在家庭中的地位事实上相当于保姆和佣人,长期分居是客观存在的事实。

2. 夫妻共同财产的范围。原、被告于199×年登记结婚,婚姻存续长达17年,儿子在婚前已经出生,故两人实际婚姻存续时间超过20年。婚前陈某某个人财产已经无法加以区分,现有资产应全部视为夫妻共同财产。夫妻共同财产包括夫妻个人名下的财产(原、被告各50%的份额)和A公司的资产(陈某某的个人独资企业,原、被告各占50%的净值产份额)两大部分,这些资产体量巨大,市场价值数亿元人民币,分割比较烦琐。

【收集证据】

1. 结婚证、身份证、台胞证、子女户籍誊本等书证,用以证明夫妻关系和家庭成员关系。

2. 原告社保缴费清单、工资发放流水等书证,用以证明原告每月仅领取3000元工资收入,全部用于家庭开支,被告没有承担家庭责任。

3. 房地产权证、不动产资料电脑查询结果表、集资建房合同书等书证,用以证明登记在被告名下的不动产情况。

4. A 公司登记注册资料等书证，用以证明 A 公司及之前的企业均由被告陈某某一人出资，被告对企业拥有 100% 股权，公司成立于夫妻关系存续期间，原告对公司净资产拥有 50% 的财产份额。

5. 租用土地合同书及补充合同书、建筑施工合同、装修施工合同、打桩合同、工程质量安全受监证、复工通知书、消防验收合格意见、厂房宿舍租赁合同等书证，用以证明土地使用权的取得、厂房建设的建设方和出资方均为被告及被告的公司，原告对于建筑物（部分办理产权登记、部分尚未办理）的所有权和使用权拥有 50% 的权利份额，对于厂房出租所取得的租金收益享有 50% 的财产份额。

6. 居民采集表、居住登记信息等书证，用以证明陈某某与他人非法同居的事实。

7. 非婚生子女的出生医学证明、住院记录、分娩记录、出院记录等书证，用以证明陈某某和欧某某是两个非婚生女儿的父亲和母亲。

8. A 公司财务室、办公楼、停车场以及某小区电梯监控视频等视听资料、电子数据证据，用以证明陈某某与欧某某同出同入，同时证明欧某某毫无顾忌地出入 A 公司各种场所，甚至插手公司事务、指挥员工。

9. 立案告知书，用以证明陈某某涉嫌重婚已被公安机关立案侦查。

【举证难点】

该案证据收集难度较大，原告洪某在家庭、企业中地位低下，没有机会获得与企业有关的财产信息，陈某某对公司拥有说一不二的绝对掌控权。但正所谓“成也萧何败也萧何”，陈某某的霸道和跋扈早已引起部分公司员工、部分合作商的不满，当得知洪某有离婚打算的时候，有知情人主动向洪某提供证据材料，这才有了查清公司资产的基础。该案另一个难点是陈某某与欧某某非婚生子女的出生医学证明等证据，原告无法取得，如果在重婚自诉时有该证据的话，也许法院就会同意立案了。后来离婚纠纷立案，法院开具律师调查令才取得该证据。

案件处理经过：该离婚纠纷历经发回重审，耗时三年才告结案。在本书接下来的其他章节中,将有对于该案以及该案衍生的其他案件的进一步介绍。

在案件提起诉讼以后,对证据的审查判断是审判人员的工作,但在准备起诉阶段,审查判断证据却是代理工作的重点,并且贯穿代理过程的始终。审查判断证据的重心,是审查证据的客观真实性与案件事实的关联性,以及收集证据的合法性。在理论上,对证据的审查一般有甄别法、比较法、印证法、辨认法、鉴定法、实验法、质证法、反证法、排除法等方法,各类证据既有共性也有个性,应当具体问题具体分析,根据不同证据的具体特点,有针对性地进行审查。既要对每个证据从其来源和内容方面进行审查,又要把全案的证据与证据、证据与案件事实相互结合起来,从它们之间的内在联系上进行综合分析,才有可能对证据作出正确的判断,并据以对案件事实作出正确的结论,顺利完成证明任务。

第三节 精心编排证据目录

谨记,再简单的诉讼也要提交证据目录。

《证据规定》第19条规定:当事人应当对其提交的证据材料逐一分类编号,对证据材料的来源、证明对象和内容作简要说明,签名盖章,注明提交日期,并依照对方当事人人数提出副本。

但是证据目录不是简单地罗列堆砌证据,而是要按照证明对象分门别类展开,做到目的明确、逻辑清晰、层层递进、相互印证,形成完整的证据链条。

对于证据种类多、数量多、内容庞杂的案件,证据分类非常重要。这里不是指按照物证、书证、证人证言、视听资料、电子数据等种类分类,而是按照证明对象对证据进行归纳出示,一组证据对应一个待证事实。杂乱无章的证据目录会给审判人员审查判断带来不便,说得严重一点,可能给审判人员建立内心确信制造障碍,还会让庭审时的举证、质证流程变得混乱,严重影响庭审效率。以下以列举的方式说明证据目录的编排。

一、简单的证据目录实例

例 1　某简单的民间借贷纠纷案件的证据目录(简单排序)：

证据目录及说明

提交人诉讼地位:☑原告　☐被告　☐第三人
名称/姓名:××
案号:(2021)粤××××民初××××号

序号	证据名称	证明内容	页码	备注
1	中国银行交易流水明细清单	证明原告于 2015 年 11 月 2 日通过银行向被告本人账户转账 150,000 元、于 2017 年 3 月 23 日再次转账借给被告 20,000 元,借款合计 17 万元	1～2	复印件
2	借条	被告事后补写了一份《借条》,内容是"今借到××人民币壹拾柒万元整。借款期限一年。2017 年 7 月 8 日前归还。借款人××"	3	复印件
3	原告与被告微信聊天记录截图	证明原告自 2019 年 1 月起多次催促被告还款,但是被告均以状况不好为由推诿,迄今分文未偿付	4～8	打印件

二、复杂的证据目录编排实例

例 2　前文因电芯质量引起的买卖合同纠纷的证据目录(分类分组排序)：

证据目录

提交人：××有限公司

提交日期：201×年××月××日

组别	序号	证据名称	证明内容	页码	备注
第一组买卖合同关系	1	2017年××月至××月原告向被告采购电芯数量统计	原告向被告定购各种规格的电芯716,025块，货款总值3,759,767.5元	略	复印件
	2	银行交易业务回单及流水清单	原告已经将前述货款全部支付完毕	—	复印件
	3	2017年××月至××月的订货单、出库单、退货单、对账单	原、被告履行买卖合同的具体情况，证明证据1、证据2所述买卖关系是真实的，货款数额是准确的	—	复印件
第二组原告向国外仓库发货和销售情况	4	海关报关单、运单、货物代理公司的收货单等	证明2017年××月至××月原告通过货代发往美国和欧洲的电池的数量为××个	—	复印件
	5	入库单据（美国仓库）	证明2017年××月至××月原告发往美国的电池已全部存放至原告租赁的仓库	—	复印件
	6	入库单据（欧洲仓库）	证明2017年××月至××月原告发往欧洲的电池已全部存放至原告租赁的仓库	—	
	7	原告支付仓库租金的转账记录	原告向美国仓库和欧洲仓库的出租人（均为当地华裔）支付租金的情况	—	复印件
	8	2017年××～××月亚马逊销售数据下载（包括美国和欧洲）	2017年××～××月原告在亚马逊平台的网店共向终端用户销售笔记本电池的数量，该数据源于亚马逊后台	—	

续表

组别	序号	证据名称	证明内容	页码	备注
第三组网店运营情况	9	亚马逊网店运营协议及译文	证明2016年××月××日原告法定代表人××在亚马逊开设DTK品牌网店，主要销售经营的笔记本电池	—	复印件
	10	DTK注册商标证书及译文	证明原告法定代表人××在美国专利和商标局注册了DTK商标，用于笔记本电池在国外的销售	—	复印件
	11	亚马逊公司关闭交易账号的通知和申诉及译文	证明因为原告出售的笔记本电池组存在安全隐患和用户投诉，亚马逊网站关闭了原告的交易账户。原告为了重新开启交易账户所进行的申辩和保证	—	复印件
第四组客户投诉赔付及原因	12	客户投诉的往来邮件（5封）及译文	因购买的笔记本电池组电芯发热、发烫、燃爆给用户造成损失的投诉邮件和问题反馈、索赔要求等	—	复印件
	13	对客户的赔偿	原告对投诉的客户进行赔付的转账凭据，合计折合人民币35万余元	—	复印件
	14	爆炸后的TOSHIBA PA3817型号笔记本电池	境外消费者在使用过程中发生爆炸的笔记本电池，由用户退回	—	物证原件
	15	同类型号的新笔记本电池，原装与拆开各一块	直观了解该型号笔记本电池的构造，证明电芯质量是唯一导致电池爆炸的原因	—	物证原件

续表

组别	序号	证据名称	证明内容	页码	备注
第五组就地处置的原因	16	欧洲返回500块电池运费	原告尝试将存放在欧洲仓库的500块电池运回国内。关税加运费花费37,007元,平均每块电池花费74元,几乎等同于电池的成本价,不得不在境外就地销毁	—	复印件
	17	出库单据	原告委托当地华裔代为处理库存笔记本电池,处理费用自理,残值归处理人所有,电池出库单证明库存已交付处置方	—	
第六组原告与被告沟通情况	18	索赔函(2017年10月××日)	原告将笔记本电池在海外发生燃爆等事件及原告因此遭受的损失告知被告,要求被告作出处理	—	复印件
	19	索赔函(2018年1月××日)	原告再次就笔记本电池燃爆事件向被告提出索赔要求,被告同样未予回应	—	复印件
	20	索赔函接收记录	前述两次索赔函均通过QQ发送给被告工作人员,被告工作人员已接收	—	复印件
	21	×××与××电话录音文字记录	证明被告的电芯引发的电池燃爆事件不止原告一家公司,案外人公司的同类事件已经得到处理	—	复印件
第七组录音文件	22	证据21录音文件的数字存储形式	证明内容同上	—	光盘

三、多次提交证据的目录编排实例

例3 前文洪某离婚纠纷案件的证据目录(多次提交):

洪某诉陈某某离婚纠纷案证据目录

(第一次提交)

提交人:洪　某

提交日期:201×年4月1日

序号	证据名称	证明内容	页码	备注
1	结婚证(各一)	证明洪某与陈某某见于199×年××月××日办理结婚登记	略	复印件
2	洪某身份证、居住登记信息	证明洪某的个人身份和经常居住地属于受诉人民法院管辖	—	复印件
3	陈某某台胞证	证明陈某某的台湾地区居民身份,被告目前居住于我国台湾地区,应由原告经常居住地人民法院管辖	—	复印件
4	婚生子女户籍誊本	证明陈某1和陈某2系原告与被告两人的婚生子女	—	复印件
5	洪某工资收入银行流水和社保缴费清单	证明洪某在陈某某开设的A公司上班,每月领取薪水3000余元,用于家庭日常开支	—	复印件
6	居民采集表、居住登记信息	证明欧某某带着女儿陈某1和陈某2先后生活在某花园B栋3单元××号和某小区A座××号房屋内,该两套房产均登记在陈某某名下	—	复印件
7	A公司财务室、办公楼、停车场以及某小区电梯监控视频等	证明陈某某与欧某某同出同入非法同居,同时证明欧某某毫无顾忌地出入A公司各种场所,甚至插手公司事务、指挥员工	—	打印件
8	证据7的数字存储形式	证明内容同上	—	光盘
9	立案告知书	证明陈某某涉嫌重婚罪已经被××公安分局立案侦查	—	复印件

续表

序号	证据名称	证明内容	页码	备注
10	房地产权证	该四栋厂房虽然登记在陈某某个人名下,但厂房系原被告婚后以A公司的收益投资多建,依法属于夫妻共同财产	—	复印件
11	不动产资料电脑查询结果表	某花园B栋3单元××号房屋和某小区A座××号房屋虽然登记在陈某某个人名下,房产系原被告婚后购买,依法属于夫妻共同财产	—	复印件
12	集资建房合同书	证明在儿子的强烈要求下陈某某购买了该小产权房,目前由原告及儿子居住	—	复印件
13	A公司设立和变更登记信息	证明该公司的投资者只有陈某某一个人,所有注册资本的缴付均来自陈某某的个人账户,与其主张的家族投资无关	—	打印件
14	A公司前身×厂成立及注销登记信息	证明该"三来一补"工厂系陈某某的独资的我国香港特区某贸易公司开办,后因亏损及政策原因注销	—	打印件

洪某诉陈某某离婚纠纷案证据目录

(第二次提交)

提交人:洪　某

提交日期:201×年7月15日

序号	证据名称	证明内容	页码	备注
15	陈某1、陈某2的出生医学证明、住院记录、分娩记录、出院记录等	证明陈某某与欧某某分别于201×年12月××日和201×年1月××日在××妇产医院生下两个女儿,陈某某是陈某1、陈某2的生父	略	原件
16	《租用土地合同书》《补充合同书》各一份	证明200×年××月××日陈某某通过协议的方式取得×工业区××平方米的土地使用权;200×年××月××日该土地使用权让渡给A公司	—	复印件

续表

序号	证据名称	证明内容	页码	备注
17	《建筑施工合同》《装修施工合同》《打桩合同》《工程质量安全受监证》《复工通知书》《消防验收合格意见》等	证明涉案厂房建设的建设方和出资方均为被告及被告的公司,涉案厂房、宿舍等工程于200×年××月通过竣工和消防验收,随后交付使用。这些房产均属于原被告婚姻存续期间的夫妻共同财产	—	复印件
18	涉案厂房及占地示意图(平面图、卫星图、三维图)	利用地图对于厂房、宿舍产权证以及土地方位、建筑物分布的补充说明	—	打印件
19	厂房宿舍租赁合同	证明陈某某在婚姻关系存续期间收取了巨额的租金,并且转移、隐匿了其中属于夫妻共同财产的份额	—	复印件
20	授权书	证明陈某某以通过委托他人收取租金的方式,侵占、转移夫妻共同财产	—	复印件

洪某诉陈某某离婚纠纷案证据目录
(发回重审补充提交)

提交人诉讼地位:☑原告　☐被告　☐第三人
名称/姓名:洪　某
案号:(2018)粤××××民初××××号

分类	序号	证据名称	证明内容	页码	备注
承租人C公司	1	C公司支付陈某某房租清单及凭证	C公司201×年1月至7月向陈某某账户支付房租人民币103万元	略	原件

续表

分类	序号	证据名称	证明内容	页码	备注
承租人C公司	2	201×年7月至201×年12月支付第三人房租	C公司因《关于变更厂房租赁协议》自201×年7月开始向陈某授权的第三人支付房租人民币337万余元	—	原件
	3	关于变更厂房租赁协议	201×年5月31日C公司、第三人、陈某某签订《关于更变厂房租赁协议》，自201×年7月开始，厂房通过第三人转租，租金通过第三人转付	—	复印件
	4	关于房租支付的说明	证明C公司两年期间向陈某某支付租金441万元，第三人向陈某某支付租金511万元，两家共计支付租金952万元	—	复印件
承租人D公司	5	承租人D公司201×年1月至201×年12月向陈某某支付租金的情况	D公司两年间向陈某某支付房租129万元、通过第三人向陈某某支付382万元，共计支付房租511万元	—	原件
承租人刘某某	6	招商银行××支行资金流水	刘某某代付某物业的租金后，转付给陈某某共478万元	—	原件
	7	关于房租支付的说明	某物业分租部分厂房，其租金向刘某某支付，再由刘某某支付给陈某某。其中201×年1月至6月的租金是以201×年支付的押金和配电柜费用抵扣的	—	复印件

该补充提交的证据，是案件发回重审第一审阶段，原告代理人持法院开具的调查令向相关承租人收集的材料，用以证明陈某某名下厂房两年期间的租金收入达2000万余元，这些租金收入中的50%属于原告洪某应分割取得的财产。

证据目录相当于证据材料的索引，清晰明了的索引有助于审判人员快速查找证据并对提交方的证明目的有初步的了解，提高审查判断的效率和判断的精准度。

第四节　以最直观的方式呈现证据

提交的证据材料是否能够作为认定案件事实的依据固然是由证据材料自身的“三性”决定的，我们把起诉状、证据材料等诉讼材料交给法院相当于是“送审送检”。先不论最终审理结果是什么，我们“送审送检”的材料须做到规范、整洁、清晰、悦目，这就好比笔试试卷的印象分、卷面分。案件证据材料须按照证据目录的排列分门别类整理好，编写页码，这样方便查阅，如果证据数量很多，最好独立装订成证据卷提交。凌乱的证据除了令人反感，还可能造成审查遗漏的风险。

民事诉讼法规定，书证应当提交原件。物证应当提交原物。提交原件或者原物确有困难的，可以提交复制品、照片、副本、节录本。提交外文书证，必须附有中文译本。对视听资料，应当辨别真伪，并结合本案的其他证据，审查确定能否作为认定事实的根据。

前文我们提到要站在裁判者的立场思考，既是对案件事实的换位思考，也是对裁判人员工作方式和习惯的思考。人们总是更乐于接受直观、醒目的事物，哪怕审判人员有义务和责任抽丝剥茧、去伪存真地去发现事实真相，我们也要让审判人员知道丝在哪里、茧在何处。对于冗长的合同条款、生涩的文字表述、复杂的意思表示等，在不破坏材料完整性的前提下可以用显著颜色或记号标识，或者提供简洁的摘录版本（附完整版本）。尤其是提交录音证据时，如果通话时间较长，无关的话语太多，除了应当提交完整的录音文件之外，我们可提交节录版和完整版两个文字版本，使审判人员快速了解该录音所欲证明的案件事实。

一、图文并茂，复杂类型书证的举证方式实例

例 1　前文述及的李某生命权纠纷案。李某的日记多达 100 余篇，字迹凌

乱，辨认困难，主要是内容颠三倒四，虽然复印件已全部提交法院，但是很难想象法官有时间逐字逐句阅读，也很难归纳字里行间对原告方有利的信息，故采取截取日记图片加文字注释的方式作为对该日记证据的补充。

证据9-3

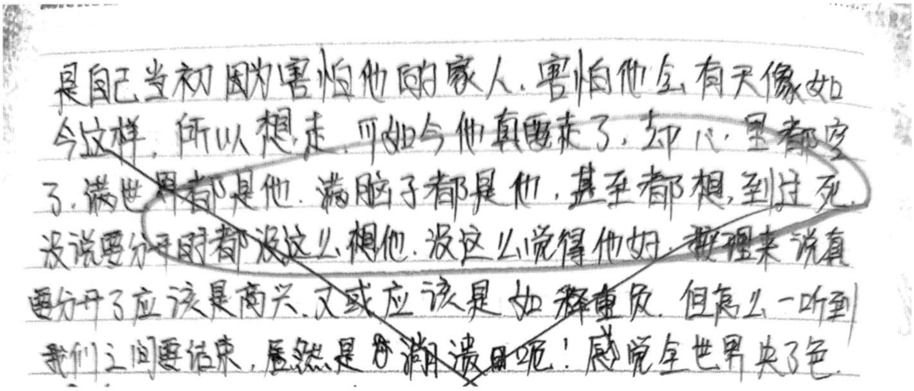
是自己当初因为害怕他的家人，害怕他会有天像如今这样，所以想走，可如今他真要走了，却心里都空了，满世界都是他，满脑子都是他，甚至都想到过死。没说要分开时都没这么想他，没这么觉得他好，按理来说真要分开了应该是高兴，又或应该是如释重负，但怎么一听到我们之间要结束，居然是崩溃呢！感觉全世界失了色

【摘录整理】是自己当初因为害怕他的家人，害怕他会有天像如今这样，所以想走。可如今他真要走了，却心里都空了，满世界都是他，满脑子都是他，甚至想到过死。没说要分开时都没这么想他，没这么觉得他好。按理来说真要分开了应该是高兴，又或应该是如释重负，但怎么一听到我们之间要结束，居然是崩溃呢！感觉全世界失了色……

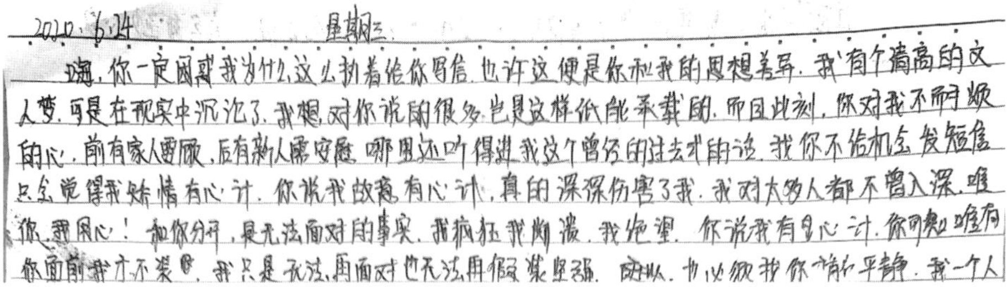
2010.6.24 星期三
嗨，你一定困惑我为什么这么执着给你写信，也许这便是你和我的思想差异，我有个清高的文人梦，可是在现实中沉沦了，我想对你说的很多岂是这样纸能承载的，而且此刻，你对我不耐烦的心，前有家人要照顾，后有新人需安慰，哪里还听得进我这个曾经的过去式的话，我你不给机会发短信只会觉得我矫情有心计，你说我故意有心计，真的深深伤害了我，我对大多人都不曾入深，唯你，我用心！和你分开，是无法面对的事实，我疯狂，我崩溃，我绝望，你说我有心计，你可知唯有你面前我才不装假，我只是无法再面对也无法再假装坚强，所以，也必须……平静，我一个人

【摘录整理】嗨，你一定困惑我为什么这么执着给你写信，也许这便是你和我的思想差异……而且此刻，你对我不耐烦的心，前有家人要照顾，后有新人要安

慰，哪里还听得进我这个曾经的过去式的话。我你不给机会，发短信只会觉得我矫情有心计，你说我故意有心计，真的深深伤害了我。我对大多人都不曾入深（编者注：此处可能为笔误，原意应是用心），唯你我用心！和你分开，是无法面对的事实。我疯狂、我崩溃、我绝望。你说我有心计。你可知唯有你面前我才不装，我只是无法再面对，也无法再假装坚强……

证据9－6

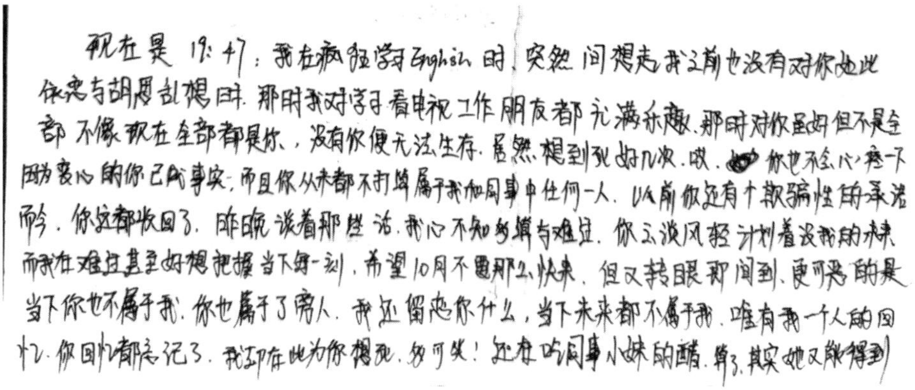
现在是19:47：我在疯狂学习English时，突然间想起我之前也没有对你如此
依恋与胡思乱想的时。那时我对学习看电视工作朋友都充满乐趣。那时对你虽好但不是全
部 不像现在全部都是你、，没有你便无法生存。居然想到死好几次。哎。你也不会心疼一下
因为变心的你已成事实，而且你从来都不打算属于我和同事中任何一人。以前你还有个欺骗性的承诺
而今，你这都收回了。昨晚谈着那些话，我心不知多算与难过。你云淡风轻计划着没我的未来
而我在难过甚至好想把握当下每一刻，希望10月不要那么快来，但又转眼即到，更可恶的是
当下你也不属于我，你也属于了旁人。我还留恋你什么，当下未来都不属于我。唯有我一个人的回
忆，你回忆都忘记了。我却在此为你想死，多可笑！还在吃同事小妹的醋，算了，其实她又能得到

【摘录整理】……不像现在全部都是你，没有你便无法生存，居然想到死好几次。哎，你也不会心疼一下，因为变心的你已成事实，而且你从来都不打算属于我和同事中任何一人。以前你还有个欺骗性的承诺，而今，你这都收回了。昨晚谈着那些话，我心不知多算（编者注：此处应是笔误，原意为酸）与难过。你云淡风轻计划着没我的未来……更可恶的是，当下你也不属于我，你也属于了旁人，我还留恋你什么。当下未来都不属于我，唯有我一个人的回忆，你回忆都忘记了。我却在此为你想死，多可笑！还在吃同事小妹的醋，算了，其实她又能得到什么（编者注：证据原件不完整，此处为作者整理补充）

证据9-8

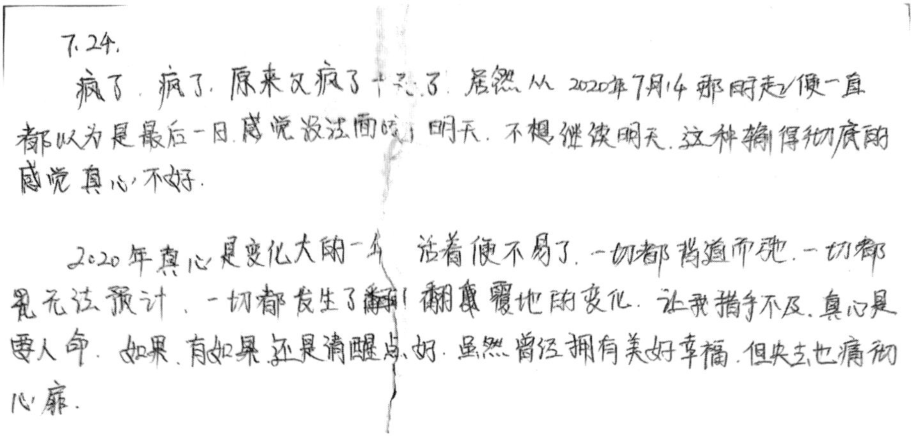
7.24.

疯了、疯了，原来又疯了十天了。居然从2020年7月14那时起便一直都以为是最后一日，感觉没法面对明天，不想继续明天，这种输得彻底的感觉真心不好。

2020年真心是变化大的一年，活着便不易了，一切都背道而驰，一切都是无法预计，一切都发生了翻天覆地的变化，让我措手不及，真心是要人命。如果、有如果还是清醒点好，虽然曾经拥有美好幸福，但失去也痛彻心扉。

【摘录整理】疯了、疯了，原来又疯了十天了，居然从2020年7月14日那时起便一直都以为是最后一日，感觉没法面对明天，不想继续明天，这种输得彻底的感觉真心不好……

证据9-9

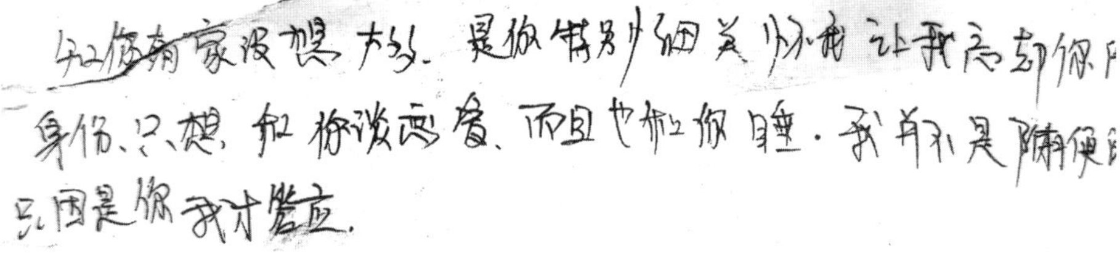
绝望时你不知我有多么不想活了。

我失望，无奈。回前，你有家人，往后走，[illegible]人取代我在你心中的位置。我们之间我一开[illegible]没有贪心，知你有家没想太多。是你特别细关怀我让我忘却你[illegible]身份，只想和你谈恋爱、而且也和你睡。我并不是随便[illegible]人，因是你我才答应。

【摘录整理】我绝望时你不知我有多么不想活了。

我失望、无奈。回前，你有家人，往后走，已经这么快找好人取代我在你心中的位置。我们之间我一开始也没有贪心，知你有家没想太多，是你特别细（致）关怀我,让我忘却你的身份,只想和你谈恋爱,而且也和你睡。我并不是随便的人,只因是你我才答应。(编者注:证据原件不完整,此处为作者整理补充)

李某案还有大量的微信、钉钉聊天记录,都需要代理人一一甄别、整理,以最方便查看的方式呈现给审判人员,减轻审判人员审核认定证据的工作压力。

二、文字呈现,视听资料的举证方式实例

例2 某劳动争议提交的录音证据之一。是员工与主管的对话,为了证明公司解除劳动合同不像表面上看上去那样是由于员工严重违纪,而是由于公司搞竞争上岗、末位淘汰所致。

证据××号

员工与主管谈话录音

(文字节录版)

时间:202×年9月8日16:08~16:18

时长:10分钟

录音设备:苹果8 plus手机,使用随身录插件

对话人:员工,部门主管

00’08”主管:……现在同样地,你已经三个季度都达不到这个规则,所以淘汰也是一定要淘汰的。所以你的要求是什么?你的条件是什么?或者说我给你一个星期你去找好工作。就是完成客户的事情,给你一个星期的时间专门去找工作也可以。

00’48”员工:我没有离职的想法。

00’49”主管:但你不符合公司的要求,更加不符合我们销售体系对于销售的业绩考核的要求。

01’24”员工：那公司这样子弄的话，我要求N加1。

01’46”主管：这个我可以明确告诉你，不可能。你现在是因为业绩不符合标准、不达标。你应该认真看过合同吧，有研究过吗？你能说出N加1这种话来，这说明应该是研究过的吧？如果员工所在的岗位、职责没有达到这个要求，公司可以无偿地裁掉这个员工。

02’48”主管：但我只是觉得你在销售体系里面连续三个季度都没有达成，并且现在公司已经一直在做的就是优胜劣汰，现在你综观全公司，你能找到一个比你业绩还差的人吗？你不需要有要离职的想法，现在是公司，你不符合公司的规则，你也不符合我们团队、我们销售体系、我们部门的规则，知道吗？

05’16”员工：我条件不是已经提过了吗？

05’18”主管：这个条件不可能也不符合规则，因为你是被淘汰掉的。你是属于业绩不达标、被淘汰。

06’10”员工：我没有这么说，那你又说这个季度没有结束，那本来疫情又不是我弄出来的。当时的话旅游……

06’15”主管：去楼下看一下，现在还有疫情的影响吗？你现在看。你为什么只能想到疫情对你的影响，却从来没有想过在疫情下，我们的行业不光只有旅游。你可以做的客户有很多，你做了吗？你摸一下自己的良心，你有去想办法去把你的业绩达成吗？人最重要的是活得有尊严，每个人都有自尊心的。你现在业绩不好就是被淘汰了呀，数据说话呀，不符合岗位要求啊，为什么好赖都不走，为什么呢？这一点上，×××就比你聪明多了。

08’56”员工：我没有离职的想法，你不要一直引导，确认我找工作，我不会去找，我不需要引导。

09’02”主管：你现在是被淘汰了，不是你有没有离职的想法，是你不符合公司的规定，就算被淘汰掉。知道吗？我先找别人交流一下吧，是否也没什么好聊的了。

因为整个录音时长有10分钟,整理成为文字版本篇幅也很大,且大量对话的内容是重复的,提交一个节录版是方便审判人员了解该证据的核心内容。如果审判人员需要可以看完整文字版,如果需要核实文字转录的准确性,可以听完整的录音文件。

《证据规定》第15条规定,当事人以视听资料作为证据的,应当提供存储该视听资料的原始载体。该证据的原始载体是员工的手机,开庭时应向法庭出示。在立案时我们一般采用将原始的录音文件刻录成光盘或拷贝入U盘的方式提交。考虑人民法院办公电脑与外界的物理隔离,U盘中的文件通常被拒绝访问,且U盘不方便标识,故建议提交刻录光盘。有条件的应使用专用光盘标签纸打印案号、内容、提交人、日期等信息粘贴于光盘背面,装入光盘保护套再提交,使用油性笔手写显得很不专业。

示例(见图1):

图1 光盘证据

三、微信记录，电子数据证据的举证方式实例

例3　某不当得利案。前文有介绍过，A(自然人)与B公司联系口罩机采购事宜，在尚未签订采购合同的情况下向B公司法定代表人C个人账户支付2万元诚意金，后因货源紧张，B公司提出延期交付，A不同意延期，要求B公司退还2万元诚意金，B公司遂通过C个人账户向A退款，但在手机操作时发生失误，多输入一个“0”导致20万元款项退还至A的账户，A对于多转入的18万元不予退还。

本案的其他证据材料只有A向C支付诚意金的收款凭据、C向A退还诚意金的银行流水记录，以及B公司给A开具的收据，这些证据只能证明A与C之间有资金收付往来，不能证明款项的性质，更不能证明是什么原因导致C向A支付了20万元。因此双方之间的微信沟通就成了重要的证据，通过双方的对话可以证明以下事实：A添加微信好友的目的是帮助客户订购口罩机，A支付的2万元是诚意金，C错转20万元后当即要求A将多余的18万元原路退回，A流露出明显的侵占故意。

《证据规定》第15条第2款对电子数据证据的要求是：当事人以电子数据作为证据的，应当提供原件。电子数据的制作者制作的与原件一致的副本，或者直接源于电子数据的打印件或其他可以显示、识别的输出介质，视为电子数据的原件。

依该规定的要求，微信聊天的记录的打印件可以视为电子数据的原件，但是还需证明电子数据来源的真实性。通常认证办法有二，一是当庭出示安装该微信的手机核验，二是对微信内容进行公证固定。该案起诉时因情况紧急来不及进行公证，故先提交截图的打印件。笔者建议，打印时将截图嵌入文档内，文档上部标明证据名称和编号，文档下部摘要截图的主要文字内容或该截图所希望达到的证明目的。(见图2)

图 2　原告工作人员与唐某某微信聊天记录

2020 年 4 月 9 日唐某某经朋友介绍与原告工作人员张某取得联系，商议代客户订购口罩机的事宜。（见图 3）

（3）　　　　　　　　　　（4）

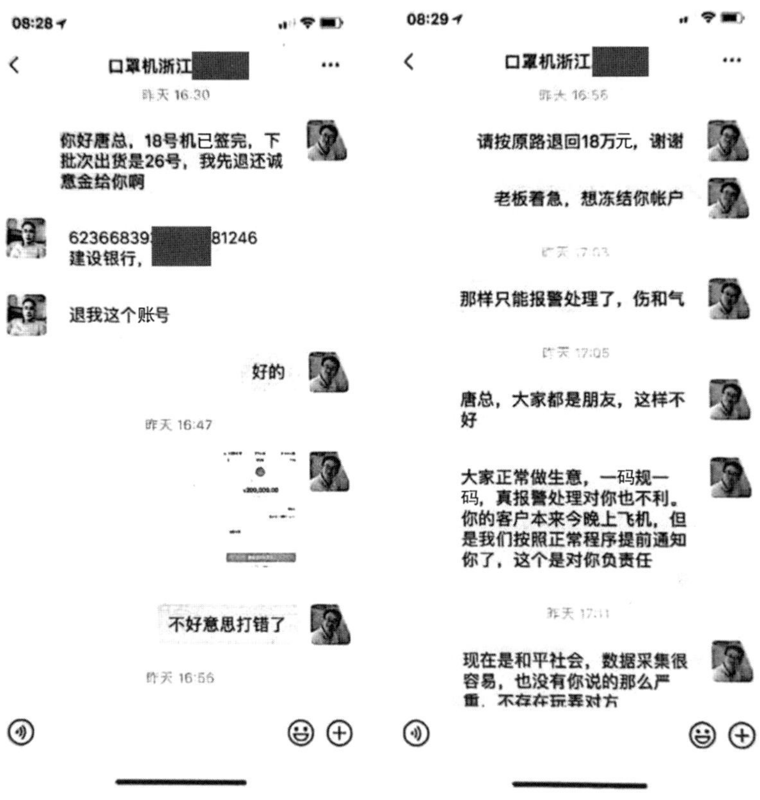

图 3　原告工作人员与唐某某微信聊天记录

2020 年 4 月 10 日原告工作人员按照唐某某提供的账户退回诚意金，因操作失误，将 2 万元错输为 20 万元，发现后随即要求唐某某将多收到的 18 万元原路返还。（见图 4）

（5）

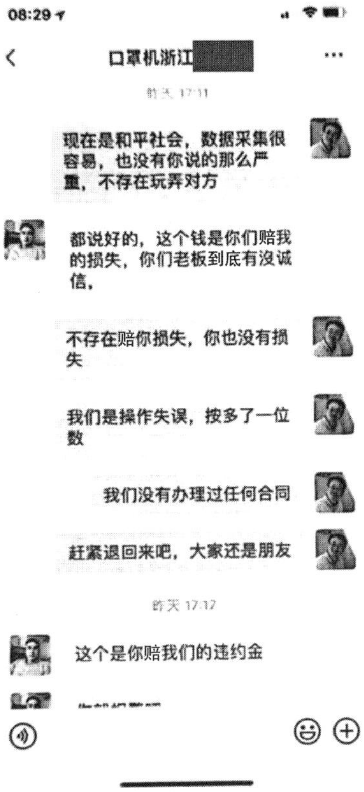

（6）

图 4　原告工作人员与唐某某微信聊天记录

唐某某诡辩称该误付的 18 万元是他的损失，是原告答应支付给他的违约金，不同意退回。原告解释双方尚未签订合同，不存在违约事由，也未约定违约责任。

电子数据不仅是新型的证据形式，而且在实务中被大量采用，以微信为代表的电子数据证据可能出现在任何一种类型案件的证据体系之中，我们有必要对电子数据高度重视。

电子数据的范围。《证据规定》第 14 条规定,电子数据包括下列信息、电子文件:(1)网页、博客、微博客等网络平台发布的信息;(2)手机短信、电子邮件、即时通信、通讯群组等网络应用服务的通信信息;(3)用户注册信息、身份认证信息、电子交易记录、通信记录、登录日志等信息;(4)文档、图片、音频、视频、数字证书、计算机程序等电子文件;(5)其他以数字化形式存储、处理、传输的能够证明案件事实的信息。

电子数据的真实性认定。《证据规定》第 93 条规定,人民法院对于电子数据的真实性,应当结合下列因素综合判断:(1)电子数据的生成、存储、传输所依赖的计算机系统的硬件、软件环境是否完整、可靠;(2)电子数据的生成、存储、传输所依赖的计算机系统的硬件、软件环境是否处于正常运行状态,或者不处于正常运行状态时对电子数据的生成、存储、传输是否有影响;(3)电子数据的生成、存储、传输所依赖的计算机系统的硬件、软件环境是否具备能有效防止出错的监测、核查手段;(4)电子数据是否被完整地保存、传输、提取,保存、传输、提取的方法是否可靠;(5)电子数据是否在正常的往来活动中形成和存储;(6)保存、传输、提取电子数据的主体是否适当;(7)影响电子数据完整性和可靠性的其他因素。

电子数据被推定为真实的情形。《证据规定》第 94 条规定,电子数据存在下列情形的,人民法院可以确认其真实性,但有足以反驳的相反证据的除外:(1)由当事人提交或者保管的于己不利的电子数据;(2)由记录和保存电子数据的中立第三方平台提供或者确认的;(3)在正常业务活动中形成的;(4)以档案管理方式保管的;(5)以当事人约定的方式保存、传输、提取的。电子数据的内容经公证机关公证的,人民法院应当确认其真实性,但有相反证据足以推翻的除外。

简单理解,电子数据的真实性取决于有无原始载体,或者能够证明真实源于原始载体;电子数据与待证事实之间的关联性,其审查方式与其他证据一致,取决于其证明力的大小。

第五节　把握提交证据的时机

一、证据突袭是一种不自信的表现

当“举证期限”还没有被作为一项诉讼制度提出来的时候，“证据突袭”是当事人常用的诉讼策略。为了实现出其不意的突袭效果，起诉状变得越来越简短，核心事实一笔带过、争议焦点秘而不宣，直到庭审时才放出“撒手锏”打对手一个措手不及，以期利用对手的忙中出错一举奠定胜局。理想虽然丰满，但现实往往不尽如人意。理性沉稳的对手不会轻易就范，毕竟任何时间节点出现的证据都需要查证属实才能作为认定案件事实的依据。这样一来，带来的却是对司法资源的严重浪费，造成一个并不复杂的案件多次开庭，原、被告一轮一轮地补充提交证据，而法官也没有可以明确适用的证据采信规则，证据数量的多少在某种程度上左右着证明力的强弱。

2001 年《证据规定》的出台改变了这一局面。原告提交证据不能再随心所欲，当时的规定是当事人在举证期限内不提交的，视为放弃举证权利。对于当事人逾期提交的证据材料，人民法院审理时不组织质证（但对方当事人同意质证的除外），除非有“新的证据”。但是，2019 年修改后的《证据规定》取消了关于“新的证据”的限制，并且大大放宽了对于“视为放弃举证权利”的限制。当事人逾期提供证据的，人民法院应当责令其说明理由；拒不说明理由或者理由不成立的，人民法院根据不同情形可以不予采纳该证据，或者采纳该证据但予以训诫、罚款。笔者认为在某种程度上，修改后的《证据规定》关于举证期间的规定相对于修改前是一个倒退。

笔者的建议是，对于案情简单、争议不大的案件，应当在起诉时将所有证据材料全部提交；对于案件复杂、证据材料较多的案件，也应当在人民法院《举证通知书》规定的期限内完成证据提交，避免因逾期提供证据而被人民法院训诫、罚款。尤其是在试行无纸化立案的法院，除开庭时需审验原件外，不需要当事人提交纸质证据材料，我们更应利用立案通道一次性将证据提交完毕，一旦立案通道关闭，补交证据将变得困难。

我们应当摒弃“证据突袭”的想法，这是一种不自信的表现，不应当把胜诉建立在对手犯错的赌注之上。证据始终是要摆到台面上供对方剖析、供法庭审核的，证据的固有的证明力不会因对方不承认或否定而失去或减弱。法律规定对于举证期限届满后，当事人提供反驳证据或者对已经提供的证据的来源、形式等方面的瑕疵进行补正的是允许的；经法庭开庭审理后，被要求庭后补交相关说明或证据的情况也很常见。举证、质证、认证是一个持续的过程，直至裁判作出。

二、证据保全，制度意义大于实际意义

《民事诉讼法》第 84 条规定：“在证据可能灭失或者以后难以取得的情况下，当事人可以在诉讼过程中向人民法院申请保全证据，人民法院也可以主动采取保全措施。因情况紧急，在证据可能灭失或者以后难以取得的情况下，利害关系人可以在提起诉讼或者申请仲裁前向证据所在地、被申请人住所地或者对案件有管辖权的人民法院申请保全证据……”

《证据规定》第 27 条规定：“……根据当事人的申请和具体情况，人民法院可以采取查封、扣押、录音、录像、复制、鉴定、勘验等方法进行证据保全，并制作笔录。在符合证据保全目的的情况下，人民法院应当选择对证据持有人利益影响最小的保全措施。”

与财产保全一样，证据保全也分为诉前保全和诉中保全，但实话实说，证据保全在实操中并不常见。主要是因为，第一，“证据可能灭失或者以后难以取得”难以证明，比较常见的情形有保质期短容易腐烂变质的物品、即将拆迁或认定为危房的不动产、证据持有人病危、证据持有人声称要销毁，等等。第二，需要保全的证据存放于何处、由谁保管难以证明，证据保全不是证据搜查，执行法官或工作人员需严格遵循操作流程，不能破门而入、翻箱倒柜地寻找需要保全的证据。

笔者就曾有过这样的经历,法院去保全被告方电脑硬盘中的数据时,因被告方以各种理由推诿,又无从分辨数据保存在哪台电脑而没能成功。

三、书证提出命令是对证据保全的有力补充

《民诉法解释》第112条规定:“书证在对方当事人控制之下的,承担举证证明责任的当事人可以在举证期限届满前书面申请人民法院责令对方当事人提交。申请理由成立的,人民法院应当责令对方当事人提交,因提交书证所产生的费用,由申请人负担。对方当事人无正当理由拒不提交的,人民法院可以认定申请人所主张的书证内容为真实。”

书证提出命令的申请书,应当载明所申请提交的书证名称或者内容、需要以该书证证明的事实及事实的重要性、对方当事人控制该书证的根据以及应当提交该书证的理由。当事人申请理由成立的,人民法院应当作出裁定,责令对方当事人提交书证;理由不成立的,通知申请人。

《证据规定》第47条规定:“下列情形,控制书证的当事人应当提交书证:(一)控制书证的当事人在诉讼中曾经引用过的书证;(二)为对方当事人的利益制作的书证;(三)对方当事人依照法律规定有权查阅、获取的书证;(四)账簿、记账原始凭证;(五)人民法院认为应当提交书证的其他情形。前款所列书证,涉及国家秘密、商业秘密、当事人或第三人的隐私,或者存在法律规定应当保密的情形的,提交后不得公开质证。”

由以上规定可知,书证提出命令的申请需遵循严格的程序,法院如果支持,是以裁定书的方式,在程序上非常正式。裁定作出后,对方当事人就应当执行,否则就要承担“人民法院可以认定申请人所主张的书证内容为真实”的法律后果。

除了书证提出命令,民诉法还有“当事人及其诉讼代理人因客观原因不能自行收集的证据,或者人民法院认为审理案件需要的证据,人民法院应当调查收集”的规定。我们要善于运用这些规则,发散思维,从不同渠道不断加强案件证

据体系，为胜诉奠定坚实的基础。

附：前文中洪某离婚纠纷案衍生出的某物权纠纷案的《书证提出命令申请书》范本。

书证提出命令申请书

申请人：洪某，身份证号码××××××××××××，系(2020)粤××民初××号案件有独立请求权第三人。

请求事项：

1. 请求贵院裁定陈某某提交其在中国台湾地区××商业银行沙鹿分行开设的、客户名称为陈某某、账号为××××的全部交易流水，时间段为自200×年1月1日起至201×年12月31日止。

2. 请求贵院裁定陈某某提交其在中国台湾地区××市××农会开设的、客户名称为陈某某、放款账号为430－050－××和存款账号为430－004－××的全部交易流水，时间段为自200×年1月1日起至200×年12月31日。

申请理由：

1. 陈某某等在(2020)粤××民初××号案件提交的《证据材料》第5项《部分采购单和银行流水》和《补充证据》第19项《200×～201×年台湾××商业银行陈某某的部分流水(共71页公证版)》显示，200×年10月30日至201×年5月12日，陈某某通过其在台湾地区××商业银行沙鹿分行的账户(未显示账号)向案外人支付原料款共计650万余美元，以此证明陈某某支付了的原料款项。

同时，陈某某等提交的《证据材料》第6项《部分出口货物报关单及销售回款流水》和《补充证据》第20项《200×～201×年台湾××商业银行陈某某的部分流水(共52页公证版)》显示，200×年2月13日至201×年×月11日，陈某某通过其在台湾地区××商业银行沙鹿分行的账户(账号：××××)接收案外人支付的货款308万美元，以此证明陈某某实际参与企业的日常运营管理。

申请人认为，上述通过陈某某账户支付的原料款项均由其长子从其香港恒生银行的账户（账号2632××××）转汇给陈某某，全部资金均源于公司经营所得，而非陈某某的自有资金。陈某某只是接受其长子的委托、利用其本人居住在台湾地区的便利，协助其长子向供应商支付原料款，是一种参与或帮助企业经营的行为。

证据6和证据20也同时证实，陈某某代为支付的原料款中相当一部分源于客户的回款，而非陈某某自有，差额部分由其长子转汇给陈某某代为向供应商支付。

但是，原告陈某某只是有选择性地向法院提交了部分资金流信息，刻意隐瞒了该账户从其长子处接收资金的记录，远远不足以反映涉案账户的真实资金流动情况。申请人认为责令陈某某提供完整的银行流水对于查明所支付原料款的资金来源具有重要的作用和意义。该××××账户交易信息保存于中国台湾地区××商业银行，由陈某某控制，申请人无法调取，法院亦无法依申请出具调查令，应责令陈某某提供。

2. 陈某某等在（2020）粤××民初××号案件提交的《证据材料》第15项《陈某某向其长子转账的凭证》显示，陈某某于200×年8月15日、10月9日、10月16日和200×年1月20日分四次向其长子转账×千万新台币合计560万港元，以此证明陈某某对涉案房产有投资行为。

事实上，前述560万港元是因为金融危机造成公司资金短缺时其长子委托其父亲陈某某从台湾地区寻求的贷款，属于家庭之间的借贷关系。该560万港元的款项其长子已经从公司盈利中偿付给陈某某，并由陈某某归还给银行（农会）。

陈某某等在（2018）粤××××民初××××号诉讼中提交的第10项证据《放款往来交易明细表》和《客户往来交易明细表》（附后）证明，陈某某于200×年8月15日向中国台湾地区××市××农会申请贷款1000万新台币，属于前述560万港元资金来源的一部分。该《放款往来交易明细表》显示借款已经于200×年7月27日归还。但是该《放款往来交易明细表》只有贷款发放和归还的记录，没有放款账户430－050－××和存款账户430－004－××的交易流水，不能客观反映陈某某用于归还贷款款项的资金来源。

申请人认为，查明陈某某归还贷款的资金来源对于确认涉案560万港元是家族投资还是亲属间借贷具有十分重要的作用。该贷款账户430－050－××和存款账户430－004－××的交易信息保存于中国台湾地区××市××农会，申请人无法调取，法院亦无法依申请出具调查令，陈某某才有权利调取并提交。现依据最高人民法院《关于适用〈中华人民共和国民事诉讼法〉的解释》第112条、《关于民事诉讼证据的若干规定》第45条的规定，请求贵院裁定陈某某提交上述书证。如陈某某无正当理由拒不提交，人民法院应当认定申请人所主张的书证内容（境外支付的原材料款项是由其长子提供资金来源，560万港元系家庭成员之间的借贷而非投资款）为真实。

此致

××市中级人民法院

申请人：洪某

2020年××月××日

附：经过公证核验证明的《放款往来交易明细表》2份、《客户往来交易明细表》1份。

本编共三章十四小节，笔者从接洽当事人委托，确定诉讼方向、案由及诉讼请求，撰写起诉状，收集和整理证据材料等不同维度与读者分享了作为原告诉讼代理人的办案思路，特别强调代理人需善于从本方、对方以及裁判者的角度审视案件事实和证据材料，倡导从宏观层面把握案件的发展趋向，也就是提倡培养战略性的眼光，辅之以战术层面的具体办案细节。

本编旨在与读者分享一般性思维方法，而不是承办案件的指引或指导。强调一句，全书均不具有这样的高度。

· 案例分享 ·

某居间合同纠纷案

201×年2月1日注册于美国的ETC公司与注册于我国香港特别行政区的ZQY公司签订了一份《代理协议》，约定由ZQY公司代理ETC公司的产品（治具）在中国内地的销售。虽然代理协议对于代理行为的具体约定比较模糊，但是在实际操作过程中，ZQY公司主要负责市场的开拓和对客户的维护，并不直接以ETC公司的名义与客户签订销售合同，而是提供交易机会与信息，由客户和ETC公司在广东的工厂（本案被告）建立交易关系，故本案法律关系虽名为代理实为居间。

201×年5月12日ZQY公司致函ETC公司，称ZQY公司将有关代理及分销商的全部商务事务交由本案原告QY公司具体实施，双方对此认可。此后，有关ETC公司的产品代理（居间服务）均发生于本案原告与被告之间，被告亦分次向原告支付佣金××万元，原告收到佣金后向被告开具了增值税专用发票。

依照双方的约定，在原告提供居间服务期间，被告在中国内地销售的所有治具收入均视为原告服务赢得的销售数额，是计算佣金的依据，佣金的计算按照现有客户2%、新客户4%的标准加以区分。每个季度终了，原告都会向被告发送《代理ETC业务季度总结及下一季度市场规划总结报告》，明确指出被告应当支付但还没有支付的佣金，被告对每一份总结报告均盖章确认其真实性。截至201×年1月底，被告应向原告支付佣金×××万元，仅支付××万元，尚拖欠佣金××万元。

201×年2月19日被告销售经理KaiVin给原告法定代表人××先生发来主题为“代理终止”的电子邮件，称“我很遗憾地告诉你，ZQY公司从201×年1月开始，已经不再是ETC公司的代理了”，双方就此酿成纠纷。ZQY公司起诉ETC公司，要求支付拖欠的佣金和单方解除合同给原告造成的可期待利益损失。

该案证据举证难度较大。表现在：第一，证据数量庞大，涉及大量业务报表；

第二，部分证据系在境外形成，依当时规定需办理双认证；第三，销售数据源于与客户的电子邮件，有多达21个境内外客户，这些电子邮件均需办理公证固定；第四，原告证明的销售数额与被告提交的销售数额差额巨大，主要原因是原告只能提供销售数据却无法知悉客户的回款数据，而佣金是以客户实际回款数额计算的。经过两次开庭审理，法院仍然无法确定计算佣金的基数，案件进展倾向于对原告不利，法院可能采用“真伪不明证明标准”，即“对一方当事人为反驳负有举证证明责任的当事人所主张事实而提供的证据，人民法院经审查并结合相关事实，认为待证事实真伪不明的，应当认定该事实不存在”。

案情转机来自客户错发的邮件。该客户是ETC公司最大的客户，原告应得的佣金大部分来自这个客户的销售额，被告始终强调销售数额不准确且客户没有支付货款。该客户给ETC公司的邮件提到了双方确认的对账金额及已经支付的货款金额，因不知道原告已经与ETC公司解除了代理关系，故将该邮件一并抄送至原告。原告得到该邮件后，被告的态度发生根本转变，随后双方达成和解，原告收到佣金后撤回起诉。

第二编 防溃败

第四章

代理被告人应诉的基础策略

原告只要不是恶意诉讼或虚假诉讼,胜诉的概率远远高于被告反败为胜的概率。

虽然原告可能只是部分诉讼请求得到支持,但被驳回全部诉讼请求或驳回起诉的情况并不多见。

被告对于案件处理结果的主观愿望能否实现,取决于被告能够拿出的反驳证据的证明力大小,有的时候也取决于原告自身对法律关系或法律行为的认识。

第一节　防止溃败是被告的普遍心理

如果说原告诉讼布局的出发点是谋打赢,那么被告应诉的发力点就是防溃败;如果说原告是为了"攫取",那么被告就是为了"止损";如果说原告是为了"讨说法",那么被告就是为了"破谎言"。原、被告之间的对立性是基本属性,区别只在于对立的程度不同。

现实情况是,原告只要不是恶意诉讼或虚假诉讼,胜诉的概率远远高于被告反败为胜的概率。虽然原告可能只是部分诉讼请求得到支持,但被驳回全部诉讼请求或驳回起诉的情况并不多见。被告对于案件结果的主观愿望能否实现,取决于被告能够拿出的反驳证据的证明力大小,有的时候也取决于原告自身对法律关系或法律行为的认识。

一、被告反败为胜最常见的两种情形

第一种情况,被告能够拿出有力的反驳证据。例如,某民间借贷纠纷案,原告持被告出具的 10 万元借条起诉,被告庭审时称 10 万元借条确实是其本人出具,但是借款本金仅仅 1.5 万元,并向法庭提交了当时收到原告款项的两次微信收款记录以及多次还款记录,称其归还的款项已超过本金的数倍,但是原告不断要求其把未还的利息加入本金重新写借条,多次下来变成了现在的 10 万元。而原告对于超出 1.5 万元之外的出借本金不能提供证明,又担心涉嫌高利放贷可能受到追究故当庭撤诉,被告得以反败为胜。

第二种情况,原告自身对权利保护范围认识错误。例如,某商标侵权纠纷案,原告称被告未经许可生产销售原告注册的 × 商标的电子烟,要求被告承担侵权责任赔偿其损失。但是审理查明被告生产的仅仅是电子烟中的雾化器,原告虽然对成品电子烟申请了 × 商标,但并未对雾化器组件申请注册商标,故法院认为原告注册商标的保护范围并未及于雾化器组件,被告生产没有商标保护的雾化器并不构成侵权,遂驳回原告全部诉讼请求。这个案件原告诉前没有认真分析其权利保护的范围,不知道电子烟的各个组件是可以分别注册商标的。

如前所述,上述被告反败为胜的情况并不多见,被告在民商事诉讼中的地位决定了其被动性。对于被告身份的委托人我们要做的是客观地、如实地分析案情,告知可能出现的最坏的结果以及可能争取的最好的结果,而不能鼓动委托人一味顺着自己的思路做毫无意义的对抗,否认这个不承认那个,法庭上不顾客观事实的凌厉反驳只不过是让委托人听着感觉舒坦,却改变不了案件事实和本应出现的裁判结果。

相对于代理原告诉讼准备阶段的不确定性,判断被告案件可能出现的裁判结果要简单得多。因为被告收到法院的应诉材料时,包括起诉状、证据等诉讼材料是齐全的,就算不考虑原告后续还有新的证据补充,现有的证据材料已经能够让我们作出相对准确的判断。不要夸大结果的严重性以暗示聘请律师的必要性和迫切性,也不能掩饰不利的判断挑起被告放手一搏的冲动,切忌大包大揽和不负责任的承诺。如实相告,把是否需要聘请律师的选择权交还给被告自行决定。

二、如何客观分析案件的裁判结果

下面,笔者结合三个案例,聊一聊代理人在接洽被告方的咨询时,应当如何判断案件结果及向被告方提出建议。

案例1 给付之诉:某合同纠纷案实例

蒋某某、华某、刘某均系LQ公司股东,他们的出资比例是蒋某某34%、华某33%、刘某33%。后华某提出退股,各方多次协商,手写了一份草案,大意为华某和刘某必须同时退股,且需扣除蒋某某应得工资收入××万元,则退还给华某和刘某共50万元。蒋某某有落款。后华某、刘某持该草案向法院起诉,要求蒋某某支付其50万元。蒋某某向律师咨询,该草案是否有效,应否向原告支付50万元。

仔细审查原告的起诉材料后律师指出,这份草案虽然提及如果华某和刘某退股的话应向其支付50万元,但是该支付承诺是附条件的,即需华某和刘某同时退股。因此,该草案并非债权凭证,应为股权转让协议。而事实上,各方事后并未达成《股权转让协议》,亦未就股权转让形成股东会决议,原告仅凭该手书的草案请求支付款项不能得到法院的支持。该案事实清楚,案情简单,证据也不复杂,建议蒋某某自行应诉即可。但是蒋某某因故长期在外地居住,坚持聘请律师代理诉讼。法院的裁判结果与代理人分析的一致,该手书的支付承诺条件并未成就,驳回了华某、刘某的诉讼请求。

案例2 确认之诉:某房屋租赁合同纠纷案实例

文某某有一栋六层自有住宅,由HQ公司整体承租装修成公寓后再对外出租,双方签订为期十年的《租赁合同》,约定了租金的计算方式和支付方式、装修和改扩建要求、权利义务分配、违约责任等。按合同约定，如果HQ公司租金支付逾期45天的，文某某有权解除合同且不退还租赁保证金，还有权向HQ公司追偿拖欠的租金和主张赔偿损失。合同签订后房屋整体交付给HQ公司，HQ公司向文某某支付了80万元租赁保证金，对房屋进行了装修和改建。后因新冠肺炎疫情影响，对外招租困难，开始拖欠租金，拖欠金额已过百万元，正当文某某考虑是否起诉解除合同、收回房屋的时候，HQ公司率先提起诉讼，请求确认《租赁合同》无效、返还80万元租赁保证金、赔偿剩余租赁期内的装饰装修残值220万余元。

文某某收到诉状后非常恼火，要求聘请律师提起反诉。因案情比较复杂，律师认真审查了原告提交的诉讼材料，详细询问了建筑物的权属登记情况，提出以下建议：

第一，该房屋虽然取得《不动产登记证书》，但因其前身属于历史遗留问题，确权时并未支付地价，建设时未取得建设工程规划许可证，属于"非商品房"，限定为自用，如需出租、进行经营性活动的，应当补缴土地使用税等有关税费。故涉案《租赁合同》无效，这是不存争议的。

第二，合同无效，双向返还。即HQ公司交还承租的房屋，文某某退还80万元租赁保证金，但可用以抵扣HQ公司应支付的房屋占有使用费（租金），如不足以抵扣的，文某某有权要求HQ公司支付房屋占有使用费至实际腾退之日止。

第三，按照最高人民法院《关于审理城镇房屋租赁合同纠纷案件具体应用法律若干问题的解释》的规定，对于已形成附合的装饰装修物残值、改造、加建等费用，应由双方按照过错或公平原则分担。合同租赁期为十年，HQ公司已使用×年，应当折旧后得出残值，再就残值部分由法院按照各方的过错责任判断各自应承担份额。

第四，本案被告文某某应当提出反诉，要求HQ公司支付将租赁物恢复原状可能发生的费用。特别提请文某某注意，无论是HQ公司为装修投入的资金数额还是文某某要求恢复原状可能发生的费用，如果双方不能达成一致，则需申请第三方进行审计或评估鉴定,过程耗时也很费钱。

文某某对于自己已经取得《不动产登记证书》的房产却不能用于租赁经营不能接受,对于合同无效也不理解,经过律师耐心解答相关法律规定,终于弄清了其中的缘由,想通了这一点,案件的发展方向也就清晰了。毕竟自己才是房屋所有人,是装饰装修物残值的受益人,公平分摊部分费用也是合理要求。文某某之前也咨询过其他法律人士,其中不乏有人拍胸脯包他打赢,但他还是更愿意相信有理、有据的理性分析,并将该案委托给律师代理。该案的处理结果与代理人分析的基本一致,庭审后 HQ 公司与文某某达成和解,该案调解结案。

案例 3 变更之诉:某解散公司诉讼案实例

股东 A(占股 40%)起诉 CY 科技公司要求解散公司,股东 B(占股 60%)被列为第三人。股东 B 向律师咨询,有没有办法不解散公司。经审查原告诉状和证据材料并询问股东 B,了解到 B 原来是 A 的师傅,徒弟 A 学成技术后要求入股 B 的 CY 公司,B 遂将原本在妻子名下的股权份额转让给 A,仅要求 A 象征性支付××万元转让费,两人开始共同经营公司。一段时间后 B 发现公司现金日渐短缺,经客户走访得知 A 收取加工费后没有上交公司而是将款项据为己有,由此产生矛盾,多次协商未果后 B 向公安机关报案称 A 涉嫌职务侵占,公安机关经审查后决定立案,A 在接受公安机关讯问后愤而提起解散公司诉讼。

这个案件从情理上看 A 的主张欠妥,称其忘恩负义也不为过。但是从法律层面来看,股东矛盾难以调和,无法对公司重大事项形成有效决议,亦无法通过修改公司章程解决这个问题,公司管理陷入僵局,公司继续存续可能损害股东利益。当然法院处理解散公司诉讼应当注重调解,当事人协商同意由公司或者股东收购股份,或者以减资等方式使公司存续,且不违反法律、行政法规强制性规定的,人民法院应予支持。但是如果调解不成,判决解散公司的可能性比较大。至于 A 要求退还其投资款和分配公司盈余的请求,人民法院依法不会予以支持。

股东 B 认同了律师的判断,决定聘请律师作为 CY 公司的诉讼代理人,力争在诉讼过程中以股权转让或股份收购的方式让 A 出局,使 CY 公司得以保存。

该案的处理结果与代理人分析的基本一致,但由于双方未能就股权转让达成一致,法院判令公司解散。双方后在清算过程中就债权债务处理达成一致。

第二节　很多情况下和解是最直接的止损之道

很多情况下,原告选择诉讼作为解决纠纷的手段实属不得已而为之,尤其是对于实践中大量存在的小额给付类诉讼,原告的目的只不过是希望早点拿回钱。民商事诉讼的原告与被告之间一般也不存在不可调和的矛盾,中国是一个儒家文化盛行的国家,讲究以和为贵,以诉促和也是很多原告的愿望。

人民法院审理民事案件,应当根据自愿和合法的原则进行调解,这是民事诉讼法的基本原则。2011 年广东省陆续在全省各区(县)级人民法院立案大厅增设诉前联调工作室,除法律规定不能或者不宜调解的案件以外,各种民商事纠纷案件须经过诉前联合调解,调解不成的再进入立案程序。

法律虽然设置了一审、二审、申诉、再审等多个司法程序解决纠纷,保障当事人的合法权益,但耗时较长、不利于快速化解纠纷。诉前联合调解既可以整合社会资源,降低和节约纠纷解决成本,又可以提高纠纷化解的及时性与实效性。据报道,截至 2010 年年底,广东全省三级平台已受理矛盾纠纷 410, 700 余件,调解 385, 700 余件,调处成功率 94% 。另据报道,2018 年深圳两级法院共收民商事案件 255, 339 宗,结案 207, 603 宗,其中两级法院在"深融 · 多元化平台"共计导入民商事案件 117, 696 宗,其中调解成功案件 23, 977 宗,调解成功率为 20. 37% 。

不要小视这个 20. 37% 的调解成功率,它直接减少诉讼 23, 977 宗,这个数字的背后节省的是海量的司法资源,以及天文数字的诉讼标的。联合调解成功的案件有两种处理方式,一种是分配案号,由法院出具民事调解书,另一种是由法院确认调解协议的效力。无论是"民初"案号还是"民特"案号,如果一方不主动、全面履行给付义务,另一方均可申请人民法院强制执行。

小额诉讼之难,一是体现在诉讼程序的时间消耗上,案多人少是目前法院普遍存在的现状,虽然法院也在积极想办法(如设立速裁庭、提高当庭宣判的比例),但程序是不能减少的;二是体现在执行难,千辛万苦走完了诉讼流程拿到生效判决,款项能否执行到位却成为未知数。能够以和解方式结案,被告人自觉履行给付义务的意愿较为积极,款项执结率较高。

对于争议不大的给付案件,我们应当与委托人多进行沟通,把经济账算明白,促成双方达成和解。例如,原告诉请被告偿付借款 10 万元和利息 1 万元,如果双方对于该数额以及借贷的事实并无争议,则拖延时间只能加重被告的负担,因为利息请求一般都是利随本清,且判决给予被告支付的期限一般是生效后 3 ~ 7 日,逾期将加倍支付迟延履行期间的债务利息,还不包括不履行判决可能的失信和限制高消费惩戒。如果能够和解,通常利息可以免除,甚至本金也能打折,而且还可以争取相对宽松的付款期限,我们应该建议被告人权衡利弊作出理性的选择。

和解最重要的意义还在于让对立的双方握手言和,化干戈为玉帛,不仅平息诉争,还解开心结,弘扬社会主义核心价值观。

第三节　慎用管辖异议的权利

和解成功与否取决于多种因素,而有些案件——如共有权确权或处分——可能会对其他共有人或债权人造成影响,法院需对案件进行实体审理后才能做出裁判,而不能以诉讼双方的意思自治代替实体审查。事实上,大量的案件最终还是要通过法院裁判才能实现定分止争。

打官司首要解决的问题就是确定管辖权。管辖权又被称为“具体的审判权”,是法院对案件进行审理和裁判的权力。须满足属于人民法院受理民事诉讼的范围和受诉人民法院管辖两个条件。前者在理论上被称为“主题管辖权”,解决的是法院是否具有审理该类型的纠纷的权力，如应当由其他机关处理的争议就不属于人民法院的受案范围；后者理论上被称为“个人管辖权”，解决的是各级人民法院、同级人民法院、专门人民法院之间的管辖分配问题，如因侵权行为提起的诉讼，由侵权行为地或者被告住所地人民法院管辖，再如海事、海商案件由海事法院管辖，等等。

管辖也足够复杂。《民事诉讼法》从第 18 条到第 39 条用了 22 个条款，《民诉法解释》从第 1 条到第 42 条用了 42 个条款对管辖作出规定。坦率地说，其中很多管辖的规定我们律师个人执业几十年也未必能够碰上。

两个以上人民法院都有管辖权的诉讼，原告可以向其中一个人民法院起诉，原告一般会倾向于选择对其有利的法院起诉。所谓对原告有利，一般是指就近方便诉讼或者方便判决的执行，也有可能舍近求远选择办案效率高、审理某类纠纷经验更为丰富的法院。而受诉人民法院对于管辖权的审查，也经历了由“拉进来”到“推出去”的转变。

在改革开放的初期，法律制度和法治思想都在逐步完善和形成当中，地方保护主义现象难免存在，地方政府对司法的干预也时有发生。加之财力不够强盛，法院也有创收指标，层层分解至基层法院、派出法庭，法官不仅要办案，还要为了完成任务指标拉案源，因此管辖限制屡被突破，争管辖权的现象亦非个别。不过这种现象只是短暂存在，很快得到遏制和纠正。如今法院立案庭对于管辖权的审查越来越严，存在原告选择法院错误或管辖约定有争议的一般不予立案，给人以把案件“推出去”的感觉。主观上不排除各级法院案多人少、法院和法官不堪重负的现实压力，但是客观上却起到了依法确定管辖的作用，使诉讼法关于管辖的规定落到实处，也使管辖异议案件得以大幅减少。

管辖异议，实操中称为管异，始终是绕不开的话题。很多被告利用管异达到拖延诉讼进程的目的。能拖延多久？取决于法院的处理速度。在笔者所在地区大概能拖 3 ~ 5 个月。在当今人民法院严格审查管辖权的状况下，真正管辖错误的情形并不多见。但是作为被告代理人，审查受诉法院是否具有管辖权仍然是我们接受委托以后的首要工作。

怎样审查,不必多述。根据涉案法律关系的性质,结合民诉法及民诉法的解释进行对照。争议往往出现在协议管辖的约定不明时,如《民事诉讼法》第35条规定,合同或者其他财产权益纠纷的当事人可以书面协议选择被告住所地、合同履行地、合同签订地、原告住所地、标的物所在地等与争议有实际联系的地点的人民法院管辖,但不得违反本法对级别管辖和专属管辖的规定。其中容易产生争议的是"与争议有实际联系的地点",实践中笔者见过的此类约定有:

1. "发生争议的,由甲方法定代表人户籍所在地人民法院管辖。"而实际情况是,甲方企业和乙方企业的注册地均与甲方法定代表人户籍地无任何关联。

2. "发生争议由双方协商解决,协商不成的,由甲方总公司所在地人民法院管辖。"而实际情况是,甲方是独立的法人,是其母公司的全资子公司,这样约定显然是为了利用其母公司在当地的社会资源。

3. "双方可向所在方所在地市人民法院诉讼解决。"首先,该"所在方"指向模糊、定义不清,不可明确判断是人的"所在方"还是标的物的"所在方";其次,"市人民法院"亦包括基层人民法院和中级人民法院两级,该约定显然与级别管辖冲突;最后,"所在方所在地"并不等同于"原告住所地"或"被告住所地",该管辖约定应视为约定不明。

4. "任何一方可向××市人民法院起诉""协商不成时,提交当地法院判决""有权向××市人民法院判决和仲裁"等。这些约定难以确定具体的管辖法院,比如,××市有中级人民法院和数个基层人民法院,该约定不能判断管辖法院。而"当地法院"不能具体指向被告住所地、合同履行地、合同签订地、原告住所地、标的物所在地里面的哪一个"地"。法院裁判和仲裁裁决是两种不同的争议解决机制,不能并列只能选择,且必须明确受诉法院或具体的仲裁机构。

5. "如甲、乙双方发生争议,由守约方所在地人民法院管辖。"该约定既未明确管辖法院亦无法确定谁为守约方,应认定协议管辖的条款无效。

6. 其他违反级别管辖和专属管辖的约定。常见的有违反不动产、继承遗产专属管辖的，因诉讼金额巨大或案件影响重大违反级别管辖的。

7. 还有一种迂回的管辖约定。如合同双方公司注册地或实际经营地均非××县（该××县实际上是甲方公司实际控制人的户籍所在地），且实际签约地也不是××县，而是甲方公司的注册地。但合同约定“因履行本协议发生的纠纷，由合同签订地××县人民法院管辖”却是一个没有争议的管辖约定。因为根据最高人民法院《关于适用〈中华人民共和国合同法〉若干问题的解释（二）》第4条的规定，当实际签约地与约定的签订地不符时，“人民法院应当认定约定的签订地为合同签订地”，因而约定××县人民法院管辖并无错误。不过合同签订地在本案中与争议确无实际联系，且距离诉讼双方均路途遥远、交通十分不便，甲方利用约定迂回地将案件确定为公司实际控制人的户籍所在地法院管辖，其用意应当不只确定管辖这么简单。

管辖异议应当在提交答辩状期间提出，当事人未提出管辖异议，并应诉答辩的，视为受诉人民法院有管辖权，但违反级别管辖和专属管辖规定的除外。

需要注意，近年来有的人民法院针对当事人滥用管辖异议程序恶意拖延诉讼的现象，认为此举违反了民事诉讼应当遵循的诚实信用原则，妨碍了人民法院审理案件，如果经法官详细释明、说理、劝诫和警告仍然坚持的，人民法院可对当事人处以罚款。尽管法院这样做的法律依据、合理性等存在争议，但足以引起我们的重视。毕竟诉讼成败的核心是由案件事实和证据材料决定的，国内任何法院执行的都是相同的法律，过于纠结把案件移送至对被告有利的法院管辖，并非根本的取胜之道。

第四节　申请追加共同诉讼当事人分担责任

民事诉讼法赋予原告选择确定被告的诉讼权利，诉谁、不诉谁由原告在起诉状中予以明确。但是原告可能是出于对法律规定的不了解，或者是基于其他考虑会遗漏被告人,这样就可能加重已列明被告的责任负担。

一、申请追加共同诉讼当事人的情形

《民事诉讼法》第135条规定:"必须共同进行诉讼的当事人没有参加诉讼的,人民法院应当通知其参加诉讼。"

《民诉法解释》第73条规定:"必须共同进行诉讼的当事人没有参加诉讼的,人民法院应当依照民事诉讼法第一百三十二条的规定,通知其参加;当事人也可以向人民法院申请追加。人民法院对当事人提出的申请,应当进行审查,申请理由不成立的,裁定驳回;申请理由成立的,书面通知被追加的当事人参加诉讼。"

被告人向人民法院申请追加共同诉讼人的案件必须是必要的共同诉讼,即参加诉讼的同一方当事人之间的诉讼标的是共同的,诉讼标的必须是同一法律关系,各诉之间具有不可分割的联系,如共同所有、共同继承、共同承担连带责任、共同侵权、合伙制度等。当事人及其代理人收到原告的起诉材料后,应当认真审查是否存在下列情形,如果存在须考虑申请变更或追加共同诉讼人:

1. 法人非依法设立的分支机构,或者虽依法设立,但没有领取营业执照的分支机构,应当以设立该分支机构的法人为当事人。

2. 以挂靠形式从事民事活动,当事人请求由挂靠人和被挂靠人依法承担民事责任的,该挂靠人和被挂靠人为共同诉讼人。

3. 法人或者其他组织的工作人员执行工作任务造成他人损害的,该法人或者其他组织为当事人;提供劳务一方因劳务造成他人损害,受害人提起诉讼的,以接受劳务一方为被告;在劳务派遣期间,被派遣的工作人员因执行工作任务造成他人损害的,以接受劳务派遣的用工单位为当事人。当事人主张劳务派遣单位承担责任的,该劳务派遣单位为共同被告。

4. 未依法登记领取营业执照的个人合伙的全体合伙人为共同诉讼人。个人合伙有依法核准登记的字号的,应在法律文书中注明登记的字号。

5. 企业法人合并的,因合并前的民事活动发生的纠纷,以合并后的企业为当事人;企业法人分立的,因分立前的民事活动发生的纠纷,以分立后的企业为共同诉讼人。企业法人解散的,依法清算并注销前,以该企业法人为当事人;未依法清算即被注销的,以该企业法人的股东、发起人或者出资人为当事人。

6. 借用业务介绍信、合同专用章、盖章的空白合同书或者银行账户的,出借单位和借用人为共同诉讼人。

7. 因保证合同纠纷提起的诉讼,债权人向保证人和被保证人一并主张权利的,人民法院应当将保证人和被保证人列为共同被告。保证合同约定为一般保证,债权人仅起诉保证人的,人民法院应当通知被保证人作为共同被告参加诉讼;债权人仅起诉被保证人的,可以只列被保证人为被告。

8. 在继承遗产的诉讼中,部分继承人起诉的,人民法院应通知其他继承人作为共同原告参加诉讼;被通知的继承人不愿意参加诉讼又未明确表示放弃实体权利的,人民法院仍应将其列为共同原告。

9. 共有财产权受到他人侵害,部分共有权人起诉的,其他共有权人为共同诉讼人。

以上只是部分法律有明文规定的情形,被告及代理人如果认为存在以上情形之一的,应酌情申请追加共同被告以分担己方的责任。而对于法律没有明文规定但被告及代理人认为案外人与讼争法律关系有密切关系或对引起讼争法律事实的发生有直接因果关系的,也可申请追加该案外人为共同被告,是否同意由人民法院决定。

二、申请追加第三人的条件

《民事诉讼法》第59条规定:“对当事人双方的诉讼标的,第三人认为有独立请求权的,有权提起诉讼。对当事人双方的诉讼标的,第三人虽然没有独立请求权,但案件处理结果同他有法律上的利害关系的,可以申请参加诉讼,或者由人民法院通知他参加诉讼。人民法院判决承担民事责任的第三人,有当事人的诉讼权利义务……”

《民诉法解释》第 81 条第 1 款规定:“根据民事诉讼法第五十六条的规定,有独立请求权的第三人有权向人民法院提出诉讼请求和事实、理由,成为当事人;无独立请求权的第三人,可以申请或者由人民法院通知参加诉讼。”

被告人向人民法院申请追加第三人的只能是无独立请求权的第三人,有独立请求权的第三人是否参加诉讼由其自行决定。被告人申请追加第三人的目的可能是查明案件事实,获得被告人无法获取的证据,或者希望处理结果有利于被告人的责任分摊。下面用几个具体案例介绍一下在诉讼中追加共同诉讼人的必要性和重要性。

三、申请追加共同诉讼人的实务操作

案例 1 追加共同被告的生命权纠纷案

这个案件时间至少在 25 年以前,过于久远,许多案件细节已经模糊了。案情大致如下:李姓村民在暴雨后修剪自家屋子旁被大风刮断的树枝,不慎将一根从大树旁通过的广播线打断了。不要用现代的条件理解当时农村的基础设施,所谓广播线就是一根赤裸的铁丝,常年风吹日晒早已锈迹斑斑,掉落在草地上的广播线与落叶、杂草混在一起,肉眼很难发现。发现树枝将广播线打断了,李姓村民将这一情况告知了村支书,村支书打算过几天通报给乡广播站派人把线接起来。谁也没有想到这么一件小事竟酿成大祸,李姓村民邻居的小孩在房前屋后捡拾柴火时不小心抓起了掉落在草丛中的广播线,结果触电身亡。当时谁也解释不了为什么广播线会带电,还不是弱电。根据死者手掌上的电流烧灼痕迹判断,事发时电流强度很大,因情况不明、责任不明,没有人愿意承担责任。无奈之下,孩子父母把李姓邻居和村支书告上了法庭,要求承担赔偿责任。

李姓村民虽然对于自己不小心砸断广播线的事实没有异议,但是并不认为本不该带电的广播线致孩子死亡与自己有什么关系,故要求法院将所有可能的责任人均追加为被告。受诉法院依申请追加了村委会(村广播室的管理人)、乡广播站、市广播局、乡供电站、市电力局等多家单位为共同被告。当时的庭审也与现在有很大的不同,因为各被告在法庭上各执一词,均认为事故的发生与本方无关。除了对孩子确系触电身亡没有异议外,对于广播线为何通上了强电无法查明,唯一合理的解释是可能由于强风致广播线与相临近的输电线发生接触,而受害人刚好在那一瞬间抓住了掉在地上的广播线。为了证明这种可能性是存在的,法庭组织原、被告实地查看,从乡政府出发沿着输电线一路巡查,重点关注广播线与输电线并行的地段,往返各一次,发现有两三处地段两线距离较近且旁边有较高大的树木,不排除借助树枝两线有接触的可能。因涉案各方对事后可能存在对相关工作人员追责有所顾虑,该案未能达成调解,法院作出按份承担责任的判决。印象中大概是从市、乡、村到李姓村民个人逐级降低赔偿金额,村支书不承担责任,宣判后,各方均表示服判。

案例 2 某遗嘱继承纠纷案,追加共同原告

我国香港特别行政区居民黄某(长期居住内地)因病去世,生前立有遗嘱,将其与现任妻子共同共有的两栋房屋中属于自己的一栋指定由其幼子继承,其本人去世时所有的银行存款也由其幼子继承。其长子主张遗嘱无效,持黄某早年在香港特区订立的另一份遗嘱向××市××区人民法院提起遗嘱继承纠纷诉讼,请求判令其父亲遗留在内地的遗产(主要是房产)归其继承。依原告诉状所列被告,法院将诉讼材料邮寄给黄某的现配偶和幼子。被告应诉后,代理人向法院申请将黄某的全部法定继承人追加为共同诉讼人参加诉讼,理由是如果法院审理查明涉案遗嘱无效,案件将转为法定继承纠纷,根据相关司法解释的规定部分继承人起诉的,人民法院应通知其他继承人作为共同原告参加诉讼。法院已查明黄某生前育有六个子女,除长子和幼子常年生活在中国内地,其他子女定居于中国香港特区、加拿大和英国。法院与其中几个继承人取得联系后,收到通知的继承人均表示不参加诉讼且谴责原告(长子)的做法,认为此举有违父亲生前意愿、影响家庭和睦。原告得知兄弟姐妹的态度后选择撤诉。

案例3 某返还原物纠纷案，第三人申请参加诉讼

A公司起诉B公司,诉称A公司委托B开发××型号模具一套,并委托B公司利用该模具加工产品组件,最后由A公司将B公司加工的组件,以及从其他供应商处采购的其他产品模块组装成成品销往国外市场。并统计该公司过去4个月月均出货量为××××台,以××美元/台售价为基数,计算出其每个月的销售收入达××万美元约合人民币517万余元。A公司还称自终止合作后,被告B公司拒绝返还模具,给其造成重大经济损失,要求B公司赔偿其经济损失584万余元。

B公司认为,A公司并非涉案模具的所有人,无权主张返还模具及要求赔偿损失。涉案模具是由A公司委托C公司开发,A公司与C公司订立有开发合同且支付了模具开发费用。但是C公司开发的模具始终存在质量问题,后转而委托B公司对模具进行修改完善,A公司为此向B公司支付了×万元改模费。但是以上只是发生在国内的部分情况,原告A公司起诉时刻意隐瞒了发生在国外的事实。即该产品(包括××型号模具)系由欧洲D公司委托A公司开发的,D公司支付了包括模具开发费在内的全部费用,且与A公司在开发合同中约定"A公司不拥有与产品相关的任何技术或知识产权的所有权或权利"。

代理人审查了B公司的全部证据材料,特别是审查了案外人D公司提供的证据材料,认为D公司才是涉案模具的真正所有权人,代理人建议D公司以有独立请求权的第三人身份申请加入A与B之间的诉讼。但是,D公司在××国注册,在中国仅有未经登记的办事机构,不具有诉讼主体资格,其公司主体资格和相关手续需要外交途径的双认证,耗时较长,在案件开庭前来不及申请参加诉讼。在这种情况下,被告B公司向法院提交《追加第三人申请书》,要求追加外国法人D公司作为本案的第三人,以协助查明案件事实。因需要查明外国法人D公司的身份,法院同意延期开庭审理,D公司取得公证、认证材料后,成功以有独立请求权的第三人身份参加诉讼。

·案例分享·

某追偿权纠纷案

201×年某甲因投资房地产资金短缺，其本人已失信无法取得贷款，遂请求当地人某乙出面帮其贷款，承诺给予一定的好处费。某乙碍于与某甲的交情又贪图小利，同意以自己的名义为某甲贷款。

201×年××月××日某乙按照××银行的要求与S担保公司签订《委托担保合同》，约定S担保公司为某乙向××银行借款220万元提供连带保证责任担保。约定担保期限为两年，如某乙未能按其与××银行借款合同约定履行还款义务导致S担保公司被要求履行代偿责任，则某乙除应向S担保公司偿还全部代偿款外，还应支付代偿款的利息，并按S担保公司代偿款总额每日1‰向S公司支付违约金。此外某乙还应承担因此而产生的诉讼费、仲裁费、律师费等。次日某乙与××银行签订《借款合同》，贷款金额为220万元，同日S担保公司与××银行签订《保证合同》，银行将220万元款项一次性支付至某乙的账户。某乙称该笔贷款实际使用人是某甲，还款也是某甲通过某乙的账户向银行支付。至201×年××月终因无力按期偿还贷款本息，××银行将S担保公司保证金账户内的162万元划扣，用于归还某乙未偿还的贷款本息。S担保公司在履行代偿责任后，多次向某乙追偿代偿款及相关利息、违约金无果，三年诉讼时效届满前，S担保公司向约定的管辖法院提起追偿权纠纷诉讼，某乙作为主债务人、某甲作为担保人均列为被告。

该案被告某乙寻求律师帮助，称自己不是实际用款人，某甲才是实际用款人，而某甲因负债累累早已转移全部财产逃匿至境外，S担保公司起诉其承担代偿款及利息是错误的，原告的诉讼请求应当予以驳回。

代理人详细询问了某乙案件事实，尤其重点询问：第一，其申请贷款时，××银行和S担保公司是否明知或者应当知道某甲才是真正的借贷人？第二，发放至某乙账户内的220万元是否及时转付给某甲？第三，某甲能否出面证明其本人是实际用款人且借贷时已将真实情况告知××银行或S担保公司？某乙的回答是银行和担保公司应该是知道的，但是没有证据；放款账户是由某甲掌握，他如何使用资金某乙并不清楚；某甲在境外躲避不可能出庭，且早有多个生效判决未能履行。

了解上述情况并认真审查全案证据材料后，代理人指出S担保公司已经实际履行了代偿责任，其追偿权诉讼是有法律依据和事实依据的，某乙如果坚持抗辩不承担还款责任，诉讼成功的可能性微乎其微。代理人理解某乙对还款的抗拒心理，但话说回来S担保公司难道不也很冤吗？经过耐心释明法律关系，消除了某乙的强烈对抗情绪。

代理人通过途径了解到，S担保公司目前的状况也十分困难，因有数额十分巨大的代偿款无法收回，已陷入资不抵债的境地，急需资金回笼，原告已经释放出强烈的和解意愿，这是一个不可多得的和解机会。经过艰难谈判协商，最终双方达成和解：某乙分次支付代偿款本金162万元，S担保公司象征性收取20万元利息，诉讼费、律师费原告自行承担。

如果判决，某乙的偿还责任当在260万元以上，且利息一直计算至本金全部清偿之日止。

第五章
应诉和反诉

应诉不是被动的答辩，反诉不是盲目的出击。

理论上，100%坚不可摧的证据体系是不存在的。

“攻与防、寻与藏、破与钻”在相互博弈中此消彼长。

第一节　破拆对方的证据壁垒，构筑本方防卫体系

诉讼始终都是围绕证据而进行的。

回顾一下证据基础知识中的本证和反证。

凡是由负举证责任的当事人提出的，用以证明其主张的事实存在的证据，称为本证。不仅原告为了证明作为自己诉讼请求根据的事实而提出的证据是本证，而且被告为了证明作为答辩根据的事实存在，履行其举证责任而提出的证据也是本证。如民间借贷纠纷原告起诉被告归还借款本息，原告向法院提交的银行转账记录和被告出具的借条为本证；被告答辩称借款已经归还，向法院提交还款的转账记录和原告的收条也属于本证，它们都是用于证明各自主张的证据。

反证是指当事人一方为否定对方当事人所主张的事实而提出的其他事实，为证明该事实存在而提出的证据。同样是上面这个例子，原告向法院提交银行转账记录和被告出具的借条作为证据主张原告与被告之间存在借贷关系，而被

告答辩称款项的用途不是借贷而是投资，向法院提交其与原告签订的合伙协议，证明原告向被告转账是一种投资行为，而根据合伙协议原告需对合伙债务承担责任，该合伙协议就是反证。假设，如果原告又向法院提交了一份解除合伙关系的协议作为证据，证明投资行为已经由双方协商转为借贷，则该解除协议亦是反证。

理论上，100%坚不可摧的证据体系是不存在的。物证虽然具有客观性和稳定性，但物证一般只能证明案件事实的某些片段或情节，案件事实很难通过一组或几组实物证据得到完全反映；言词证据虽然具有相对直接和不易灭失的优点，但易出现虚假失实的情况；鉴定意见虽然具有专业性，但是并不当然具有结论性和不可动摇性；等等。即使是综合全案证据使之形成完整的证据链，证据与证据之间的连结点也可能存在薄弱之处，如证人证言陈述的事实与物证反映的特点缺乏吻合度，这些都可能使原告的证据体系由看起来坚不可摧变得动摇，甚至塌陷。

军事上有句名言叫没有攻不破的堡垒。例如，著名的马其诺防线，法国耗费巨资修建的钢筋混凝土工事，十分坚固，但仅防御法德边境正面，1940 年 5 月德军袭击马其诺防线背部，使其失去作用。再如，现代以夏延山地下指挥中心为代表的各国地下工事，有的号称可以抵御百万吨级核武器的攻击，但所谓“道高一尺，魔高一丈”，电磁脉冲武器、钻地弹等新型武器的出现，使工事固若金汤的愿望面临破灭，军事上“攻与防、寻与藏、破与钻”在相互博弈中此消彼长。

这当然只是一个比喻，前文我们也说过，原告诉讼请求得到支持或部分支持的比例远远高于被全部驳回的情形。我们讨论破拆、反驳，是在被告有一定证据基础或者原告证据有破绽或原告对诉请的法律关系存在错误认识的前提之下，而不是在铁证如山面前做无谓的抵抗。换言之，我们只是对看上去“坚不可摧”的证据体系发动攻势。

案例 1　某离婚后的财产纠纷案

被告某女来咨询律师，把原告某男的起诉材料交给律师审查。被告同时陈述:离婚时双方协议把一套双方结婚前共同购买的房产给男方,该房产登记在女方名下(房屋购置价31万元),男方向女方支付补偿款10万元,每年必须支付2万元,分五年付清。10万元补偿款支付完毕女方须配合男方办理房产过户,男方取得所有权,如女方收到补偿款后不配合办理过户则向男方支付违约金40万元;如男方五年内未能完成补偿款的支付,则男方自愿放弃该房屋的所有权。被告称事实上男方仅支付了5万元。2021年8月19日男方提起诉讼,其主要诉讼请求为"请求判决被告立即将位于……的房屋过户给原告,并由被告支付违约金40万元给原告",男方提交了以下证据材料:

1. 双方于2013年7月23日签订的《离婚协议》,约定内容与被告陈述的一致。

2. 被告于2013年7月23日出具的《承诺书》一份,内容是"本人在收到××于五年内补偿的10万元房屋补偿款之后,立即配合××办理房屋过户手续,一切过户手续费由××支付。如本人在收到××补偿款10万元之后不配合××办理房产过户手续,将愿付违约金40万元整,本人承诺生效。"被告在承诺书上签名、捺印。

3. 被告于2014年8月29日出具的《收据》一张,内容是"今收到××第一次支付离婚协议房屋赔偿款2万元整。"被告在收据上签名、捺印。

4. 被告于2017年4月13日出具的《收据》一张,内容是"今收到××一次支付八万元整离婚协议房屋赔偿款,此款已清,随时可过户给××。"被告在收据上签名、捺印。

假设本案被告不应诉,假设不考虑违约金的约定是否过高需要调整,再假设不考虑人民法院对于"判令被告将……房屋过户给原告"这一行为给付之诉的具体请求是否支持或怎样支持,仅仅从确权的角度,法院有很大的概率会确认男方对房屋享有所有权。因为原告的证据从表面上来看已经形成完整证据链,达到了高度盖然性证明标准,应当予以确认。

现在我们来尝试破解原告的证据体系。

首先从诉讼时效开始。大家是否注意到，本书其他案例笔者均对日期进行了处理，目的是隔离与真实案例的客观联系，保护当事人的隐私或秘密。这个案例保留了具体的日期，是为了便于计算诉讼时效。

原告××提交的证据材料显示，2014年8月29日被告收到第一笔补偿款2万元，被告出具收据1份；2017年4月13日被告收到补偿款8万元，被告出具收据1份称“此款已清，随时可过户给××”。如果前述证据是真实的，则原告应自2017年4月13日起，在三年内向法院起诉主张其权利，即原告应于2020年4月12日前提起诉讼。而本案且先不论受诉人民法院的立案日期，仅以原告在起诉状上的具名日期判断，已超过诉讼时效1年零4个月。没有证据表明在2020年4月12日前有引起诉讼时效中断的情形发生，故受诉法院应当查明被告的抗辩事由，依《民诉法解释》第219条的规定，判决驳回原告的诉讼请求。

进一步展开思考。该案原告以离婚后的财产纠纷提起诉讼，离婚后财产纠纷其请求权基础对应的法律条文是原《婚姻法》、现《民法典》以及最高人民法院《关于适用〈中华人民共和国民法典〉婚姻家庭编的解释（一）》中有关“离婚后，一方以尚有夫妻共同财产未处理为由向人民法院起诉请求分割的，经审查该财产确属离婚时未涉及的夫妻共同财产，人民法院应当依法予以分割”的条款规定。而涉案住房在双方的《离婚协议》中已经处理，故本案案由应为所有权确认纠纷处理。所有权确认纠纷其请求权基础对应的法律条文是上述司法解释中关于“签订的离婚协议中关于财产以及债务处理的条款，对男女双方具有法律约束力。登记离婚后当事人因履行上述协议发生纠纷提起诉讼的，人民法院应当受理”的条款规定。

原告如果请求人民法院确认《离婚协议》的效力，则应于离婚登记后一年内提出，现早已超过诉讼时效；如果原告以物权保护纠纷为由要求确认其对涉案房产的所有权，则应于离婚登记后三年内，即2016年7月22日前提出；或者依《离婚协议》所附条件，自条件成就之日起三年内提起诉讼，前面已经述及，条件成就日期是2017年4月13日，则诉讼时效于2020年4月12日届满。就算原告在五年期限的最后一天付清了补偿款，则其最晚起诉日期也须在2021年7月22日前，至本案起诉已超过28天。因诉讼时效已过，原告已经丧失了胜诉权。

关于诉讼时效，本案有存在争议之处：即诉讼时效只适用于财产权中的债权性请求权，本案讼争的是房产，物权属于财产性支配权，应否适用诉讼时效？《民法典》的规定是“不动产物权和登记的动产物权的权利人请求返还财产”的不适用诉讼时效的规定，其前提是不动产物权的权利人，而不动产采用的是登记制，即登记在谁的名下就是谁的房产，故而原告不是涉案房产的权利人。离婚协议是双方在离婚时对夫妻共有财产的处分行为，性质上是民事合同的一种，属于债的关系。其中关于不动产归属的约定不产生物权变动的效力。离婚后未及时进行变更登记就不能取得不动产所有权，发生纠纷时当事人请求确认所有权归属、办理过户登记，没有物权为依据，只是基于合同的约定，财产分割协议履行是以财产给付为内容的请求权，属债权中的给付之诉。故离婚协议一方对另一方产生的是债权请求权，应适用诉讼时效，诉讼时效应当从权利行使受到阻碍时起算。

其次，从原告是否已经按期足额支付补偿款着手，反驳原告足额支付的主张，构筑本方防卫体系，证明原告无权取得涉案房屋的所有权。

经询问被告自愿出具两张《收据》的真实情况，了解到：2014年8月29日原告在仅支付2000元的情况下哄骗被告出具了收到2万元的收据，其后，2015年、2016年原告均未依约每年支付2万元。至2017年4月，原告再三请求被告体谅自己的困难，称为了房子的事与家人闹了不少矛盾，受到其父母的责备，他希望一次性处理完，方案是原告一次性给被告支付5万元（含补足2014年收据中欠付的2万元），请求被告出示一张8万元的收据，并在收据上注明款已结清，随时可以办理过户的内容，以便原告拿去向家里人交代，使家里人不再因房屋的事与其争吵，让他能够安心赚钱发展，等情况好转后一定会把款项补足。念及旧情，被告心软了，于是出具了2017年4月13日的收据。能够支持被告该说法的证据有：

1. 双方自2020年11月4日（被告出具8万元收据后至该日之前双方没有电话或微信联系）开始的微信记录显示，原告自认2017年4月13日当面在银行把现金给被告时，其朋友易某某在场；

2. 原告自认他当时是向易某某借款3万元、向其母亲借款2万元；

3. 被告收到5万元后当即把现金存入被告在银行的账户内，其中4万元定期、1万元活期，有银行存款记录证明，原告对被告把钱存入银行的行为确认；

4. 对于被告在微信里多次追问原告是不是只支付了5万元，原告既不承认也不否认，应视为默认；

5. 原告在微信中多次陈述"原来我给你钱的时候我们不是说得好好的吗""写收据的时候我们就说好两清了的"进一步证明，补偿款并未付清，只是原告单方面认为只需支付5万元即等同于付清了10万元；

6. 被告从未书面或口头承认支付5万元即等同于付清了10万元，被告出具的两张收据金额也是10万元，证明被告需在收到10万元后才履行"随时可过户给××"义务，双方《离婚协议》约定的条件并未变更。

被告的上述反驳证据即使不能直接证明原告只支付了5万元，也足以使原告主张其已支付10万元的待证事实变得"真伪不明"，依照《民诉法解释》第108条第2款的规定，应认定原告主张的事实不存在。

通过以上工作，对该案的判断如下：

如果原告坚持认为他已付清了10万元，在被告不认可且提出反驳证据的情况下，原告需对实际支付10万元承担进一步举证的责任，如补充银行转账凭据等，若原告能够证明，则本案已过诉讼时效，其诉讼请求应予驳回；如果原告承认没有足额支付10万元，则构成对离婚协议的违约，应视其已放弃对涉案房产所有权的主张，其诉讼请求亦应驳回。

最后，该案在法院主持下，由原告向被告支付了部分补偿款，被告配合原告办理房屋过户，原告向法院申请撤诉。

案例2 诉讼高手同样因证据体系崩塌而败诉——某保证合同纠纷案

201×年6月XZ租赁公司与广东YL公司签订《买卖合同》《融资租赁合同》等,约定由XZ租赁公司向YL公司购买一批租赁设备并回租给YL公司使用,YL公司按合同约定每月向XZ租赁公司支付租金,租赁期限为24个月。同日,包括本案被告H女士、F男士(均为我国台湾地区居民)在内的4名YL公司高管都向XZ租赁公司出具《保证书》,承诺对YL公司在《融资租赁合同》项下应付的全部租金(包括主合同期限届满时的未付租金及其延迟违约金)、违约金、损害赔偿金、实现债权的费用(包括但不限于诉讼费、律师费、差旅费等)及其他费用承担连带保证责任,保证期间为主合同约定的承租人履行债务期限届满之日起两年。当日,XZ租赁公司履行向广东YL公司付款并交付合同项下租赁物的义务,YL公司出具《租赁物交付验收证明书》,确认租赁物已交付。但是,YL公司仅按约支付前三个月的租金,自第四个月开始因生产经营陷入困境而停业。

XZ租赁公司随即向广东省××市第×人民法院提起诉讼,被告为YL公司和两位保证人(不包括H女士、F男士),具体诉讼请求不详。经法院调解,XZ租赁公司与YL公司达成和解协议,法院出具《民事调解书》,内容为:1. YL公司限期向XZ租赁公司返还租赁物;2. 如YL公司按期返还租赁物则XZ租赁公司放弃其他诉讼请求,如YL公司未按期返还则XZ租赁公司可申请强制执行。后因YL公司未按期返还租赁物,XZ租赁公司向法院申请强制执行。半年后法院作出《执行裁定书》,称涉案租赁物已经返还,未发现其他可供执行的财产,裁定终结本次执行程序。

201×年4月,XZ租赁公司向上海市××区人民法院提起保证合同纠纷诉讼,被告为H女士和F男士,要求二被告支付《融资租赁合同》项下租金损失263万元以及诉讼费损失,并承担原告支出的律师费。为此原告XZ租赁公司向法院提交了以下证据材料:

1.《买卖合同》《融资租赁合同》《租赁物交付验收证明书》《指定账户通知》

《补发入账证明书》《历史交易对账单》《原告主张租金计算方式说明》等，用以证明 XZ 租赁公司与广东 YL 公司之间的融资租赁关系是客观真实的，证明 YL 公司欠付租金的数额是准确的；

2. 广东省 × × 市第 × 人民法院作出的《民事调解书》和《执行裁定书》，证明原告的债权未能得以全面实现；

3. H 女士和 F 男士分别出具的《保证书》，证明被告 H 女士和 F 男士自愿对 YL 公司在《融资租赁合同》项下应付的全部租金、违约金、损害赔偿金、实现债权的费用等承担连带保证责任；

4.《委托代理合同》、律师费发票，证明原告为了实现债权实际支付律师费 × × 万元。

H 女士要求律师代理时，代理人是有顾虑的。因为单纯从证据的角度，原告 XZ 租赁公司的诉讼请求大概率会得到法院的支持。XZ 租赁公司作为国内融资租赁行业的龙头企业之一，诉讼经验非常丰富，诉讼技巧和规则运用得炉火纯青，查一查裁判文书网可知，该公司鲜有败诉经历。

如该案，按当时的法律规定，保证期间为主债务履行届满两年，但因原告已经提前向本案保证人主张权利，故诉讼时效开始计算。从原告的起诉日期推算，原本诉讼时效已经超过，但时效届满的最后一个月恰逢当时《民法总则》开始实施，诉讼时效变更为三年，故超过诉讼时效的抗辩理由不能成立。

尽管原告的证据壁垒难以突破，但是代理人始终存在一个疑惑：为什么原告提交的在广东省 × × 市第 × 人民法院进行诉讼的材料如此单薄？仅从《民事调解书》和《执行裁定书》不能遍览案件全貌。比如，之前原告的诉讼请求是什么？出具《民事调解书》所依据的《和解协议》的内容又是什么？这些基础材料原告为何没有提交？是否存在原告有意隐瞒的内容？为解开疑惑，代理人申请受诉法院开具律师调查令，要求查阅广东省 × × 市第 × 人民法院审理该案的全部案卷材料。事实证明，代理人的坚持是正确的，该案得以峰回路转。

XZ 租赁公司在广东起诉的要求是：1. 解除 XZ 租赁公司与 YL 公司签订的

《融资租赁合同》;2. YL 公司返还租赁物;3. YL 公司向 XZ 租赁公司支付直至判决合同解除时的租金;4. 支付违约赔偿金 20 万元;5. 二保证人(不包括 H 女士和 F 男士)对前述债务承担连带清偿责任。

201×年××月××日,XZ 租赁公司与 YL 公司及保证人达成《和解协议》,其主要内容是:1. 即日起三方同意解除《融资租赁合同》,保证人一次性向原告支付设备租金、违约金、诉讼费、保全费共计 30 万元(已付),三方对租金、占用费等再无争议,原告免除二保证人的保证责任;2. 三方确认涉案机器所有权归原告,被告负责返还。

至此事实已经清楚,原告不愿意提交这些材料,是因为涉案《融资租赁合同》已于 201×年××月××日解除。

从程序上来说,如要追究 H 女士和 F 男士的保证责任,两年的保证期间自 201×年××月××日起开始计算,至原告起诉,保证期间已经经过,原告在保证期间内没有对保证人提起诉讼,保证人的保证责任得以免除。

从实体权利来说,原告已经与主债务人和案外人达成和解,原告只向主债务人要求支付 8 期的租金,其租赁的机器设备、租金、违约金、诉讼费等已经全部收回。现在却按照 24 期全部未付租金向被告主张权利,被告作为保证人,只能是对主债务人不能偿还的款项承担连带清偿责任,不可能对没有发生的债务承担责任。原告的诉讼请求缺乏事实和法律依据。

上海市××区人民法院一审判决驳回原告全部诉讼请求,原告不服提起上诉,二审上海金融法院维持原判。

被告审查原告证据的方法并不复杂,认真细致,由表及里,不轻易被证据的数量和外在的关联性迷惑。诉讼的成败不是由原告、被告的诉讼地位决定的,它取决于证据与待证事实的紧密度,以及证据的有效性,再真实的证据也需在“有效期”内才能发挥证明的作用。

第二节　客观答辩，兼听则明

答辩权是被告对原告的起诉理由和根据，进行回答辩解的权利。诉讼法赋予被告以答辩权，目的在于使法院在审理案件时能兼听原告、被告当事人双方的理由和意见，以便通过调查取证，弄清案件事实真相，正确处理案件。

诉讼法赋予当事人的种种权利都是有条件的，比如，管辖异议权、举证权、上诉权、申诉权、申请执行等都是有时间限制的，当满足法律规定的条件时，失权的结果就会自然发生。我国《民事诉讼法》并没有关于答辩失权的具体规定，仅规定"被告不提出答辩状的，不影响人民法院审理""被告经传票传唤，无正当理由拒不到庭的，或者未经法庭许可中途退庭的，可以缺席判决"，在被告缺席的情况下，法院视为被告放弃答辩权。不答辩或放弃答辩不能等同于答辩失权，不能因此推定是被告对原告诉讼请求和所主张事实的承认。

一、建议养成提交书面答辩状的良好习惯

提交答辩状是法律赋予处于被告地位的案件当事人的一种权利，有利于保护被告人的正当合法权益，有利于人民法院全面了解被告的抗辩理由和事实依据，便于法官总结归纳案件的争议焦点，查明案件事实真相，正确处理案件。

笔者注意到，有相当比例的被告或其代理人不习惯提交书面的答辩意见，不管是出于诉讼技巧或策略的考虑，还是希望当庭答辩能够取得更好的突袭效果，这样做都是不可取的。当然如果被告的答辩非常简单，三言两语就能把观点说清楚的，不做这样的要求。首先，应诉通知书已经规定了答辩期，我们应当尊重法律的规定；其次，当庭答辩需要书记员逐字逐句记录，如果篇幅较长，严重拖延诉讼进程，影响庭审效率；最后，口头表达不如书面表达条理清晰，难免观点重复、主次不明、逻辑混乱，降低答辩的质量。我们也知道，除了少量当庭宣判的案

件，大量案件是定期宣判的，当法官回过头来写判决书的时候，距离庭审可能已经过去了很长时间，我们在庭审当中再精彩的口头表述法官也可能都已经遗忘，能让法官参考的是我们提交的书面起诉状、答辩状、庭审笔录和证据材料。所以笔者强调，我们要尽量避免口头答辩。

当然，不愿意提交书面答辩的顾虑也是可以理解的。《证据规定》第 3 条规定，一方当事人陈述的于己不利的事实，或者对于己不利的事实明确表示承认的，在证据交换、询问、调查过程中，或者在起诉状、答辩状、代理词等书面材料中，当事人明确承认于己不利的事实的，构成自认。自认一旦成立，撤销自认是有严格限制的。当然如果自认的事实与已经查明的事实不符的，则人民法院不予确认。而在答辩期内提交答辩状，案件尚未开庭审理，双方证据亦未固定，过早承认或否认案件事实也许会给后续工作带来被动。

答辩状是繁是简由案件的具体情况决定，答辩应建立在充分消化双方证据材料的基础上，抗辩的理由需要有相应的证据支持，或者可从原告陈述的事实和提交的证据中找到支持。如果案件事实疑点较多或证据尚未收集完毕，可以只针对案件的基本面进行答辩，不过多涉及案件细节、不过多阐述抗辩依据。

二、针对个案具体案情进行抗辩

答辩状实例 1 对案件事实和原告主张完全无争议

某买卖合同纠纷，原告诉请返还预付款 165 万元，被告对于案件事实本身没有争议，仅要求减轻责任承担或请求和解结案。

“1. 答辩人对于双方签订《采购合同》以及被答辩人委托第三方支付预付款 165 万元的事实没有异议。

2. 答辩人之所以迟迟没有履行交货和退款义务，是因为上游企业广州市××公司不能履行交付义务造成的。截至目前，广州市××公司还拖欠答辩人 444 万余元定金没有返还，其中就包括被答辩人公司的 165 万元预付款。××公司仅于 202×年 12 月 5 日强行以一批物资抵偿欠款。

3. 鉴于新冠肺炎疫情期间的纠纷具有不可控的风险性和紧迫的时效性，且夹杂着国外各种政治因素、地缘因素的干预，国内相关企业均难以全身而退，通过友好协商、互谅互让，努力降低和减少各方的损失才是根本的解决之道。答辩人诚恳地希望与被答辩人达成和解，以物资抵偿原告的损失。

此致

××市××区人民法院”

答辩人：××公司

二〇二一年五月××日

答辩状实例2　某居间合同纠纷案，被告对于案件事实本身没有争议，但不同意原告要求自然人股东对公司债务承担连带清偿责任

“1. 答辩人×公司和答辩人××对于双方签订《居间协议》以及与采购方某技术有限公司、某贸易有限公司买卖口罩的事实没有异议。

2. 答辩人×公司之所以没有向被答辩人支付佣金，是因为被答辩人没有履行《居间协议》第3条第2项约定的义务，没有配合答辩人×公司协调与采购方的关系，在部分口罩出口通关遇到障碍时未及时跟进处理，导致采购方与答辩人×公司纠缠不休。

3. 答辩人××使用个人账户接收某贸易有限公司转汇的36万元，只是一种职务代理行为，答辩人×公司出具了《收款单》确认收到货款176万元（包括私账汇入的36万元），且已经履行了买卖合同的交付义务。答辩人××代收款项并不构成对债务的加入或成为合同的相对方，被答辩人刻意混淆人格混同、财产混同的概念，其主张答辩人××对支付佣金承担连带责任的诉讼请求没有事实和法律依据，应当予以驳回。

此致

××市××区人民法院”

答辩人：××

二〇二一年三月××日

答辩状实例 3　被告对于原告诉请的案件事实和证据有较大的争议，且被告方证据足以反驳原告的主张

原告诉请解除涉案《模具合同》并退还模具款××万元。为阅读方便,案例中不使用答辩人与被答辩人的称谓,以原告和被告代替:

“被告作为涉案 H1×、H2×模具制作的承揽人,已经按照合同约定的规格和质量完成了相关模具的制作,全面履行了承揽人的合同义务。至于原告诉称其不能实现合同目的,系因其产品开发设计失误所致,与被告的模具制作毫无关系,不存在解除《模具合同》的事由,原告要求退还模具款××万元没有事实和法律依据,其全部诉讼请求应予驳回。

原告提交的证据 3《H1×/H2×模具制造试产塑胶件开裂问题微信沟通记录》以及被告提交的证据 1《微信群沟通信息》可以相互印证以下事实:

1. 201×年 7 月 18 日 9:56 原告工作人员向被告工作人员发送‘H1×－T3 改模图’。7 月 31 日 9:03 被告通知原告‘H1×改模已改好,请知悉’。8 月 2 日 11:45 被告通知原告‘H1×/H2×改模的和实验料的都做好了,下午安排送过去给你们确认’。这些沟通记录足以证明,虽然合同约定的完成日期是在 201×年 5 月 6 日前,但是由于原告设计存在缺陷,造成部分样品组装后壳件存在开裂现象,原告反复调整注塑材料并修改模具设计来挽救缺陷,被告根据指令调动整个公司资源耐心地配合测试各种注塑材料及修改模具,此工作持续至 201×年 7 月底,被告的合同义务是‘负责模具的加工制作’,因调整修改设计方案、材料方案和改模造成的延误不属于被告的责任,这也符合模具制造的基本常识,原告认为被告未能按期交付模具缺乏事实依据。

2. 201×年 8 月 6 日 11:07 原告确认‘最新的 A 料用视频的方式去测试,不会裂,有韧性,应该这料可以的,有待进一步验证’。被告当即回复‘请确认本次试料的功能、特性、透光度、裂口问题’。8 月 22 日 17:11 被告再次询问‘请确认下 H2×H1×耳机后壳的新料情况？谢谢！’原告回复‘H2×今天是第三天,没发现裂开的,明天(继续)观察’。8 月 24 日 8:43 原告正式通知‘H2×新材料没有发现开裂的现象,可以安排试产物料。请确认送试产物料的时间’。8月26日11:11原告再次确认‘H2×最后送来的耳塞后壳,颜色可以,透光度可以’。8月28日16:26原告‘H1×/H2×新材料回来了,一次性把试产做够。预留少量签样的商品’,随后又补充‘上午说的H2×的试产,H1×没有说。一起做出来’。以上沟通记录足以证明,试样发现的开裂问题已经解决,被告制作的模具已经合格,原告正式下发产品采购订单,9月7日被告向原告交付采购订单产品,原告收货后迄今未提出质量异议、未发生退货。原告认为由于模具质量问题导致不能实现合同目的缺乏事实依据。

3.原告提交的201×年10月22日的《会议记录》和10月30日发送的《联络函》都是为了本案的诉讼而准备的材料。被告原本无须理睬原告关于处理H1×异常的会议要求,但是由于原告拖欠模具尾款迟迟未付,抱着解决问题的愿望派员工黄某参加了‘H1×/H2×耳壳断裂异常’会议,该会议记录所记录的内容均为原告单方填写,所记录的‘……经我司工程分析为模具进胶点对开裂造成影响,材料的材质没有韧性……解决方案:被告把不良产品带回分析,本周内解决壳件断裂问题’也只是原告的单方意愿。被告员工黄某特意手书注明‘待返厂商议后回复’,没有使用任何字眼认可原告的分析、判断和结论,也未作出一周内解决壳件断裂问题的承诺,不构成对记录内容的确认。

随后,10月30日原告向被告发送《联络函》,11月6日被告亦向原告发送《联络函》,主张模具已经完成,要求原告付清模具尾款。

另,双方约定涉案模具完成后留在被告处,由被告代加工生产,正是因为考虑到能够从代加工中获取一定的利润,被告才会接受12套模具××万元的低廉报价,因为这个价格还不够模具开发的成本。被告提交了全部12套模具的照片,证明全部模具已经制造完成,并且经过了反复的修改与调试,完全符合图纸的约定。原告产品结构设计有问题,产品材料立项时选用不当,无法满足产品生产需求,强行要求被告降低代加工价格未果,原告不仅拒付模具尾款,而且还以模具不合格为由要求退还预付款,这也是原告提起本案诉讼的真实原因。

综上,原告全部诉讼请求应予驳回,特此答辩。

此致

××市××区人民法院”

答辩人:××公司

二〇二一年四月××日

答辩状实例4 某执行异议之诉,被告对于原告的诉讼请求和所依据的证据材料完全不予认可

“因被答辩人黄某某提起执行异议一案发表答辩意见:黄某某对于执行标的(涉案车辆)不享有足以排除强制执行的民事权益,应予驳回。

涉案《车辆买卖协议书》的签署日期是2019年9月××日,而××仲裁院是在2019年9月2×日即《车辆买卖协议书》签订的前一日开庭审理的被执行人王某某与答辩人之间的追偿权纠纷,王某某深知自己难以摆脱其所应承担的债务,于庭审结束的第二天匆匆将涉案车辆‘出售’给案外人黄某某,黄某某于协议当日转账8万元给王某某,该8万元款项随即又转至王某某另一个尾号为8894的账户,人为制造车辆买卖交易的假象,王某某与案外人黄某某恶意串通转移可供执行财产的用意十分明显。

除了交易真实性严重存疑,黄某某也没有证据能够证明自‘付款’以后其已实际占有、控制涉案车辆。

最高人民法院《关于人民法院办理执行异议和复议案件若干问题的规定》第二十五条第一款规定:‘对案外人的异议,人民法院应当按照下列标准判断其是否系权利人:……(二)已登记的机动车、船舶、航空器等特定动产,按照相关管理部门的登记判断;未登记的特定动产和其他动产,按照实际占有情况判断……’涉案车辆登记在王某某名下,可依法予以查封及拍卖。黄某某对执行标的不享有足以排除强制执行的民事权益,其执行异议应予驳回。

此致

××市中级人民法院”

答辩人：××公司

二〇二一年七月××日

附注：该案的裁判结果，在本书第九章第二节“执行异议之诉”中有更详细的介绍。

答辩不是毫无依据的反驳，更不能置客观事实于不顾，无论是案件事实还是案件证据都不会由于被告的否认而改变或丧失证明力。矢口否认只会令对方当事人及审判人员内心反感，失去的是和解的可能，刺激法官建立对支持原告诉请的态度。

第三节 恰当运用反诉，真正实现反败为胜

对于民商事诉讼的被告而言，如果没有提出反诉，则最好的诉讼结果是法院驳回原告的全部诉讼请求。

反诉是指在一个已经开始的民事诉讼（本诉）程序中，本诉的被告以本诉原告为被告，向受诉法院提出的与本诉有牵连的独立的反请求。反诉权是当事人法律地位平等原则的重要体现，是保障本诉被告人民事权益的一项重要制度。

反诉是一种特殊的诉。《民诉法解释》第232条规定：“在案件受理后，法庭辩论结束前，原告增加诉讼请求，被告提出反诉，第三人提出与本案有关的诉讼请求，可以合并审理的，人民法院应当合并审理。”反诉提起的时间限制是“案件受理后，法庭辩论结束前”。反诉必须与本诉有密切的牵连，根据《民诉法解释》第233条第2款的规定，反诉与本诉的诉讼请求“基于相同法律关系、诉讼请求之间具有因果关系，或者反诉与本诉的诉讼请求基于相同事实”。比如，原、被告相互之间存在买卖关系，原告主张被告支付货款，被告亦反诉主张原告支付货款；又或者原告主张被告支付货款，而被告认为货物存在质量问题给被告造成损失。但是有时候并不容易判断本诉和反诉是否基于同一法律关系或同一法律

事实。

有的被告人并不理解反诉只能针对本诉而提起，也不明白反诉与本诉之间需存在牵连，因此不管是否符合提起反诉的条件都要求反诉，认为只有反诉才能拿回属于本方的利益。

一、分属不同法律关系实例

案例1 不能提起反诉

例如，某对夫妻离婚时，法院判决男方名下的房产归女方所有、女方名下的房产归男方所有，判决生效后双方均未履行该判项，女方遂申请法院强制执行。因双方积怨很深，财产关系错综复杂，离婚后又相互提起多个诉讼，执行异常艰难。对于女方要求男方腾退房屋的执行请求，执行法官认为，生效判决仅确定了房产的所有权，但并未对是否腾退、腾退期限做出裁判，故裁定在执行程序中不予处理，女方另寻法律途径解决。女方据此提出物权保护纠纷诉讼，要求男方腾退住房。

男方应诉后要求提起反诉，理由是离婚判决把分属男女的房产分别判给了对方，现在的情况是自己占着女方的房，女方占着自己的房（将房屋出租给案外人），现女方起诉自己腾房，则女方也必须腾退，否则自己就将流落街头。

男方的反诉请求看似合理，但二者并不属于同一法律关系或同一法律事实。登记在男方名下判给女方的房产是商品房，女方取得的是所有权。登记在女方名下判给男方的房产是非法建筑（勉强称为小产权房），男方取得的只是使用权，两者权利属性不同；男女相互占有对方的房产分属两个法律事实，在本诉中提反诉不会得到法院支持。男方可另案提起物权保护诉讼，如果诉讼进度接近，两案可以合并审理。

案例2 应另案处理

Z先生投资入股L公司，其时该公司有5名股东，因Z先生看好公司产品的前景，又感觉与现有股东经营理念不相容，故将其他四名股东的股权全部受让过来，由其一人独资经营。一段时间后其好友Y先生投入190万元共同经营，但未办理工商变更登记，仅口头协商Z先生占股70%、Y先生占股30%，但公司日常运营由Y先生负责，Y先生自任董事长兼总经理，Z先生主要负责销售和货款回收。后因L公司一个批次的产品出口后发现重大质量问题，致使国外客户拒付该批次产品全部货款，L公司因债台高筑而歇业。

内外交困之际，Y先生以民间借贷纠纷为由一纸诉状将Z先生告上法庭，主张Z先生返还190万元借款。其证据是四份有Z先生签名和L公司盖章的《借款合同》，称L公司因资金周转困难分四次向Y先生借款190万元，Z先生是借款的保证人，同时还提交了该190万元资金转入的四笔银行流水辅佐。Z先生认为这是Y先生为了规避债务制造的伪证，利用自己掌管公司印章的便利，以哄骗Z先生签名报销为手段炮制了借款合同。Z先生应诉后，要求提起反诉，第一，确认Y先生的190万元是投资款而不是借款；第二，要求Y先生以30%的比例承担公司不能清偿的债务。

代理人分析，对涉案190万元款项性质的争议属于答辩或抗辩的内容，Z先生应当提交反驳证据或寻找Y先生证据中的疑点，使之陷入"真伪不明"的境地；而要求Y先生承担股东对公司亏损的责任属于另一法律关系，不是对本诉的反诉，应另案处理，建议Z先生全力应诉。

正确而恰当地运用反诉可以节约宝贵的司法资源，便于人民法院高效及时化解矛盾，扭转被告方的被动局面。有时候并不是反诉请求得到完全支持才算实现目的，可以通过反诉促使原告降低对于本诉的心理预期，有利于双方和解。

二、成功反诉实例

案例1 以反诉促成和解

A公司委托B公司开发制作五金模具，双方于201×年××月××日签订《产品部件设计开发合同》，约定由B公司为A公司加工制作相关模具，双方约定开模费用为27万元，还约定交样尺寸达到图面要求80%后支付50%费用，样品合格后一次结清模具费用。B公司陆续将上述模具交付给A公司使用，但A公司认为交付的模具与设计图纸不符、与样品要求不符，导致生产不稳定，冲压速度上不去且废品率高，故只支付了11万元模具款，余款要求B公司将模具修复合格后再支付。B公司向法院起诉，要求A公司支付剩余16万元模具款。

A公司收到法院寄交的起诉材料后提起反诉，请求被反诉人返还预付模具款11万元，向反诉人赔偿逾期交付的违约金7万元，赔偿反诉人材料损失19万元，赔偿反诉人重新开模的费用20万元。反诉金额超出本诉金额40万余元。

A公司清楚知道，重新开模的费用是不会得到支持的，逾期违约金判赔多少取决于对方是否延期交付且是否有正当理由。而核心反诉请求返还预付款和赔偿材料损失能否得到支持或能得到多大程度的支持，则取决于B公司交付的模具是否符合设计图纸的要求。而双方对于模具是否合格各执一词，只能委托第三方进行鉴定。

鉴定对于双方来说都是一个赌注。首先，一旦在诉讼中启动鉴定程序，需要耗费大量的时间，可能需多次开庭以明确鉴定机构、鉴定标准、鉴定方法、鉴定费用以及对鉴定意见进行质证，有可能还会通知鉴定人到庭作证接受询问；其次，鉴定费用不菲，甚至超过争议标的的价值，鉴定费由申请人预付，由鉴定结论对其不利的一方当事人负担或由双方当事人按对其不利的程度分担；最后，鉴定意见或者结论一旦形成，对鉴定意见不服的一方申请重新鉴定需要符合特定的条件，否则难以得到人民法院的支持。所以，对任何一方当事人而言，申请鉴定都需要非常慎重，一定要充分评估鉴定的风险。

该案当事人A公司和B公司最终决定和解，由A公司向B公司支付剩余模具款的50%，双方各自承担已预交的诉讼费和反诉费。促成和解的根本原因是无论A公司还是B公司均对鉴定结果没有信心，因为理论上几乎不存在与图纸完全相符的模具，即使是在考虑公差率的基础之上。而实务中的交易惯例一般是委托人以与样品相符作为验收模具合格的标准，很少有委托人直接提供模具图给承揽方，一般是要求承揽方按照客户提供的样品自己设计图纸、制作模具，以最终的产品与样品一致为合格标准。这就意味着承揽方（B公司）交付的模具既要与自己设计的图纸相符，以该模具生产的产品还要与客户提供的样品相符，模具和产品都相符才满足合格的条件。而使用模具生产产品，并不是模具合格就一定能与样品相符，还与冲压的材质、力度、环境甚至工人的操作熟练程度等多种因素密切相关。同样A公司也担心一旦经鉴定模具是合格的，不仅要全额支付模具余款，还要负担高额的鉴定费用，故双方理智地选择和解。

案例2 被告损失得以补偿

L女士在某网站上开了间网店，经营运动器材、运动鞋类商品，但是由于缺乏网店营运经验，效益一直不是很理想。这时有一家叫作GM信息咨询公司的业务员与L女士联系，称他们公司专门协助客户运营该网站店铺，是该网站授权的外围机构，专业团队能力卓越，可以帮助客户迅速提升销售额。一番游说之后L女士心动了，又实地考察了GM信息咨询公司，觉得该公司确实实力强大，遂与该公司签订了《运营合同》。约定L女士在一年内分四期向GM信息咨询公司支付一定数目的代运营费用，第一笔18万元于签订合同后支付，第二笔12万元于3个月后支付，第三笔和第四笔在合同签订后第六个月和第九个月支付，数额是不确定的，依销售额按约定比例提成。

合同签订后，L女士向GM信息咨询公司支付了第一笔运营费18万元，GM信息咨询公司的运营团队对L女士的网店模板做了升级，对销售产品进行了包装改造，提供了一些链接推广（以上所需费用L女士另行承担），但收效并不明显。运营团队又提出要把一款运动产品打造成爆款，要走量，于是L女士向生产厂家买断了这款产品的销售，拿到最优惠的价格，准备大干一场。在接下来的“双十一”促销活动中，L女士的该款产品果然大卖，销售数量和销售额倍增。然而喜悦没有持续多长时间，活动结束后统计下来，本来就只有微利的产品加之平台各种优惠促销（折上折、返利、买N送一、免费包邮等）变成了亏损，且销售额越多亏损额越大，加之前期店铺装潢、广告排位、增值服务等的投入，L女士委托

GM 信息咨询公司运营三个月亏空 60 万余元。因此当 GM 信息咨询公司要求 L 女士支付二期运营费 12 万元时遭到其拒绝。GM 信息咨询公司遂向人民法院起诉,要求 L 女士支付运营费 12 万元、违约金 50 万元并继续履行合同。

代理人认真审查了原告 GM 信息咨询公司的诉讼材料,仔细听取 L 女士陈述的案件事实,了解并分析了 L 女士的损失构成情况,建议 L 女士提起反诉。因为只单纯针对本诉进行抗辩理由并不充分,难以从违约行为方面寻找突破口。涉案《运营合同》陷阱重重,有诈骗犯罪的嫌疑,但作为民事纠纷处理如果主张合同无效并不符合法定条件。《运营合同》系 GM 信息咨询公司提供的格式合同,刻意减轻公司方面的责任,对实现所谓"销售额增长"所需的其他条件避而不谈,割裂销售与利润的合理关系,其实质就是以不合理价格倾销商品,以销售数量抬升销售收入,把销售额作为公司运营团队业绩考核的唯一指标,使 L 女士对实现预期利润产生重大误解,致使合同目的无法实现,可请求解除合同。但请求确认合同无效或请求解除合同是诉权的内容,L 女士如果不提起反诉则无法主张解除权,且委托运营期间的损失也得不到合理补偿。

该案 L 女士的反诉请求得到法院支持。随后不久,因大量客户向公安机关报案 GM 信息咨询公司的欺诈行为,公安机关决定对该公司主要投资人、负责人、业务骨干以涉嫌合同诈骗罪、寻衅滋事罪、破坏生产经营罪立案侦查,并移送审查起诉、审判,全案 70 多名被告人被追究刑事责任。

第四节　注重类案检索,提高预判裁判结果的准确性

一、类案裁判是拓宽律师视界的窗口

每一个人的精力和能力都是有限的,每一名执业律师都有其自身的业务专长或擅长领域。我们的执业年限或长或短,承办的案件数量和案件种类或多或少,但是没有一个律师能在其有限的执业年限内对所有案由项下的民事法律关

系的案件都有涉及，相信也不存在这样的法官。

我们总是能碰到陌生类型的案件，或者过去虽有接触但法律关系的侧重点不一样，或者过去处理该类法律关系的法律规定已经进行了修订的案件。经验固然是宝贵的财富，但如果不与时俱进地不断更新知识结构，陈旧的经验可能成为我们思想的禁锢，引导我们作出错误的判断。

中国法治建设的步伐一直在有条不紊地推进，大量的新法、修正案不断颁布。《民法典》及配套司法解释所激起的震荡尚未平复，《民事诉讼法》又于2021年12月24日由第十三届全国人大常委会第三十二次会议审议通过，这是《民事诉讼法》在2017年6月27日第三次修正后的再一次修正。

律师职业的性质和责任要求我们活到老、学到老，勤勉只是学习最基本的要求，渠道、方法、技巧更为重要，有针对性地灵活地汲取知识才能取得事半功倍的效果。现在早已不是只能靠翻书本、读汇编才能获取信息的年代，互联网给我们提供浩如烟海的资讯，各种专业软件、App应接不暇，当然资讯的内容也不可避免地良莠不齐、泥沙俱下，有些言论和观点甚至足以产生误导。盲目的搜索和采信是不可取的，资讯应源于真实的官方的发布，内容才具有可靠性和权威性。

最高人民法院2010年11月8日公布《关于人民法院在互联网公布裁判文书的规定》，此规定在2013年和2016年两次修订，要求除特定情形以外，人民法院做出的裁判文书均应当在互联网公布。同时开放"中国裁判文书网"，要求各级人民法院在本院政务网站设置中国裁判文书网的链接。裁判文书网目前已公布的文书总量高达1.2亿余篇，且每天都在更新，是类案检索的宝库，为我们提供了极大的便利。

我国在批判地继承大陆法系法律制度基础上建立了具有中国特色的社会主义成文法系，与欧美法系形成显著的不同。我国的法律体系由宪法、法律及法律解释、行政法规、地方性法规、自治条例或者单行条例、司法解释组成，判例并不是我国法律体系的组成部分。

2010年11月26日最高人民法院发布《关于案例指导工作的规定》，2015年

5 月 13 日发布《〈关于案例指导工作的规定〉实施细则》,截至 2021 年 12 月 1 日最高人民法院共发布了 31 批指导性案例。发布指导性案例的目的是总结审判经验,统一法律适用,提高审判质量,维护司法公正,但是不能认为我国从此有了判例法。上述规定和细则明确规定“各级人民法院正在审理的案件,在基本案情和法律适用方面,与最高人民法院发布的指导性案例相类似的,应当参照相关指导性案例的裁判要点做出裁判”“各级人民法院审理类似案件参照指导性案例的,应当将指导性案例作为裁判理由引述,但不作为裁判依据引用”,明确了指导性案例的性质、作用和地位。

为加强类案检索,统一法律适用,全面落实司法责任制,最高人民法院于 2020 年 7 月 27 日发布《关于统一法律适用加强类案检索的指导意见(试行)》,要求各级人民法院办理具有特定情形之案件时,应当进行类案检索。这里的类案是指与待决案件在基本事实、争议焦点、法律适用问题等方面具有相似性,且已经人民法院裁判生效的案件。类案检索范围一般包括:(1)最高人民法院发布的指导性案例;(2)最高人民法院发布的典型案例及裁判生效的案件;(3)本省(自治区、直辖市)高级人民法院发布的参考性案例及裁判生效的案件;(4)上一级人民法院及本院裁判生效的案件。检索的程序为:除指导性案例以外,优先检索近三年的案例或者案件;已经在前一顺位中检索到类案的,可以不再进行检索。

2021 年 9 月 27 日最高人民法院再行发布《关于完善四级法院审级职能定位改革试点的实施办法》,明确四级法院审级职能定位:基层人民法院重在准确查明事实、实质化解纠纷;中级人民法院重在二审有效终审、精准定分止争;高级人民法院重在再审依法纠错、统一裁判尺度;最高人民法院监督指导全国审判工作、确保法律正确统一适用。

一审的任务是准确查明事实、实质化解纠纷,对于民商事诉讼,一审始终是重中之重。原告起诉,被告应诉和答辩,出发点不同,诉讼目的不一,人民法院通过依法审理居中做出裁判,精准定分止争。无论站在原告还是被告的立场,通过对既往类案生效裁判的检索,有助于我们对诉讼结果作出预判,避免出现盲目自信的心态或消极悲观的情绪。比如,《民法典》规定对于在婚姻关系存续期间有过错的,或者隐藏、转移、变卖、毁损、挥霍夫妻共同财产,或者伪造夫妻共同债务企图侵占另一方财产的,在分割夫妻共同财产时可以少分或者不分,很多婚姻当事人因此将此理解为只要对方有过错就应该不分或者少分。而事实上人民法院在处理此类问题时不会简单地只考虑过错行为,还要综合考虑过错的原因、程度、造成的后果、子女抚养、财产形成的贡献大小、实际生活困难情况等多方面的因素。平均分割是基本面,少分或不分是例外情形。粗略统计裁判文书网的相关判例,在确认一方存在过错的前提下,四六分割是最常见的比例,个别过错程度较严重的也会有三七分割的判决,至于完全不分则罕见。在接受委托前充分告知委托人法院的裁判倾向,有助于委托人对案件结果形成合理预期。

二、类案判例的具体运用

原告 SW 公司与案外人 LX 公司是长期业务合作单位,后 LX 公司因经营不善陷入困境,虽未清算或破产但事实上已经倒闭,而 LX 公司尚拖欠 SW 公司 520 万余元货款未支付。SW 公司向法院提起诉讼,法院判决 LX 公司偿付货款 520 万余元,判决生效后 SW 公司申请强制执行,因 LX 公司没有可供执行的财产,法院遂裁定终结本次执行程序。

随后,SW 公司将广东某鑫公司以及该公司的管理人员 L 女士列为共同被告提起股东损害债权人利益责任纠纷诉讼。其理由是:201×年××月××日某鑫公司曾与 LX 公司签订了《股权转让暨委任经营协议》,某鑫公司随即接管了 LX 公司的生产经营,还委派了包括 L 女士在内的管理团队前往 LX 公司主持日常工作。虽然股权转让并未实际履行(有另案生效判决查明该事实),但原告 SW 公司认为正是由于某鑫公司的接管导致 LX 公司走向衰败,无力偿还对 SW 公司的债务。SW 公司坚持认为某鑫公司是 LX 公司的实际控制人,而 L 女士是接管期间的财务负责人,其人格与 LX 公司混同,故而请求人民法院判令实际控制人某鑫公司和L女士对LX公司不能清偿的到期债务承担连带清偿责任。

关于L女士的责任问题，SW公司向法院提交了两份生效判决，××市××区人民法院和××市中级人民法院就另案款项使用人作出的一、二审判决均认定“L女士与LX公司法律人格长期混同”，这对于L女士显然是非常不利的证据。

笔者作为L女士的代理人，首先排除了L女士与某鑫公司的投资关系，即L女士不是某鑫公司的股东、隐名股东或实际控制人，《公司法》第20条第3款以及公司法相关司法解释有关股东对公司债务承担连带责任的规定，其适用的基本前提要求连带责任人具有股东的身份。另查工商登记信息，L女士也不是某鑫公司的高管，即使其具有高管的身份，高管仅承担因自身过错给公司造成损失的赔偿责任，与《公司法》第20条第3款不同，此处承担的是对公司损失的赔偿责任，而不是对公司债务的连带责任，因而在法理上要求L女士承担连带责任是没有依据的。

对于另案生效判决认定L女士与LX公司法律人格长期混同，我们向一审法院提交了《最高人民法院第四批指导性案例》指导案例第15号：徐工集团工程机械股份有限公司诉成都川交工贸有限责任公司等买卖合同纠纷案。原告徐工机械公司不仅起诉了川交工贸公司等三家法人，还同时要求起诉了王某礼、吴某、张某蓉、凌某、过某利、汤某明、郭某、何某庆、卢某等自然人（均为股东、高管、实际控制人）要求承担连带清偿责任，但是江苏省徐州市中级人民法院和江苏省高级人民法院均驳回了原告对前述9名自然人的诉讼请求。该指导案例除了明确人格混同的认定规则，还明确了人格混同的适用对象：公司之间，且必须是关联公司之间。

一审裁判采纳了第15号指导性案例并在判决中作如下释明：

“《中华人民共和国公司法》对关联公司人格混同的具体情形未明确规定，故最高人民法院指导案例第15号对关联公司人格混同的认定及法律责任的承担具有指导意义。该指导案例的裁判要点确认：‘1. 关联公司的人员、业务、财务等方面交叉或混同，导致各自财产无法区分，丧失独立人格，构成人格混同。2.关联公司人格混同，严重损害债权人利益的，管理公司相互之间对外部债务承担连带责任。'但最高人民法院公布的上述指导案例，并未确认自然人与公司存在人格混同，进而需要对债务承担连带责任。自然人与企业法人，在法律地位上本属于两种不同性质的民事主体，自然人与法人的人格分别具有不同的属性，原告的该主张缺少法律依据，本院不予支持。"

原告SW公司对一审判决不服提起上诉，在二审期间，最高人民法院颁发了《全国法院民商事审判工作会议纪要》(法〔2019〕254号)，会议纪要丰富了对"人格混同"的解释，没有直接排除对自然人的适用，但是强调审查"公司人格与股东人格"是否混同，最主要的表现是公司的财产与股东的财产混同且无法区分，同时会议纪要列举了6种需要综合考虑的因素。我们将会议纪要的相关内容补充加入二审代理意见，该观点得到了二审的支持。

二审判决书用较长篇幅对此进行释明：

"关于L女士是否应对LX公司的债务承担连带责任。

SW公司主张L女士承担连带责任的法律依据是《公司法》第20条第3款：'公司股东滥用公司法人独立地位和股东有限责任，逃避债务，严重损害公司债权人利益的，应当对公司债务承担连带责任。'根据该规定，滥用公司法人独立地位和股东有限责任并对公司债务承担连带责任的主体限定为公司股东。SW公司主张L女士系LX公司的隐名股东，但是未有任何证据加以证明，本院对其主张不予采信。L女士作为LX公司的高管，SW公司诉请其承担公司法第二十条第三款规定的连带责任，缺乏法律依据。

另外，SW公司主张L女士与LX公司构成人格混同。虽然L女士与LX公司之间存在频繁的转账，但不足以据此认定L女士可以任意支配LX公司的资金，以致LX公司丧失独立的法人人格。虽然L女士在SW公司对账单上签字，但L女士系LX公司高级管理人员，其在对账单上签字属于职务范围内的工作，不能据此认为L女士完全控制了LX公司。SW公司主张L女士与LX公司之间构成人格混同缺乏事实依据。原审法院根据最高人民法院指导案例第 15 号认定 SW 公司主张 L 女士与 LX 公司人格混同缺乏法律依据,但处理正确,本院予以确认。”

此案能够取得这样的结果,是出乎 L 女士意料的。因为另案生效裁判作出的她与 LX 公司“长期法律人格混同”的认定一度使 L 女士非常被动。本案一审裁判得益于最高人民法院指导案例第 15 号,二审裁判得益于《全国法院民商事审判工作会议纪要》。类案检索和知识更新是案件反败为胜的关键性因素。

第六章

质证技艺

证据的真伪和效力，经当事人相互质证后，由审判人员独立进行判断，决定是否作为认定案件事实的根据。

证据的效力取决于与待证事实的关联性，毫无理由地张口否认证据三性是素质和能力低下的表现。

质证是一门技艺，尊重事实，敬畏法律，千锤百炼，方能炉火纯青。

第一节　质证，是非曲直一一辨明

《民事诉讼法》第 71 条规定：“证据应当在法庭上出示，并由当事人互相质证……”

《民诉法解释》第 103 条进一步明确：“证据应当在法庭上出示，由当事人互相质证。未经当事人质证的证据，不得作为认定案件事实的根据。”

《民诉法解释》第 104 条规定：“人民法院应当组织当事人围绕证据的真实性、合法性以及与待证事实的关联性进行质证，并针对证据有无证明力和证明力大小进行说明和辩论。能够反映案件真实情况、与待证事实相关联、来源和形式符合法律规定的证据，应当作为认定案件事实的根据。”

《证据规定》第 85 条规定：“人民法院应当以证据能够证明的案件事实为根

据依法做出裁判。审判人员应当依照法定程序,全面、客观地审核证据,依据法律的规定,遵循法官职业道德,运用逻辑推理和日常生活经验,对证据有无证明力和证明力大小独立进行判断,并公开判断的理由和结果。”

案件的审理流程是:当事人提交证据→当庭相互质证→查明案件事实→正确适用法律→依法做出裁判,这是一个存在递进关系的审判流程。庭审的重点核心是查明讼争的案件事实,而查明案件事实需要有证据支持,证据有无证明力和证明力大小需要通过相互质证来判断。

证据规则还有自认的规定。在诉讼过程中,一方当事人陈述的于己不利的事实,或者对于己不利的事实明确表示承认的,另一方当事人无须举证证明。在证据交换、询问、调查过程中,或者在起诉状、答辩状、代理词等书面材料中,当事人明确承认于己不利的事实的,适用前款规定。一方当事人对于另一方当事人主张的于己不利的事实既不承认也不否认,经审判人员说明并询问后,其仍然不明确表示肯定或者否定的,视为对该事实的承认。诉讼代理人的自认视为当事人的自认。

诉讼代理人的自认视为当事人的自认。诉讼代理人发表的质证意见同样代表了当事人的意见。这是由代理法律关系的性质决定的。我们的一些同人,特别是年轻的同人因此产生很大的顾虑,担心自己发表了对当事人不利的质证意见或承认了于己方不利的主张而被委托人责备,害怕被委托人埋怨、投诉甚至被主管机关追责处罚,在质证时为了明哲保身选择对对方证据全盘否认的做法,对证据三性一概不予确认。甚至连对方提交的报警回执、银行流水、公证文书等的真实性都不认可,更有甚者,同样一份合同文本双方均向法庭提交,己方提交的是真实的,对方提交的则是虚假的。这样做既不利于协助法庭查明案件事实,也有违律师的职业道德、有损律师的职业形象,同时也不会为自己的委托人带来期望的结果。

无论是庭前的证据交换还是庭审时的相互质证,也无论我们是作为原告还是被告的诉讼代理人,在发表质证意见之前我们已经对双方的证据进行了充分的研判，结论已经成形。质证意见应当观点鲜明、有的放矢，绝对不能仓促上阵，观点含混不清。当然，对于对方当事人当庭出示的证据，我们要按照诉讼法和证据规则的规定提出异议，如果当庭提交时证据数量较多、性质较为复杂一时难以判断的可申请延长期限。

质证一般按下列顺序进行：(1)原告出示证据，被告、第三人与原告进行质证；(2)被告出示证据，原告、第三人与被告进行质证；(3)第三人出示证据，原告、被告与第三人进行质证；(4)人民法院根据当事人申请调查收集的证据，审判人员对调查收集证据的情况进行说明后，由提出申请的当事人与对方当事人、第三人进行质证；(5)人民法院依职权调查收集的证据，由审判人员对调查收集证据的情况进行说明后，听取当事人的意见。请注意第(1)项至第(4)项属于质证的范围，而第(5)项法院依职权收集的证据，只听取当事人的意见。

一、出示证据时应当注意的事项

1. 庭审前的准备工作非常重要，对于涉案法律关系和有关贸易规则、交易习惯要反复温习，对于核心证据及相关内容要了然于胸，证据需分门别类整齐装入文件袋，提前核对证据原件，与所提交的复印件要一一对应。

2. 应当按照证据目录编排的顺序和页码依次出示，说明该证据的来源、主要内容、证明目的以及是否有原件以供核对。对于证据的核心部分可按庭审情况进行宣读，如合同中对于违约责任进行约定的条款、支付方式与支付周期的条款等，宣读时应明确该证据的序号、所在页码、所在段落或行数，以建立审判人员对该证据效力的内心确信。

3. 如果证据种类及数量较多，应分类、分组出示，还可考虑辅之以可视化图标，以便更形象、更直观地阐述该类证据与待证事实之间的证明关系。同时要注意对不同类别、不同组别证据之间的相互印证关系进行说明。

4. 对于电子数据证据要提前准备好证据的原始载体，需要当庭播放的视听材料应提前向法官助理询问审判庭是否提供相应的播放设备，如果审判庭不具备条件应自行携带,同时事先进行播放演示,确保当庭顺利播放。

5. 对于申请证人出庭的,应提前提交书面的证人证言并向法院申请证人出庭,要事先准备好问话提纲,和证人演练如何回答询问,向证人详细介绍证人制度和庭审程序,告知证人如实作证的重要性以及做虚假陈述可能面临的法律责任。如果对方律师的反询问有不相关的问题或诱导性发问时要及时提请法庭制止,在证人作证结束后对证人证言进行质证时,要抓住质证的机会重新归纳证人所表达的意思,弥补证人因为紧张或慌乱而被削弱的证明效力。笔者还认为,如果不是必须需要证人对已有证据进行补强,不要轻易使用证人类证据,本章后续会专门介绍如何盘问证人,削弱证人的证明力。

二、对证据发表质证意见时应当注意的事项

1. 质证的目的是否定对方证据的证据效力、削弱对方证据的证明力、增加对方的证明难度、从对方证据中发掘于己方有利的事实,必须要认真对待。质证前须充分消化对方的证据,对其有无证明力及证明力大小有明确的观点。能否定对方证据的真实性、合法性当然好,但同时也必须尊重客观事实,决定待证事实能否成立的核心往往在于证据的关联性。

2. 要按照对方的证据排序一一发表质证意见,要把观点和理由讲明、讲透,不能用“三性不予认可”一带而过。对于同类证据(证明对象、证明目的相同的证据),如果我们的质证意见也一致就没有必要分别重复啰唆,把其中一个讲清楚即可。如“对证据 2、证据 3、证据 4 的质证意见与对证据 1 的质证意见一样”或者“对证据 1、证据 2、证据 3、证据 4 一并发表以下质证意见”,这样可以大大减少质证时间,减轻书记员的压力,也便于让审判人员更简明、清晰地了解质证方的观点。

3. 如果质证意见很重要或反驳的理由很详尽,口头表述可能不完整,书记员也难以完整准确记录,则要养成提交书面质证意见的习惯,并且要在开庭前把刻录有质证意见的光盘提交给书记员(前文介绍过法院电脑一般不接受 U 盘等外

设,也不允许与外网连接),方便书记员复制后直接粘贴到庭审笔录中,既免除了书记员录入的辛劳,也确保了质证意见能够被完整记录。

4. 书证应当提交原件,物证应当提交原物,这是举证的基本要求。实践中存在一种认识:无法与原物、原件核对的复制件、复制品不能作为认定案件事实的根据,这种观点是错误的。正确的理解应该是"无法与原件、原物核对的复制件、复制品不能单独作为认定案件事实的根据",即没有原件的单一证据没有证明力。审判人员对案件的全部证据,应当从各证据与案件事实的关联程度、各证据之间的联系等方面进行综合审查判断,是否有原件、原物只是审核认定的一道程序。而我们有些代理人在质证时过于强调原件的重要性,如果对方完整的证据体系足以对待证事实提供支持,我们因为其中一个或几个证据没有原件而加以否认并不能改变裁判者的认定结论。而有些对方无法提供原件核对的证据,其部分内容刚好可以为我方所利用,我们为什么要去否定该证据的真实性呢?质证既要求疑和严谨,也要灵活和变通,同时要兼顾庭审效率。

5. 对于对方提交的视听资料和电子数据证据,庭前一定要反复完整听取和观看,不能满足于仅审查对方提交的节录文字版本,因为对方可能只摘录了对其有利的部分,视听资料中往往也有我方当事人的抗辩、解释或诘问,要善于从中发现于己有利的内容;微信等电子数据注意要求查看完整的记录,而不是断章取义,选择性地截取,对于对我方不利的电子邮件须要求对方提供经过公证固定的证据。能够从对方提交的证据中发掘对己方有利的信息,其可信度高于己方提交的相同证明目的的证据,至少对方无法从真实性与合法性的角度进行否定。

6. 对于案件审理过程中的专门性问题当事人可以申请鉴定,人民法院认为待证事实需要通过鉴定意见证明的,应当向当事人释明,并指定提出鉴定申请的期间。常见的专门性问题有:伤残等级或劳动能力等级,产品质量是否符合国家标准、行业标准或合同约定标准,建筑工程、装修工程的造价,机动车安全性能,笔迹、印鉴形成时间,动产、不动产、公司资产的市值或价值等。鉴定意见作为证据的一种,同样需要双方进行质证,我们收到鉴定书副本后要及时会同具有专业知识的同行或技术人员进行审查,对鉴定书的内容有异议的,应当在人民法院指定期间内以书面方式提出异议,要求鉴定人作出解释、说明或者补充。对于书面答复仍有异议的,应及时申请人民法院通知鉴定人出庭接受询问,询问时要提前准备好问话提纲,有针对性地发问,符合规定条件的可申请重新鉴定。

第二节　围绕三性展开质证

证据的属性是证据概念内涵的具体化表现或分解,也是证据赖以构成的若干要素。我国民事诉讼法律对证据属性采纳“三属性说”,即真实性(客观性)、合法性(法律性)和关联性(相关性)。其中真实性和与关联性又被称为证据的本质属性,而合法性是证据本质属性的重要保证,也是证据具有法律效力的首要条件。

一、证据的真实性包含形式上的真实和内容上的真实

证据的真实性是指证据事实必须是伴随案件的发生、发展过程遗留下来的,不以人们主观意志为转移而存在的事实。

真实性包含形式上的真实和内容上的真实。比如,当事人提供的公文书证、涉及身份关系的证据系在中华人民共和国领域外形成的,前者需经所在国公证机关证明,后者除经所在国公证机关证明外,还要经中国驻该国使领馆认证(双认证),或者履行中国与该所在国订立的有关条约中规定的证明手续。不能满足前述要求的证据,即使其内容是真实的,也不具有形式上的真实性,不得作为认定案件事实的根据。再如,当事人向人民法院提供的证据是在我国香港特别行政区、澳门特别行政区、台湾地区形成的,在香港特别行政区形成的证据经中国司法部注册的香港委托公证人(律师)进行公证,再经中国法律服务(香港)有限公司加章转递;而证据如果在台湾地区形成,则需由当事人交由台湾地区民间公

证机构出具公证书，经台湾地区财团法人“海基会”转递至中国大陆海协会，再转递至使用该证明材料的省一级公证机构或中国公证员协会出具《公证书》后，该台湾地区形成的证据才具有形式上的真实性。

以视听资料作为证据的，应当提供存储该视听资料的原始载体，如录音录像设备的存储卡；以电子数据作为证据的，应当提供原件。电子数据的制作者制作的与原件一致的副本，或者直接源于电子数据的打印件或其他可以显示、识别的输出介质，视为电子数据的原件。比如，安装微信的手机、用于显示电子邮件内容的手提电脑，如果不能提供原始载体或原件的，该证据不具有形式上的真实性。

证据具有了形式上的真实性不能等同于该证据内容上也是真实的，比如，民间借贷纠纷原告提交了一份被告支付本息的收款记录用以证明被告仅支付了部分本息，该证据源于银行记录，其形式上是真实的，但是被告能够提供证据证明其归还的款项已经足额偿付了全部本息，则原告的该份证据因没有客观反映还款的真实情况而不具有真实性。再如，被告提交的在台湾地区形成且已经履行相关的证明手续的《委托投资协议》，用以证明被告与案外人之间对讼争的财产存在投资行为，主张该财产系被告与案外人共有，原告无权请求按照夫妻共同财产分割该讼争财产。但是经审查该书证并结合其他证据，该书证《委托投资协议》的签署日期与实际形成日期不相符，故该协议内容的真实性无法确认。

二、取得证据不合法的几种常见情形

证据的合法性，是指作为定案根据的证据必须是法定主体按照法定程序取得并提供的。

民商事诉讼与刑事诉讼不同，当事人双方均有举证的权利，证据来源渠道多，取证手段随意性大，当事人求胜欲望强烈，证据的合法性需要我们认真对待。

证据不具有合法性主要是由于获取证据的渠道、手段违法，或者涉案法律关系不受法律保护，比较常见的情形有：

1. 明知对方用于赌博、嫖宿、吸毒、贩毒或用来从事其他违法犯罪活动而向对方出借资金获得的借据、收据。

2. 以欺诈手段，使对方在违背真实意思的情况下实施于己不利的民事法律行为而形成的证据或乘人之危获得的证据。

3. 以胁迫手段，利用掌握对方隐私或其他不利信息迫使对方实施于己不利的民事法律行为而形成的证据。

4. 通过不正当手段或非正常渠道获得对方有关的房产信息、车辆信息、存款信息、开房记录、活动轨迹、购物嗜好、就医治疗等证据材料。

5. 通过技术入侵、非法破解等手段侵入他人网络空间、电子信箱、购物平台、存储空间、通信软件、交友软件、游戏账号、理财产品等获得的他人不愿意公开的商业信息、个人秘密信息或隐私资料。

6. 在隐私场所偷拍偷录获得的视听资料，或者为实现捉奸在床拿获证据的目的采取暴力破门、技术开锁等方式闯入他人住宅、酒店宾馆房间而取得的视听资料。

7. 采用贿赂、收买、胁迫证人获取的证据。

8. 伪造、变造的证据。

三、证据的关联性决定证据的证明力大小

证据的关联性，是指作为证据内容的事实与案件待证事实之间存在某种客观的联系。

证据与案件事实之间有各种各样的联系，有原因上的联系、结果上的联系、条件上的联系、空间上的联系等，这些联系从不同的角度，以不同的力度对案件事实予以证明。凡是与案件事实无关的，对查明案件没有意义的事实，不论其多么真实可靠，都不能作为证据。证据与案件事实关联性越强，其证明力越强，反之亦然。如果说合法性和真实性决定证据是否有证明力，那么关联性决定的是证据的证明力大小。

四、违法取得的证据不被采信

A与B系夫妻关系，A怀疑B有婚内出轨的行为，遂请人在B的车内安装了定位和录音装置，通过定位跟踪发现B经常出入某酒店并固定入住618号房。A又请人在618号房的电视机顶盒内安装了偷录设备，最终掌握了B与他人偷情的音视频证据。A获得上述证据后与B进行过多次交涉，在交涉过程中B口头承认自己确有出轨的事实，但不同意离婚，A对交谈过程偷偷进行了录音。因无法达成协议离婚，A随后向法院提起离婚诉讼，以B违反夫妻忠诚义务主张其少分或不分夫妻共同财产并要求B承担损害赔偿责任。法院对于A私自安装定位、偷录设备取得的证据因其不具有合法性而不予采信，同时对A的行为进行了警告、训诫，因在酒店房间偷录还严重侵害了其他客人的隐私权，将相关线索移送公安机关，公安机关调查后鉴于尚未造成其他后果，对A和A的堂弟（安装设备的人）分别予以了行政拘留10天和15天的治安处罚。对于A提交的与B交涉的录音证据，法院予以采信，但该证据证明力较弱，且B在法庭上表示了悔改意愿，希望法庭给他们修复感情、改善夫妻关系、共同照顾子女的机会，法院经审理认为双方夫妻感情尚未完全破裂，判决不准离婚。

五、数个相互印证的间接证据可以作为定案的根据

某劳动争议案件在仲裁阶段，劳动者请求用人单位承担未与其签订劳动合同应支付双倍工资差额的责任。用人单位认为该员工在公司担任的是办公室文员工作，其工作职责中包括了人事管理，她应当知道签订劳动合同的重要性，比她晚入职的其他员工都签订了劳动合同，且这些员工的劳动合同都是她经手的，故用人单位认为该员工是故意利用法律规定为自己谋取不当利益。为此用人单位提交了3名劳动者的证言，证明该员工负责劳动合同的签订。但是仲裁员认为，其他员工的证人证言与案件事实的关联性不强，因为员工与公司之间存在直接的利害关系，不能排除证人的心理顾虑，且其他员工的劳动合同只有单位的公

章，没有经办人的签名，不能认定该员工具有负责人事管理职责的案件事实，故裁定用工单位向该劳动者支付未签劳动合同期间双倍工资的差额×万元。用人单位向人民法院提起劳动争议诉讼，在仲裁阶段原有证据的基础上增加了一份证据：公司前任办公室文员的证人证言（由于前任离职才聘用的现任），前任文员证明自己的工作职责就是负责办公室日常事务、劳动合同的签订与公司所有合同的保管，前任文员还证明自己在与现任文员交接时明确告诉她工作职责的范围，两人均在交接表上签名，前任文员还提供了她本人用手机拍摄的交接表照片。前任文员还证实，现任肯定签订了劳动合同，因为这是她离职前代表公司签订的最后一份劳动合同，至于现任文员为什么否认该事实以及该劳动合同的去向，前任称自己不敢妄加猜测。前任文员开庭时以证人身份出庭并证实了自己的证言。人民法院经审理认为，前任文员已经离职，与公司不存在利害关系，其证言所证实的内容与案件事实具有关联性，且该证人提交的交接表照片虽无原件以供核对，但交接表所反映的案件事实具有可信性，法院再结合其他员工的证言所反映的情况综合审核判断，决定采信该证人证言证据。遂作出以下认定："被告作为公司的人事负责人，其对是否应当与公司签订劳动合同以及未签订合同应支付二倍工资差额的法律规定应当知悉；被告不与公司签订劳动合同，其本身存在失职。被告因为自身工作失职而未与公司签订劳动合同，应当承担其个人过错所产生的不利后果，不能归责于公司"，遂判决公司无需向该员工支付未签订劳动合同的二倍工资差额。

对案件证据质证需围绕真实性、合法性、关联性而展开，不能仅针对单个证据从其来源和内容方面进行审查，还要把整个案件的证据与证据、证据与案件事实相互结合起来，从证据的内在联系上进行综合分析判断，形成完整的质证意见。

六、对单个证据发表质证意见

对验资报告的书面质证意见

对于被告提交的《××市 HF 科技有限公司验资报告》发表以下质证意见：

对该证据的真实性予以认可，但该报告并未严格遵循《中国注册会计师审计准则第1602号——验资》（以下简称《1602号准则》）的规定，所得出的注册资本实收的结论不具有合法性，且验资结论与被告徐某某、丁某某应否对公司不能清偿承担连带清偿责任之间不具有关联性，理由如下：

（一）验资报告作出的注册资本实收的结论不具有合法性

1.《1602号准则》第34条第1款规定："验资报告具有法定证明效力，供被审验单位申请设立登记或变更登记及据以向出资者签发出资证明时使用。"××会计师事务所于2020年11月××日作出的××验内字[202×]066号《验资报告》的说明段称"本验资报告仅供贵公司申请办理变更登记及据以向全体股东签发出资证明时使用"，由此可知该验资报告的性质属于"变更验资"，而非"设立验资"。

该准则第13条第1款规定，"变更验资的范围一般限于与被审验单位注册资本及实收资本增减变动情况有关的事项"；该准则第17条规定："对于变更验资，注册会计师应当关注被审验单位以前的注册资本实收情况，并关注出资者是否按照规定的期限缴纳注册资本"；该准则第27条第2款规定："对于变更验资，注册会计师还应当在验资报告说明段中说明对以前注册资本实收情况审验的会计师事务所名称及审验情况，并说明变更后的累计注册资本实收金额"。而HF公司在本报告日前并未办理设立验资，故而验资报告审计方向错误，所得出的结论不具有法定证明效力。

2.该准则第13条对于增资或减资的审计范围规定"……审验范围包括与增（减）资相关的出（减）资者、出（减）币种、出（减）金额、出（减）时间、出（减）方式和相关的会计处理……"验资报告仅仅提供了出资的时间、金额和币种，未提及相关的会计处理，即企业收到出资后财务的账务处理，无法判断资金的用途或是否存在抽逃出资的行为。

3.注册会计师未按照公司章程约定的出资比例进行审计，验资报告不能反映公司股东的实际出资情况。HF公司成立于2016年11月××日，股东为徐某某（持股比例80%）、丁某某（持股比例20%）。公司于2018年10月1×日进行第一次变更登记,徐某某将本人所持有的公司80%的股份全部转让给丁某某。验资报告附件显示,截至2018年10月1×日,股东出资额为892,000元,与100万元认缴注册资本尚差10.8万元。其中徐某某缴付出资20万元,与其应缴80万元相差60万元,徐某某未能足额履行出资义务即转让股份,该客观事实在验资报告中未得到体现。

(二)验资报告不具有时效性,不能真实反映HF公司的注册资本的实收状况,该报告不能成为徐某某、丁某某免除股东义务的证据被加以采信

验资报告附件显示,丁某某、徐某某向HF公司注入"投资款"的时间段始于2017年1月××日,止于2018年11月1×日,共计投入资金1,228,900元,其中100万元作为实缴注册资本,228,900元转为资本公积处理。而验资报告系于2020年11月××日作出,时间差距接近两年。注册会计师仅仅凭借转账时备注的"投资款"就视同为股东向企业缴付注册资本金,而没有实质性审查这些"投资款"的用途以及是否存在抽逃行为。我们注意到该验资报告出台的现实背景是(2020)粤××××民初328××号案件之后,本案的立案日期是2020年9月11日,丁某某、徐某某的目的性十分明确。投入HF公司的1,228,900元资金可能用于支付货款,可能用于发放工资,可能用于支付税费……不能仅仅凭借备注的"投资款"就认定为缴付注册资本,而不去审查所投入资金的真实用途。如果这些投入的本意正是缴纳注册资本,则验资行为早在2018年100万元注册资本认缴届满时就应当委托注册会计师及时作出审计。事实上,HF公司此前从未做过验资,其股东对此心知肚明,公司章程设立登记和变更登记的内容亦足以证明:

1.2016年11月××日公司设立时,章程第13条规定:"经全体股东一致约定,股东认缴出资额分期缴付,首期缴纳人民币0万元,2026年11月3日前全部缴付到位。"

2.2018年10月1×日变更登记时(徐某某将80%股份以1元的价格转让给丁某某),章程第14条规定:"经股东决定,股东认缴的出资额已于公司注册登记前足额缴纳。"

已知,该章程条款所显示的内容是虚假的。

3.2018 年 11 月 2×日变更登记时(丁某某将 20% 股份以 1 元的价格转让给向某某),章程第 13 条规定“经全体股东一致约定,股东认缴出资额于 2026 年 12 月 29 日前全部缴付到位。”

可知,股东并不认为已经履行出资义务。

4.2019 年 12 月 1×日变更时(丁某某将 80% 的股份以 1 元的价格转让给向某某),章程第 14 条规定“经股东决定,股东认缴出资额由股东根据公司实际经营需要决定出资计划,股东出资额于 2029 年 12 月 31 日前缴足。”

可见,截至 2019 年 12 月 1×日,股东同样不认为已经履行出资义务。

未履行出资义务即转让股份只是股东可能承担连带责任的一种情形,即使履行了出资义务却抽逃出资或转移、隐匿公司资产的同样应当承担连带清偿责任。

质证意见发表完毕。

质证人:RJ 公司

二〇二一年一月××日

七、对全案证据综合发表质证意见

吴某某质证意见

吴某某对于被申请人 DB 公司×分公司(以下简称 DB 公司)提交的四组共 20 项证据材料发表以下质证意见:

(一)对于第一组“关于解除劳动关系情况”即证据 1、证据 2 的真实性予以认可,但被申请人认为吴某某“不服从管理、消极怠工以及不诚信”属于严重违纪且违反基本的职业道德和劳动纪律的认定,缺乏事实依据和制度依据,构成违法解除劳动合同,不具有合法性。

(二)对于第二组“关于劳动关系解除的制度依据”即证据 3、证据 4、证据 5

的真实性予以认可。被申请人提供的《DB公司员工手册》《DB公司奖惩管理制度》均为节选，只列举哪些行为是一般违纪、哪些行为是严重违纪，没有提交"第四节处罚流程"，故无法判断被申请人对吴某某的处罚是否符合约定的程序。此外，《解除合同通知书》及《通知函》均认定吴某某的行为构成"不服从管理、消极怠工以及不诚信"，违反了"基本的职业道德"和"劳动纪律"，但是前述三种行为并不包括在《DB公司奖惩管理制度》第三章第二节第14条第1款第(1)项"职业道德类"第1目禁止的九类行为中，吴某某不存在"违反基本的职业道德"的行为，却被认为严重违反该"职业道德"而处罚。被申请人在《证据目录》中解释"弄虚作假"属于违反职业道德的严重违纪行为，但《解除合同通知书》并未提及吴某某存在弄虚作假的行为。而证据5《确认函》列举了44个规章制度，吴某某签名确认已经阅读并知悉"包括但不限于"该44个在内的公司全部规章制度，这是典型的基于无效格式合同条款出具的非本人真实意思表示的承诺，是典型的以形式上的合规掩饰企业滥用管理权。企业制订的规章制度或者劳动纪律，不具有公布即生效的法律属性，也不是简单地把数量庞大的制度告知员工就表示员工真的已经知悉。员工在被申请人提供的格式《确认函》上的签名不能作为免除被申请人依《劳动合同法》第4条所应当承担的责任和义务。

(三)对于第三组"关于劳动合同解除的事实依据(未提交工作日报)"即证据6～13形式上的真实性予以认可，对于其内容的真实性不予认可。该组证据强调的是作为部门主管王某发出的管理指令，即要求吴某某提供工作日报，如果不回复视为旷工和不服从工作安排。依《DB公司员工手册》，不服从管理/不服从工作安排或消极怠工的行为"经3次(含)以上正式通告后仍不执行的"视为严重违反公司制度的行为。暂且不论吴某某是否没有满足王某的交日报的要求，也不论是3次还是更多次，被申请人并未正式"通告"吴某某。请注意制度规定是需要"正式通告"而不是在邮件、微信、群聊中的"通知"。被申请人提交的该组证据只能说明王某有数次提醒吴某某要交日报的记录，但不是以公司层面的名义正式向吴某某发出通告。且吴某某提交的证据已经证明其已履行了作为员工的服从义务，解释了其和王某之间存在的矛盾，其多次要求王某的上级刘某某、总监张某某、人力资源方某某协调矛盾同时主动要求调离。按照被申请人的规章制度的规定，当员工业绩不达标时可对该员工启动PIP（绩效改进计划），“员工拒不接受PIP及拒不接受公司提供的培训机会或调整工作岗位的安排”的，才构成严重违纪。请注意在PIP与培训、调整之间使用的连接词是“及”而不是“或”。而吴某某并未被正式通知PIP，也没有得到培训计划，连主动要求调整岗位也未得到回应。该组证据所反映的内容恰恰证明“提交日报”只是表面的形式要求，其实质是被申请人通过开展违法的“末位淘汰”或者“竞争上岗”机制以达到单方与吴某某解除劳动合同的目的。

（四）对于第四组“关于劳动合同解除的事实依据（不在工作岗位、未按要求外勤打卡等）”即证据14～20形式上的真实性予以认可，对于其内容的真实性不予认可。该组证据强调的是作为部门主管王某发出的指令，要求提供外勤报备和证明。同时被申请人提交了单方制作的《监控视频到岗情况统计》（202×年3月、4月、6月、7月）及视频截图，以证明吴某某工作时间离开工作岗位。吴某某对此回应：第一，本人是业务人员，在公司强大的任务指标压力之下，必须外出拓展业务；第二，本人上下班按时打卡，不存在旷工和缺勤；第三，本人在办公区域走动不等于离开，要证明本人擅自离岗需提交上班时间走出公司大门的视频而不是离开座位的视频，吴某某即使走出公司大门也是为了拓展业务，是履行工作职责的表现。换言之，《监控视频到岗情况统计》统计吴某某外勤的次数越多，就越能说明吴某某勤勉尽职，为了完成任务指标在不懈努力。该行为对应的规章制度或劳动纪律的约定是“12个月内累计旷工3天或连续旷工2天及以上”“12个月内累计迟到、早退、私自外出达12次或以上”。被申请人没有证据证明吴某某存在上述情形，也没有证据证明吴某某存在视为旷工的情形，《解除合同通知书》也没有提及吴某某是由于旷工而被解除劳动合同。该组证据不足以认定吴某某存在符合解除劳动合同的事实。该组证据反映的内在实质依然是被申请人通过开展违法的“末位淘汰”或者“竞争上岗”机制以达到单方与吴某某解除劳动合同的目的。

综观被申请人提交的全部证据材料，首先，认定吴某某“违反基本的职业道德”缺乏事实依据和制度依据；其次，处罚依据和处罚程序不透明；再次，所有的所谓严重违纪行为未经企业的查证属实，也未得到吴某某的认可；最后，无论是未执行主管的不合理要求还是外勤没有报备，均与劳动合同约定的工作内容不相关，也远远没有达到严重违纪的程度。被申请人滥用企业自主管理权，违法开展“末位淘汰”“竞争上岗”单方违法解除劳动合同，其提交的证据足以证明该企业奉行的是效益至上、利益至高的资本原则，缺乏企业的社会责任感，漠视员工的正当合法权利，构成违法解除。

质证意见发表完毕。

质证人：吴某某

二〇二一年十月××日

第三节　关于证人不得不说的话题

根据诉讼法的规定，凡是知道案件情况的单位和个人，都有义务出庭作证。待证事实与其年龄、智力状况或者精神健康状况相适应的无民事行为能力人和限制民事行为能力人，可以作为证人。不能正确表达意思的人，不能作证。

然而在实践中证人作证的意愿不高，许多人奉行事不关己，明哲保身的处世哲学。特别是与讼争双方都相识的人，不答应原告的请求面子上过意不去，答应了原告的请求又担心得罪被告，反之亦然。

与刑事诉讼不同，民商事诉讼中的证人一般都与申请方存在亲属、近邻、朋友、同事、商业往来、隶属、管理与被管理等关系，可能出于维护亲情、友谊，报恩，维护自身利益或泄愤等考虑，不能完全如实陈述甚至做虚假陈述。因此民事诉讼法对于证人亦作了较严格的规定，主要有：(1)人民法院在证人出庭作证前应当告知其如实作证的义务以及作伪证的法律后果,并责令其签署保证书,证人拒绝签署保证书的,不得作证,并自行承担相关费用。(2)证人应当客观陈述其亲身感知的事实,作证时不得使用猜测、推断或者评论性语言。证人应当就其作证的事项进行连续陈述。(3)证人作证前不得旁听法庭审理,作证时不得以宣读事先准备的书面材料的方式陈述证言。(4)证人经人民法院准许,以书面证言方式作证的,应当签署保证书;以视听传输技术或者视听资料方式作证的,应当签署保证书并宣读保证书的内容。(5)证人因履行出庭作证义务而支出的交通、住宿、就餐等必要费用以及误工损失,由败诉一方当事人负担。(6)当事人及其诉讼代理人对证人的询问与待证事实无关,或者存在威胁、侮辱证人或不适当引导等情形的,审判人员应当及时制止。(7)证人故意作虚假陈述,诉讼参与人或者其他人以暴力、威胁、贿买等方法妨碍证人作证,或者在证人作证后以侮辱、诽谤、诬陷、恐吓、殴打等方式对证人打击报复的,人民法院应当根据情节,对行为人进行处罚。

诉讼法规定,审判人员可以对证人进行询问。当事人及其诉讼代理人经审判人员许可后可以询问证人。申请传唤证人一方的当事人或其代理人对证人的询问称为主询问,目的主要是利用该证人的证言证明自己的主张或争执的事实。主询问不得提出诱导性的问题,如不得让证人简单地回答“是”或“不是”,而是应当让证人按照自己的意图和需要进行陈述。对方当事人或其代理人对证人的询问称为反询问,一是为了借助证人的陈述实现己方当事人的证明目的;二是借证人证词的矛盾和不实,以证明证人的证词不可靠;三是对该证人的品格、前科、声誉等缺陷主张该证人不堪信任,以达到否定或削弱证人证明力的目的。反询问之后,是否允许再询问由审判人员决定。证人结束作证后,双方可对该证人的证词发表质证意见。

一、反询问一般应从哪些方面展开

1. 询问证人与申请人之间的关系、与案件处理结果有无利害关系。在证明同一事实的数个证言中，与当事人有亲属关系或其他密切关系的证人提供的对该当事人有利的证言，其证明力一般小于其他证人证言。

2. 询问和了解证人的品德、前科和口碑等，若该证人曾因进行虚假陈述被司法机关处理，曾因诈骗、敲诈勒索等行为被追究刑事责任，则该证人所作的证言不能轻易作为认定案件事实的依据。

3. 询问证人对所了解的案件事实的来源，是直接耳闻目睹或亲历案件事实的，还是听他人讲述而间接得知案件事实的，因为原始证据的证明力一般大于传来证据的证明力。

4. 询问证人感知案件事实时的客观环境和条件。距离的远近、光线的明暗、有无障碍或遮挡、背景噪声等均能对证人的感知力造成影响。如在机器轰鸣的厂房内听见旁人的私语，在车水马龙的大街上看见远处店铺内发生的拉扯，在有人员来回走动和背影遮拦的环境下看清他人电脑屏幕上显示的文本信息等，都需要进一步查清环境干扰因素。

5. 证人的感知力、记忆力、表述能力、方言口音以及生理及精神状况等都可能影响证人的证言。年龄越大或越小在正常情况下其感知能力较普通的成年人要弱。距离案件事实发生的时间越久远，人们的记忆力会出现由清晰到模糊再到遗忘的退化。表达力因人而异，要注意了解案情但表述不清与不愿意如实陈述而语焉不详的区别。在南方地区尤其要注意证人所使用的方言，不是每个人都能说好普通话，确实有人不知道该如何使用普通话表达自己的意思，同时还要注意只会说普通话的证人能否在他人使用方言交流时获取有关案情的讯息。对于明显处于醉酒状态、吸毒幻觉状态、中毒状态等不能正常感知或正确表达的证人所提供的证言，不得作为证据使用。

6. 注意发现证言有无前后矛盾，有无违背常识、逻辑的可疑之点。证人出庭前都有所演练、有所准备，包括如何回答反询问，但每个证人因其阅历、智力、反应力、临场应变能力不同，如果其陈述确有不真实之处，很难做到滴水不漏、始终能够自圆其说。发现并追问证言中的破绽，往往能取得削弱其证明力甚至否定其证据效力的效果。

证人证言在某种程度上来说是很脆弱的。笔者认为，如果不是必须需要证人对已有证据进行补强（如民间借贷使用现金交易，出借人无法提供转账记录但借款时有证人在场的），或者待证事实必须有证人出庭证明，一般不建议使用证人证言证据。事实上，在民商事诉讼中，使用证人证言的比例呈明显下降趋势，人民法院对于证人证言的采信也越来越慎重，需通过对证人的智力状况、品德、知识、经验、法律意识和专业技能等的综合分析才能作出判断。

二、对证人的反询问

案例1 某物权纠纷案

【案情简介】

原告A等主张登记在被告B名下的若干栋厂房系其家族投资，虽然登记在B的名下，但建房的资金源于家族投资企业的盈利，企业盈利属于家族共有，故厂房也是家族共有，A等提起确权之诉。B与C是夫妻关系，A等与B均认为该厂房不属于夫妻共同财产，C无权主张分割，C闻讯以有独立请求权的第三人参加诉讼。诉讼中，A等申请D（企业员工）出庭作证，事先已经提交D签名的证人证言一份，其大意是：我是某企业的老员工，听说这家企业是A等与B的家族企业，我知道A才是企业真实的投资者和实际控制人，我还听说经营企业的资金均源于A的家族。

【C的委托代理人对该证人的反询问】

前略。

问：代理人注意到刚才书记员让你签署了法律文件，请问那是一份什么文件？

答：不知道，我没看。

问：刚刚你签署的是证人的保证书和权利义务告知书。代理人注意到了，你连看都没看就签名、捺印了。你应该知道在法律文书或证词上签名、捺印是会产生法律后果的吧？

答：我知道。

问：代理人手中有一份你本人签名、捺印的证人证言，其内容与你刚刚在法庭上陈述的基本一致。代理人注意到该份证人证言只有你的姓名、身份证号码，落款处的签名是手写的，其余的包括日期都是打印的，你能否解释一下：为什么不是全部手写或者全部打印呢？

答：可能是打印的时候还不知道我的身份证号码吧。

问：你的这份证言的内容是你自己在电脑上写好打印出来的还是别人写好打印出来的呢？

答：是别人写好打印的。但是内容我是知道的，是属实的。

问：你是说由你口述别人帮你输入电脑再打印出来的吗？那为什么不连同你的名字及身份证号码一起告诉别人呢，而是要空出来由你在打印件上手写？

答：……应该是当时身份证不在身上，号码我不记得了。

问：当时把自己的名字也忘记了吗？

答：……

问：这个在电脑上输入文字的"别人"是谁？

答：我的同事，办公室的，叫刘某某。

问：我这里还有一份证人证言，证人的名字也叫刘某某，他们是同一个人吗？

答：这个……我不知道。

问：你在公司负责什么工作？

答：生产管理，主要是品质控制。

问：你说A才是企业真实的投资者和实际控制人，企业的运营资金都源于A的家族投资，请问你是否负责掌管A家族的投资资金？你是通过什么渠道得知A对企业的投资情况的？

答：这个情况公司的老人都知道的。

问：代理人注意到，你在证言中多次使用了"听说"这个词，能否具体说明是听谁说的？

答：……

问：能请你回答这个问题吗？是听谁说的？

答：……（长时间不语）

代理人：审判长，代理人询问完毕。

这是一起典型的虚假陈述。证人的身份决定了其不可能证明待证事实，投资行为靠的是数据，证人证言本身就起不到证明作用，加之该证人庭前准备也不充分，连自圆其说的基本能力都不具备，简单的反询问就能否定该证据的效力。

案例 2 某离婚后财产纠纷案

【案情简介】

案情前文已有介绍，简单回顾一下：某男与某女离婚，双方签订离婚协议，把一套在结婚前由双方共同出资购买、登记在女方名下的房产给男方，由男方在 5 年内向女方支付补偿款 10 万元。10 万元补偿款支付完毕女方须配合男方办理房产过户，男方取得所有权，如男方 5 年内未能完成补偿款的支付，则男方自愿放弃该房屋的所有权。后因女方不配合办理过户，男方提起离婚后财产纠纷诉讼。原告提交的证据中包括女方出具的两张收据，分别是于 2014 年 8 月 29 日出具的《收据》，内容是“今收到 × × 第一次支付离婚协议房屋赔偿款 2 万元整”和于 2017 年 4 月 13 日出具的《收据》，内容是“今收到 × × 一次支付 8 万元整离婚协议房屋赔偿款，此款已清，随时可过户给 × ×”。女方对此不予承认，认为真实情况是男方只支付了 5 万元补偿款，并对为什么出具收据进行了解释。男方在开庭时申请证人易某某出庭作证，易某某的证人证言大意为：我和男方（原告）是朋友关系，男方因为钱不够而向我借款，我陪同男方一起在银行与女方见面，当面交接款项，我见证了整个过程，男方一共向女方支付了 8 万元现金，女方打了收据，情况属实。

【女方的委托代理人对该证人的反询问】

前略。

问:请问当时原告一共带了多少钱?

答:8 万元。

问:都是现金吗?

答:都是现金。

问:请问还记得面额吗?

答:都是 100 元的。

问:你说其中有 3 万元是你借给原告的?

答:是的,是我从银行柜台取出现金交给他的。

问:原告向你写了借据吗?

答:……好像后来补写了一张,记不清了,我们是好兄弟,写不写借条都无所谓,不像女方没有人品,拿了男方的钱还不认账……

问:(打断)请你如实陈述事实,不要对他人人品发表不恰当的评论。除了你借给原告的 3 万元现金,剩余的 5 万元你知道是怎么来的吗?

答:我朋友说向他妈妈借了 2 万元。其余 3 万元应该是他自己的。

问:女方收到钱以后做了什么?

答:她存到银行里面了。

问:她是把钱存到你们交接款项的那家银行(邮政储蓄银行 × × 支行)吗?

答:是的。

问:你亲眼看见的吗?

答:我亲眼看见的。

问:是把 8 万元现金全部存入银行了吗?

答:是的,全部存了。

问:她有没有只存入部分,自己留用部分现金呢?

答:没有,她全部存到银行里面了。

问：审判员，代理人询问完毕。

该证人借款3万元给男方应该是属实的，但是在女方收到8万元现金的问题上撒谎，是出于友情帮助男方。因为女方提交的银行存款记录显示，当日女方存入银行的款项是5万元，其中4万元是定期，1万元是活期，而证人坚持女方将收到的全部现金都存入了银行。其证言从反面印证了女方当天只收到5万元的陈述是真实的，于我方有利，补强了我方的证据。

本编共三章十一小节，从管辖异议、申请追加共同诉讼当事人到引导委托人客观答辩和理性反诉；再从破拆对方的证据壁垒，构筑本方防卫体系到如何组织和发表质证意见；又从注重类案检索、提高预判裁判结果的准确性到有效制定应诉方案等不同方面，探讨了被告人及其代理人应对诉讼的基本策略和应对方法。目的是与读者分享一般性的办案思维，而不是指导读者应当怎么做或不能怎么做。个案之间千差万别，对策方略因案而异，不同的诉讼手段都是为实现诉讼目的服务的，不能一概而论。

· 案例分享 ·

某买卖合同、合作合同纠纷案

2020年××月××日蒋某某与SY公司签订《设备销售合同》，蒋某某购买3台“KN95全自动口罩机”，单价130万元/台，总价390万元。3台口罩机均已向蒋某某交付，蒋某某向SY公司支付设备款360万元，还有30万元未支付。同日，蒋某某、SY公司、ZJST公司三方签订《口罩生产合作协议》，约定蒋某某以3台设备作为投资，ZJST公司提供生产场地、人员和口罩订单合作生产口罩，SY公司为设备提供后续保障服务，同时保证口罩机满足不低于6 pcs/日产能，合格品率须达到97%，ZJST公司还作出“每台机每个月保底生产48万个口罩”的兜底承诺。所生产的口罩成品ZJST公司分得70%、蒋某某分得20%、SY公司分得10%。后由于口罩市场发生巨变,ZJST公司根本无法提供口罩订单,导致蒋某某投入的设备闲置,合作生产口罩未产生任何效益。蒋某某不能接受投资失败的现实,向法院提起诉讼。

涉案两个合同涉及两个法律关系,即蒋某某与SY公司因履行《设备销售合同》而产生的买卖合同关系,以及蒋某某、SY公司、ZJST公司因履行《口罩生产合作协议》而产生的合作合同关系,蒋某某明知ZJST公司已无清偿能力,而对于《设备销售合同》又挑不出毛病,因此在诉讼时有意弱化了ZJST公司的责任,将不能实现合同目的的原因归结于口罩机设备存在质量问题,不能达到产能和合格率指标。其诉讼请求为:1. 判令解除《口罩生产合作协议》;2. 判令被告SY公司、ZJST公司向原告蒋某某返还投资款360万元并支付利息。

从原告蒋某某的诉讼请求及事实和理由可知,其要求返还投资款360万元实质上就是要求退还设备款,而不是由于履行《口罩生产合作协议》而发生的损失或依协议约定产生的违约责任。SY公司的代理人提出以下意见:

1. SY公司在与蒋某某签订的《设备销售合同》中没有对设备的良品率、产能等作出任何承诺,对于退货和退款,合同只约定了两种情形,即合同第6条第1款第2项和第3项,一种是在双方协商同意的前提下,另一种是在"甲方设备出现严重品质问题导致做不出成品口罩"经乙方书面提出解约合同的前提下。显然,本案并不存在上述两种情形。蒋某某起诉名为返还投资款,实际上是请求退货和退款,没有合同和事实依据。

2.《口罩生产合作协议》第1条明确合作"生产、销售KN95、N95口罩"的双方是蒋某某与ZJST公司,SY公司并未参与他们之间的口罩合作生产和销售,只是作为设备供应方提供设备维护保障服务工作,换言之,SY公司作为丙方加入协议只是售后服务的延伸。

3. 蒋某某提交的证据《生产日报表》可以证明,自202×年4月30日至5月31日不连续的21天的《生产日报表》数据反映,ZJST公司每天每台机只能提供几千个口罩的订单,造成蒋某某投入设备闲置至今,未产生效益。

4. 如此低的生产计划数量不足以检验口罩机的实际产能，不能得出口罩机达不到产能指标(6 万片)的结论；同样，日产 6 万片、合格 5.8 万片，合格率约 96.66%是建立在 6 万片的采样基数之上的，1 万片甚至几千片口罩的产量所得出的合格率不能得出口罩机“良品率不达标”的结论。蒋某某将合作失败归咎于设备原因，同样没有证据予以支持。

经过审理，受诉法院作出判决：

“本院认为，原告与被告 SY 公司签订的《设备销售合同》及原告与被告 SY 公司、ZJST 公司三方签订的《口罩生产合作协议》均是各方当事人真实意思表示，未违反法律、行政法规的强制性规定，合法有效，各方均应依约履行。上述合同中存在两个法律关系，即原告与 SY 公司之间存在三台口罩机的买卖合同关系，原告、ZJST 公司及 SY 公司之间存在合作合同关系。口罩机买卖合同仅发生在原告与 SY 公司之间，与 ZJST 公司无直接法律关系。

本案为买卖合同关系，故本案仅处理买卖合同关系中的权利义务关系。原告主张 ZJST 公司未能提供足量订单及产能、良品率不达标，均属 ZJST 公司履行合作协议的合同义务，故原告对 ZJST 公司的诉讼请求，本院在本案中不予处理。

原告要求 SY 公司退还投资款即货款的理由为 SY 公司提供的三台口罩机存在延期交货及质量问题。关于延期交货，《设备销售合同》中约定交期为收到全款后 202×年 4 月 19 日交机完成，括号内备注‘因物料供应原因，延期属正常’，证明双方对延期交货有一定预期，对合理的延期交付能够接受。且原告收货后从未与 SY 公司就交货时间发生过争议，原告亦未举证证明延期交货给其造成损失。因此原告以此为由主张退货，依据不足，本院不予支持。

关于口罩机的质量问题，本院认为，原告与 SY 公司没有约定口罩机的具体标准，即买卖标的为非标产品，不存在司法鉴定的基础。原告收货后，已经使用涉案三台口罩机开始进行生产，从原告提交的《生产日报表》显示口罩机运行过程中存在鼻线卡、高温胶条破损、焊头有毛刺等情况，产能未能达标。然而仅凭上述证据不足以证明产能不达标的原因为口罩机质量本身不合格。本院认为，口罩机是否全部开机运行、口罩材料是否合格、操作口罩机的技术能力是否达标、气压是否稳定等，均能直接影响口罩机的生产产能及良品率。原告以上述理由主张质量问题，并要求 SY 公司退还货款，理由并不充分，对原告的全部诉讼请求，本院不予支持。

判决如下：驳回原告蒋某某的全部诉讼请求。”

第三编 定输赢

第七章
庭审舞台

前文我们用较长的篇幅分别从原告代理人的角度和被告代理人的角度探讨了代理民商事诉讼案件的思路、步骤和方法。诉讼地位的不同决定了各自侧重点有所不同,但其中很多方法或策略对于原告和被告同样都是适用的,并不存在绝对的区分。下面的章节不再区分当事人的诉讼地位,因为法庭审理是整个诉讼的核心环节,无论原告希望达成胜诉的目的还是被告希望减轻责任、减少损失或反败为胜,都须经过庭审这场“大考”的检验。如果一审的结果对己方不利,谋求二审改判是最后的司法救济途径。本书将一审庭审和二审单独作为一编,旨在强调二者在民商事诉讼程序中的重要性。

即使二审败诉当事人当然还可以申请再审,申请检察建议或者抗诉等审判监督程序,但审判监督程序只是两审终审制度的例外情形,本章节不做论述。

第一节　以审判为中心,做好庭前准备

2014 年 10 月 23 日党的第十八届中央委员会第四次全体会议审议通过的《中共中央关于全面推进依法治国若干重大问题的决定》这一纲领性文件,是一个标志性事件,拉开了司法改革的大幕。2017 年 2 月 20 日最高人民法院《关于全面推进以审判为中心的刑事诉讼制度改革的实施意见》(以下简称《实施意

见》)进一步明确要求“通过法庭审判的程序公正实现案件裁判的实体公正。发挥庭审在查明事实、认定证据、保护诉权、公正裁判中的决定性作用,确保诉讼证据出示在法庭、案件事实查明在法庭、诉辩意见发表在法庭、裁判结果形成在法庭”,确立了“以审判为中心”的司法制度改革。

《实施意见》虽然是针对刑事诉讼而发布,但《实施意见》确立的“确保诉讼证据出示在法庭、案件事实查明在法庭、诉辩意见发表在法庭、裁判结果形成在法庭”的原则同样适用于民商事诉讼。或者说,民商事诉讼的特点决定了平等主体之间的诉讼活动必须围绕“以审判为中心”而展开。

审判权是宪法赋予人民法院的权力,审判即审理案件并给予判决。审是手段和过程,判是目的和结论。开庭审理是人民法院行使审判权最主要的表现方式,书面审理只是特殊情形下的例外。庭审既是实现当事人诉讼目的的战场,也是代理人展示专业技能的舞台,其重要性显而易见。

庭审一般由法庭调查、法庭辩论和宣判三个阶段组成,当然是否当庭宣判视情况而定。大多数民商事诉讼只有一次开庭审理的机会,为了取得好的庭审效果和裁判结果,庭前准备不可掉以轻心,须做到周到、充分。

笔者认为,以下这些开庭前的准备工作非常重要:

1. 按时出庭。按照传票或出庭通知书上通知的时间、地点参加庭审是律师履行职责最基本的要求。除了不可抗力,任何借口或理由的迟到都是难以被原谅的;若是记错或遗忘了开庭日期导致没能出庭,则构成重大代理失误。原告经依法传唤未到庭的按撤诉处理、被告经依法传唤未到庭的缺席审理。这样的后果不是简单地重新起诉或提起上诉就能消除,也不仅仅是退还代理费或垫付诉讼费就能得到委托人的谅解,因此而导致败诉的甚至可能需承担裁判文书确定由当事人承担的给付义务。积极消除影响只是补救措施,如果不能得到委托人的谅解,如果委托人坚持向司法行政机关或律协投诉,那就还有更大的麻烦在后面等着。

“不按时出庭参加诉讼或者仲裁的”属于《律师法》第48条第(2)项规定的

违法行为。依《律师和律师事务所违法行为处罚办法》第 32 条第 2 款之规定，“由司法行政机关给予警告，可以处一万元以下的罚款；有违法所得的，没收违法所得；情节严重的，给予停止执业三个月以上六个月以下的处罚。”这是行政处罚。

《律师协会会员违规行为处分规则（试行）》认为，“不按时出庭参加诉讼或者仲裁的”构成“代理不尽责”，律师协会可“给予训诫、警告或者通报批评的纪律处分；情节严重的，给予公开谴责、中止会员权利三个月以上一年以下或者取消会员资格的纪律处分。”这是纪律处分。

遗忘开庭时间的主观原因是责任心不强，客观原因一般是收到开庭通知的时间距开庭日期过于久远，有的提前两三个月通知，个别极端的半年前就收到通知；还有一种情况是法院反复修改庭期，容易给代理人造成记忆混乱。为了避免此类低级错误的发生，我们要养成良好的工作习惯，收到传票或通知后要立刻录入电脑或手机相关软件设置提醒。笔者建议将所有未结案件设置成电脑背景或屏保，时刻提醒自己。

另一个常见的情况是庭期冲突。通常的处理方法是第一时间与后收到开庭通知案件的法官助理取得联系，告知开庭日期发生冲突要求变更庭期。并将变更开庭日期的申请书和先收到的另案的传票、通知书的复印件寄交法官助理，同时应备注该时间段前后其他已经确定庭期的案件和案号，以免调整后再次发生冲突，法院收到后一般会重新排期。但变更的请求也有可能被拒绝，常见的理由是被告的诉讼文书系公告送达或委托外地法院送达，若重新公告等将消耗大量时间；或者是案件已经接近审限，而法官后续排期已满，只能按现已确定的日期开庭。遇到这种情况要判断两个冲突案件的难易程度，做出取舍，主动与委托人取得联系，说明情况，将其中一个案件转委托给本所或他所我们信赖的同行办理。由委托人重新出具授权，与新的代理人妥善交接案件材料，详细告知案件的焦点、难点和疑点，确保委托人的诉讼利益。若委托人坚持对代理人不做调整，我们应当在再三释明后解除委托，退还已收取的代理费用。这种非本所本人原因的解除，不构成对律师职业道德和执业纪律的违反。笔者个人的原则是宁可失去报酬，绝不留下职业污点。

2. 重温案情。一个案件从接洽当事人、签订委托代理合同、准备起诉材料、立案、法院受理、举证再到开庭，经历的时间有长有短，少则一两个月，通常五六个月，多则超过一年。这期间我们还有许多其他法律事务需要处理，经过这么长时间，对案情的记忆可能已经不再清晰。开庭前几天我们一定要把案件仔细过一遍或几遍，对于重要的情节、观点、理由、依据要做到烂熟于胸，发现还有不明白的细节（尤其是技术性的、专业性的、贸易规则或交易习惯性相关的）要及时与委托人沟通，了解清楚，不留任何疏漏。如果委托人也希望出庭，庭前需针对审判人员及对方代理人可能的发问进行预演，让委托人掌握回答问题的技巧，避免踏入陷阱。还应向委托人详细介绍庭审诉讼程序和应遵循的法庭纪律，使其能与代理人相互配合，顺利完成庭审。

重温案情的另一个目的是审查起诉状的诉讼请求和事实理由是否需要变更和修改，因为案件到了开庭阶段，我们已经掌握了对方的应诉材料和应诉观点，有必要再次审视，发现问题及时纠正，不要沿着之前的设定固执地走下去。

3. 代理意见。我们对案件事实、诉讼请求、抗辩事由的观点和看法，是通过发表辩论意见、提交代理词来实现的。这里着重谈一下为什么要提前准备代理词。

我们的原则是无论案情简单还是复杂，都应当撰写书面的代理词，这既是律师代理工作的重要内容，也是结案后归档装卷必不可少的材料。我们的口头语言表达能力永远不及书面文字表达来得层次分明、逻辑清晰，我们的口音、语速、节奏也可能影响我们准确地表述真实的意思。再优秀的书记员也很难完整、准确地记录我们发表的观点和意见。书面代理意见并非一定要长篇大论，该简洁无须烦琐，该详尽力求严谨。便于审判人员知悉各方对于待证事实、争议焦点的看法和所依据的理由，在对案件裁判时通过综合判断全案证据、充分听取各方意见，决定应否支持当事人的诉讼请求。

准确地说，代理意见应当形成在庭审过程中。庭审的重点是法庭调查，通过双方举证和质证，就相关案情询问各方当事人，审判人员和诉讼参与人已经对争议事实有了初步的了解，审判人员会归纳案件争议焦点，引导各方围绕争议焦点发表辩论意见。但是这与提前准备代理词并不矛盾，我们都是从事法律服务的专业人员，判断和归纳案件的争议焦点是我们的基本技能，庭前撰写的代理词不至于与庭审查明的事实存在巨大的偏差。况且代理词不限于只围绕争议焦点，还要阐述基本案件事实和法律适用，个别确无明确法律规定可适用的，还需要我们从法学理论上、立法宗旨和立法本意上加以说明，这就更需要我们庭前收集和提炼信息。如果法庭调查阶段出现了新的情况或者对方当事人提出了我们意料以外的事实及理由，我们要充分发挥临场应变能力，不能固执地坚持庭前准备的辩论意见，而是要适时加以变通，庭后再向法庭提交修改后的书面代理意见或补充代理意见。

4. 整理证据。如同再次熟悉案情，庭前同样须对证据加深记忆。首先是要确定物证和书证的原物、原件以及视听资料、电子数据证据的原始载体已经准备好，需要公证固定的已经完成，展示或播放此类证据的设备或工具已经调试完毕；其次是根据案情和说明证据的需要，决定是否需要准备相应的演示文档以增强感知效果，便于审判人员更直观地理解证明目的；再次是依出示顺序整理证据，复印件和原件一一对应，一般按照证明目的排序，也可按照证据类型排序，切忌杂乱无章，让人摸不着头绪；最后是如果已经申请证人出庭，须与证人进行询问和反询问练习，告知证人其权利和义务，如果发现证人存在虚假陈述的嫌疑要果断排除该证人出庭。

庭前再次核实证据不仅是为了加深记忆，核心是核查在提交证据时是否存在疏漏。比如，买卖合同纠纷的合同（订单）、送货单、对账单、发票、进账单据等是否相符，能否一一对应。总金额、付款额、欠款额、发票额能否对应，如不相符有没有合理解释或证据予以证明。对每一个交易点的金额都要重新核对一遍并记录下来，面对法官的询问要能够信手拈来、对答如流，不要在开庭时临时拿出手机或计算器匆匆忙忙地统计数字,那样显得很不敬业,缺乏责任感。

5. 规范着装。2002 年 10 月 18 日司法部批准了全国律协制定的《律师出庭服装使用管理办法》和《律师协会标志使用管理办法》,规定律师担任辩护人、代理人参加法庭审理,必须穿着律师出庭服装。律师出庭服装由律师袍和领巾组成。该规定从 2003 年 1 月 1 日起施行。

中国律师出庭时穿律师袍出庭,能够直观地彰显律师独特的职业形象,体现律师职业的严肃性和崇高性,便于案件双方当事人以及审判人员、公诉人员等辨别身份。同时也提醒我们律师,铭记自己的职责,增强律师的社会责任感。

但实际情况是,该规定出台后十余年均未被严格要求执行,律师出庭着装比较随意,时至今日仍有部分地区的基层法院对于律师出庭的着装不做要求。笔者有很长一段时间也对穿律师袍出庭不以为然,因为广东地区夏季时间长、气温高,有些基层法庭条件还有待完善,空调效果差甚至没有空调,穿律师袍感觉闷热,因此认为没有必要,也嫌麻烦。但恰恰是一个基层法庭的年轻法官让笔者转变了观念,这名法官在开完庭后脱下法官袍,笔者看见他里面的夏季制服已经被汗水浸透了,便说"其实您没必要捂得这么严实呀",法官只简单地回答了一句:热也要穿啊,我这样是为了尊重法律。听闻此言,顿生感悟。着装不是为了彰显身份,而是为了尊重自身的职业、尊重庄严的法庭、尊重崇高的法律。想通了这一点,便不再对着装抵抗。

如果我们不了解受诉法院对于律师出庭着装是否有要求,开庭前一定要向跟案助理或书记员询问清楚,服从法庭的要求。一般的法院都设有律师更衣处,有些法院还提供律师袍备用,保证出庭律师的着装。

6. 养精蓄锐。庭审既是实现当事人诉讼目的的战场,也是代理人展示专业技能的舞台,为此要保持充沛的体能和良好的精神风貌。开庭前一天要健康饮食、保证睡眠,不宜过量饮酒或参与娱乐活动,也不要过于纠结庭审的细节或难点导致辗转难眠。在庭审时,良好的状态有助于技能的发挥,清晰的思辨有助于问题的阐述。在法庭上,精神萎靡不振,神色憔悴不堪,讲话模棱两可,动作拖泥带水等，可能会带来严重的负面效应，降低你的委托人对你的信赖，动摇审判人员对你所主张的案件事实建立内心确信。

7. 疫情防控。最后要谈谈新冠肺炎疫情常态防控下的注意事项。我们本来都以为这场2020年年初开始的疫情很快就会过去，但是截至本书完稿时疫情并没有结束的迹象。新冠肺炎疫情在全球范围内持续肆虐，给我们国家的疫情防控带来持续的威胁，这也不可避免地给司法工作带来持续的影响。我们都经历过看守所不安排会见或因视频会见窗口数量少不得不抢号预约的烦恼，在疫情高发期连续二三十天抢不到预约号也属寻常。而法院大量取消已经安排的庭期或匆忙以并不成熟的视频开庭方式代替，庭审效果大打折扣。“健康码”、“行程码”和“核酸检测阴性报告”是进入各地法院必须准备的通行证，且根据疫情的变化随时调整核酸检测阴性报告的有效期，一般要求48小时有效、72小时有效或7日内有效，甚至有“提交间隔48小时两次核酸检测报告”的更严格的要求。跟案助理或书记员一般会在庭前通知当事人和代理人，但我们绝对不能被动等待通知，在没有得到通知的情况下必须主动询问，避免因不符合条件被安检阻挡在法庭之外不能参加庭审的情况发生。

律师职业的特殊性决定了我们不可避免地需要去异地办案，中高风险地区肯定是要避免前往的，如有开庭需主动申请变更庭期或以远程视频方式开庭。出差前不仅要确定受诉法院对疫情防控的要求，还需了解目的地机场、高铁站、码头、车站等交通枢纽对抵达人员的管控要求以及返回时对返回人员的管控要求，不要因为一次外出导致被集中隔离或社区居家隔离，更不能因为疏忽大意感染上新冠病毒，给自己、家人、同事、密接者/次密接者带来巨大的麻烦。

以上开庭前的准备工作仅仅是笔者个人的经验归纳，并不具有结论性，更不具有指导性，大家应当根据自己手头案件的实际情况和难易程度有针对性地巩固记忆，确保开庭需要出示的材料没有疏漏。

第二节 庭审的核心在于查明案件事实

《民事诉讼法解释》第228条规定："法庭审理应当围绕当事人争议的事实、证据和法律适用等焦点问题进行。开庭审理前，书记员应当查明当事人和其他诉讼参与人是否到庭，宣布法庭纪律。开庭审理时，由审判长核对当事人，宣布案由，宣布审判人员、书记员名单，告知当事人有关的诉讼权利义务，询问当事人是否提出回避申请。"

程序性事项完成之后，进入法庭调查阶段。

法庭调查按照下列顺序进行：

(1)当事人陈述；

(2)告知证人的权利义务，证人作证，宣读未到庭的证人证言；

(3)出示书证、物证、视听资料和电子数据；

(4)宣读鉴定意见；

(5)宣读勘验笔录。

质证一般按下列顺序进行：

(1)原告出示证据，被告、第三人与原告进行质证；

(2)被告出示证据，原告、第三人与被告进行质证；

(3)第三人出示证据，原告、被告与第三人进行质证。

人民法院根据当事人申请调查收集的证据，审判人员对调查收集证据的情况进行说明后，由提出申请的当事人与对方当事人、第三人进行质证。

人民法院依职权调查收集的证据，由审判人员对调查收集证据的情况进行说明后，听取当事人的意见。

证据是本书的重点。在本书第三章"证据是胜诉的基石"中，我们从实操出发，站在原告的角度，对不同类型案件对应的证据材料应如何收集和判断，如何合理编排证据目录,如何呈现证据等进行了介绍;在本书第五章“应诉和反诉”中,我们从实操出发,站在被告的角度,对如何破拆原告的证据壁垒,如何构筑本方防卫体系进行了介绍;在本书第六章“质证技艺”中,我们从实操出发,站在诉讼代理人共同的角度,对如何在法庭上出示证据,如何发表质证意见,如何判断证据的三性以及证人出庭的注意事项进行了介绍,涵盖了民商事诉讼过程中证据运用的不同层面,已经介绍过的内容和观点在本节不再重复。

证据环节之后,审判人员会就案件相关事实向诉讼当事人发问,经过允许一方当事人及代理人也可以向对方发问。对发问的回答属于当事人的陈述,一方当事人陈述的于己不利的事实,或者对于己不利的事实明确表示承认的构成自认,另一方当事人无须举证证明。

一、查明案情:审判人员发问

有经验的代理人通过审判人员对案件事实的调查询问大体能够判断法官关注的重点和法官可能的裁判倾向,因此客观准确地回答发问是扩大优势或为数不多的扭转被动局势的机会。证据当然是证明待证事实的根据,但是回答发问可以进一步阐述证明内容或反驳对方的证明目的。

比如,被告以原告交付的产品的质量不符合合同要求进行抗辩,主张无须支付剩余货款或反诉要求原告赔偿损失。审判人员就质量问题向被告发问“有什么合同依据和事实依据”,被告及代理人需要以此为契机详细解读合同相关条款、技术要求、验收标准及己方提出异议的时间和方式。若审判人员进一步发问“与约定不符的具体表现在哪里”,如果是按样交付的,要拿出样品实物和交付实物,指出肉眼可见的不符并解释该不符给被告的销售造成的影响;如果有被告单方检测报告的需指出检测发现的问题;如果委托第三方鉴定的要指出检测报告的结论性意见。若审判人员再发问“即使原告交付产品与合同约定存在差异,该差异对你方实现合同目的有何影响”,我们需罗列此前举证环节已经出示过的损失统计表或客户拒收、异议、退换、扣款的凭据或产品堆放仓库无法销售的视频和图片等证据的相关内容,再次陈述该违约给被告带来的影响和造成的实际损失。

审判人员做上述发问,是因为审判人员已经注意到被告的抗辩事由,并且认为需要进一步审理查明该抗辩能否成立。同时还说明,审判人员对于被告提出的产品质量异议及影响程度尚未建立起内心确信,需进一步查证。

二、查明案情:代理人向对方发问

代理人庭前应当准备自己的发问提纲,对于可能影响待证事实判断、强化己方观点、削弱对方证据效力的关键点组织提问。提纲中的问题,如果审判人员已经问及便无须重复,若没有问及或虽然问及但求证目的不同的,经审判人员同意后向对方发问。发问应当针对与案件有关的事实,不能带有诱导性或强制性,问题与问题之间应相互关联,共同指向待证事实。同时发问应当有技巧性,对于明知对方会给予否定性回答的问题要迂回展开,层层铺垫,逐步接近实质,最终获得希望的答案。

如某提供劳务者受害责任纠纷案。原告的丈夫从事空调安装和清洗工作,挂靠在A公司名下,双方未签订劳动合同,也未形成固定的用工关系,当有业务时由A公司通知原告丈夫带人上门安装或清洗,双方业务分成。在某次高楼户外维护空调主机时,原告丈夫不慎从高空坠落,经抢救无效死亡。因对死亡赔偿无法达成一致,原告向法院起诉A公司和房屋业主。房屋业主因事故发生时已经支付了一笔抢救费,不愿意继续承担责任,故对于原告的起诉不答辩、不应诉。而A公司辩称这次发生坠亡事故的工作并非公司安排的,而是死者自己承揽的私活,公司对于原告的不幸表示同情但不应承担责任。在法庭调查阶段,面对审判人员的询问,A公司诉讼代表坚持死者是承揽私活的说法,表示公司没有委派这次工作。原告代理人已经预料到A公司的说辞,在征得法庭同意后向A公司发问。

问:当客户有需要的时候一般是通过什么方式联系你们公司的?

答：主要是通过我们公司的广告，我们在小区电梯里投放了很多广告，客户按照广告上的电话联系我们公司。

问：是136××××××8这个电话吗？

答：是的，这个是我本人的电话。

问：刚才你也说过，和你们公司合作的安装师傅不止死者一个，如果需要派单的话，你是怎样通知安装师傅的？

答：一般是打电话，有时候也用微信语音或发短信。

问：如果，请注意我说的是如果，如果这次坠亡事故的工作确是公司委派的，你认为公司应当承担相应的赔偿责任吗？

答：安全问题要师傅自己负责，高空作业本来就很危险，安全问题非常重要，公司也经常强调安全。但是如果真的出事了，公司还是要负一点责任的，这个要看法院怎么判。

问：在质证环节，原告出示了死者当天的通话记录，上面显示9:17有一个号码为136××××××8的呼入通话，这是你与死者的通话吗？

答：是我打的电话。

问：电话里谈了些什么？

答：……主要是我们之间之前还有一些账目没有结清，公司方面认为已经付清了，对方不同意，双方争执了几句。

问：通话开始时间到通话结束时间仅17秒，双方在通话中都争吵些什么？

答：……没有说几句话。

问：死者当天的通话记录还显示，10:06原告的丈夫又拨通了你的电话，通话时长为11秒，这次通话后大约半个小时原告的丈夫坠楼身亡，那么这次通话又说了什么？

答：不记得了。

此时法官打断发问，认为相关事实已经查清了，代理人请求最后问两个问题，法官同意。

问:你们公司完成服务后,客户是怎么支付费用的?

答:客户直接给师傅也可以,给我或者公司也可以,再由公司与师傅按比例分配。

问:出事的这单业务,客户支付了费用吗?

答:没有。当时情况很危急,客户向医院垫付了2万元抢救费,后来客户要我公司退还这2万元费用,我们不同意。我们认为一码归一码,责任归责任,服务费归服务费,该收的费用公司是要收的……(长时间停顿)

问:原告没有问题需要发问了。

以上发问的逻辑顺序是:因房屋业主不应诉,所以不能通过业主查证该空调维护业务是否为直接向A公司发出委托。又因为知道A公司诉讼代表主张死者是承揽私活,故直接发问不会得到理想的答案。因此决定选择A公司不会拒绝回答的外围问题着手,首先通过了解客户委托业务的一般流程,确定公司作为承揽主体是普遍现象,同时锁定该公司诉讼代表的手机号码,使其对后续的通话记录无法否认;其次通过公司诉讼代表与常情不符的回答,印证原告的主张(第一个电话是公司通知死者前往处理空调维护业务,第二个电话应为死者抵达住宅区后再一次确定施工楼栋号和房号);最后通过询问客户的支付流程,利用公司方面推卸责任的心理,引导该诉讼代表急于澄清,不自觉地维护公司收取费用的权利,间接认可该委托业务源于A公司。原告代理人的发问取得了预期的效果。

缺席审理是一种比较特殊的情形。被告经人民法院传票传唤,无正当理由拒不到庭的可以缺席判决。被告未到庭,等于被告自愿放弃了答辩、举证和质证的权利,也就使原告失去了被告自认、默认案件事实的机会,客观上加重了原告的举证责任。被告缺席,质证环节和辩论环节被取消,由原告陈述证据的证明目的,审判人员的主要工作是核实证据的原件、原物,并就案件相关事实向原告发问,这也就使审判人员对证据的审核认定更加严格。

查明案件事实是庭审的核心任务。人民法院应当以证据能够证明的案件事实为根据依法做出裁判。可见案件事实才是裁判的根据,而证据又是查明案件事实的根据。审判人员应当依照法定程序,全面、客观地审核证据,依据法律的规定,遵循法官职业道德,运用逻辑推理和日常生活经验,对证据有无证明力和证明力大小独立进行判断,并公开判断的理由和结果。

第三节 用代理词绽放律师的精彩

影视剧总是毫不吝啬地展示律师在法庭上唇枪舌剑、慷慨陈词的场景,乐意渲染和放大律师们在法庭辩论(特别是刑事辩护)时的风采,也因此给很多委托人造成了只要律师口才好就能打赢官司的错觉。所谓外行看热闹,内行看门道,口才当然重要。律师发言时逻辑鲜明、声音洪亮、吐词清晰、抑扬顿挫再辅之以适度的身体语言,这确实能给委托人、对手和审判人员留下较为深刻的印象。但是再好的口才也比不过严谨的文字,不管是好的口才还是严谨的文字,都源自我们对案情的把握、对法律关系的认识、对法律适用的理解和临场的应变能力。

一、言简意赅、直切要害的发言更容易赢得法官的好感

其实我们每一个人都或多或少地存在表达困难的情况。很多时候我们对案件的看法就在心里,要表达的意思就在脑海,但就是很难形成令人满意的文字。只是把意思写出来不难,但要使文字层次分明、观点清晰、逻辑鲜明就不是那么容易了。如果既要做到文笔流畅、法理充分、思辨犀利,又能做到让阅读者(听者)一目了然、疑惑顿开、颔首认同,那就是更高层次的追求了。我们一再强调要当庭提交书面的代理词或庭后补充提交代理词,就是因为法律文书都是会附卷的。再精彩的口头辩论随着庭审的结束和时间的推移都将被淡忘,过一段时间后法官执笔裁判时,其手头能翻到的是证据材料、审判笔录和各方的代理意见,而不是我们曾经在庭审辩论时发出的声音。

辩论意见形成于庭审过程中,起诉和答辩揭开了庭审的序幕,一场高质量的

法庭调查基本涵盖了争议事实的各个方面,其中很多观点其实就是各方的辩论意见。根据个案的不同,我们并没有必要全文宣读代理意见,而只需撷取其中的主要观点,如每一条代理意见的段落标题,它是对该部分代理意见的归纳和提炼,具体的展开阐述以书面的代理词为准。但是很多年轻律师对此颇有顾虑,一是担心委托人花了钱请的律师竟然只说了几句话,会认为代理人不尽责或认为代理人水平低,二是认为自己辛苦得来的劳动成果如果不在法庭上完整展示出来会埋没了自己的才华,对不起自己的付出。这些顾虑也不是没有道理,程序法也确实赋予了代理人充分发表观点和意见的权利,法官不应无端打断甚至制止。但是我们必须认清一个现实,没有一个法官喜欢长篇大论的律师,至少是不喜欢颠三倒四、重复啰唆的律师。言简意赅、直切要害的发言更容易赢得法官的好感,也更容易让法官记住我们的观点。

庭审进入相互辩论阶段就已经进入尾声,说过的观点无须重复,对方的反驳意见如无实质性的突破也无须争辩,争做最后一个结束辩论的人并不当然就是诉讼的赢家。

笔者在这里澄清一下上述观点。笔者没有任何约束律师权利的想法,也不存在为了迎合审判人员的感受而主动降低服务标准的意思。笔者提倡的是在节省时间的同时提升庭审的质量,用文字替代多余的语言,以达到更理想的效果。

二、篇幅可长可短,但必须逻辑清晰、层次分明、论证得体

案例1 洪某与陈某某等物权纠纷案

辩论意见如何发表从来都不能一概而论。有些案件由于案情复杂,涉及众多法律关系或牵连其他另案诉讼,为了使合议庭成员全面了解讼争的前因后果,就有必要详细发表代理意见。

例如,本书第三章第二节提及的洪某(女)与被告陈某某(我国台湾地区居民)离婚案,第三章第五节《书证提出命令申请书》列举的某物权纠纷案,以及第六章第三节案例1列举的对某物权纠纷案证人的反询问,就是与该案存在关联

的案件。

【案情简介】

洪某(女)提起离婚诉讼,要求与陈某某离婚并依法分割夫妻共同财产。但陈某某不愿意洪某分割其财产,主张其名下的公司资产、房产实质上是由其父亲与两个弟弟四人共同投资的,陈某某本人只占有25%的份额,换言之,洪某作为陈某某的配偶,只能主张其中12.5%的份额。但是在离婚诉讼过程中陈某某关于家族共有的主张并未得到法院的支持,于是陈某某在离婚诉讼发回重审的第二审即将开庭之际,让其父亲、两个弟弟作为原告,以陈某某作为被告向法院提起物权纠纷诉讼,主张四栋厂房是家族投资建设,虽然登记在陈某某一人名下,但陈某某只是受家族委托代持,厂房实质上是家族共有,即父子四人各占有25%的份额。该物权纠纷的提起使洪某与陈某某之间离婚诉讼所涉房产分割陷入困境,如果按夫妻共同财产分割,万一物权纠纷诉讼认定厂房为陈某某家族共有呢?为避免离婚诉讼久拖不决,洪某在离婚诉讼中主动放弃了对涉案厂房的主张,转而以有独立请求权的第三人加入物权纠纷诉讼,独立主张对涉案厂房享有50%的权利份额,离婚诉讼得以终审。以下是代理人宣读的代理意见全文:

洪某与陈某某等物权纠纷案第一审代理词

(2020)粤××民初××号

审判长、审判员:

广东××律师事务所接受本案第三人洪某的委托,指派本律师担任陈某某之父、陈某某之长弟、陈某某之次弟与陈某某物权纠纷案中有独立请求权的第三人洪某的诉讼代理人,现发表以下代理意见,供合议庭参考。

本案虽然是物权纠纷,其实质是洪某与陈某某离婚案分割夫妻共同财产的延续,其目的是使洪某应得的财产份额从50%缩减至12.5%。本案的裁判结果不仅仅影响涉案厂房的分割份额,还势必对外资A公司的资产份额归属的认定产生直接的影响(洪某拟提起的离婚后财产纠纷诉讼)。可以说,陈某某精心策划的这起物权纠纷诉讼用意是深远的，陈某某意图全力一击，毕其功于一役，彻底终结洪某对尚未分割的夫妻共同财产中超过12.5%以上部分的念想。

但是，无论是从涉案企业发展的客观历史事实来看，还是从陈氏家族提供的证据材料来看，陈某某之父、陈某某之长弟、陈某某之次弟对于涉案企业（香港A公司、A塑胶厂、外资A公司）从未有过出资或股份受让、对涉案企业不拥有任何股东意义上的控制权和收益权。所谓委托陈某某代持的说辞经不起任何推敲，没有出资哪来的代持？出资是代持的前提和基础，代持只是外在表现形式。以下客观事实和证据材料足以证明，原告对涉案房产的诉求完全没有事实依据，其诉请应予驳回：

（一）我们先简单回顾一下涉案企业的发展历程

20世纪90年代初，陈某某随一群台湾地区的老乡来到广东寻求发展机遇，开始是帮其他台湾地区的老板打工，后来自己购买一台二手的塑胶机为其他台企代加工。1994年起，为了使小加工作坊成为“三来一补”企业，陈某某在香港特区注册了香港A公司（无限责任公司，股东仅为陈某某一人），随后在某市成立了“三来一补”性质的A塑胶厂。洪某与陈某某是1995年在某市相识的，当时还不满18岁，两人很快就发展成了恋人关系，并在一起同居了。那时候A塑胶厂还是一个小作坊，只有两台二手塑胶机和几名工人，A塑胶厂工商档案里面记载的那些彩电、空调机、电冰箱、机器设备还有那些董事长、总经理的头衔全是子虚乌有的东西。创业初期，洪某和陈某某的感情还是很好的，两人经常一起骑着三轮车外出送货，吃着廉价的小排档，日子过得很辛苦，直到1997年儿子出生，A塑胶厂的生意才逐渐有了起色，而陈某某在完成财富积累的同时也完成了对婚姻的背叛。

（二）涉案企业的成长是洪某、陈某某共同打拼的结果

在洪某、陈某某艰苦创业的初期，陈某某之父还在台湾地区乡下务农、陈某某之长弟在台湾地区监狱服刑、陈某某之次弟还在台湾地区读书，不要说有能力拿出80万元给陈某某创业（离婚诉讼中陈某某代理人陈述），就连其一家老少的

生活都要靠洪某、陈某某赚钱接济。客观事实是陈某某之父、陈某某之长弟、陈某某对于香港A公司、A塑胶厂没有过任何经济支持,更遑论投资了。本案原告提交的证据材料中有关资金往来的材料始于2002年10月××日,比这更早的就没有了。自1994年5月××日香港A公司成立起算至2002年10月××日,整整过去了8年多的时间,A塑胶厂已经从一个简陋的小作坊成长为颇具盈利能力的“三来一补”企业,这段时间陈某某之父的家族在干什么?他们强调的家族投资体现在哪里?他们所谓的家族共同经营又有何证据予以支持?除了“男丁主外、父尊子卑、长幼有序”的所谓台湾地区文化和蔑视妇女权利的陋俗陈规,原告还有什么理由能褫夺夫妻共同财产中属于女性的份额?

(三)参与或帮助企业经营与拥有对企业的所有权是两个完全不同的概念

A塑胶厂“三来一补”的性质,决定了原材料的采购以及产品的销售均需在境外完成,而为了规避国家的外汇管制和税收征管,当时绝大多数外商都是利用境外企业完成资金的收付和结算,这是一种通行的做法,这也是“三来一补”企业制度最终被终结的根本原因之一。以陈某某经营的A塑胶厂为例,台湾××企业股份有限公司是其最主要的胶料供应商,产品最初只是加工件后来组装成品(搅拌、压榨类小家电)主要销往中东和欧美国家,所需支付的原料款、组件款和收取货款都是通过香港A公司进行操作。具体来说,对于A塑胶厂每月所需的人工工资、厂租、水电费用、零星开支等以及上交村委的管理费,陈某某是从香港特区取出美金通过地下钱庄兑换成人民币以现金方式支付;对于台湾××企业等所需的原料款,则从陈某某在香港汇丰银行开立的账户转汇至台湾地区陈某某之父的账户,利用陈某某之父居住在台湾地区的便利,通过其在台湾××商业银行开立的账户支付给供应商(本案原告提交的证据5、证据19所反映的银行交易记录);后为了减少跨境汇款所需的手续费和程序烦琐,陈某某又让部分产品代理商将货款直接支付给陈某某之父(本案原告提交的证据6、证据20所反映的银行交易记录),让陈某某之父用使用收到的货款向供应商支付原料款,以达到减少交易成本的目的。原告陈某某之父并没有如实向法庭提交完整的银行交易记录,尤其是陈某某与陈某某之父之间的资金往来记录,但这同时也说明陈某某之父不能证明其名下账户内资金的真实来源。

以上陈某某之父以其居住在台湾地区的便利受托向供应商支付原料款的行为,以及陈某某之长弟、陈某某之次弟在A塑胶厂、外资A公司参与日常管理的行为,或者说原告所主张的"家族共同经营"的行为,与现代公司制度下股东对公司的出资、参股入股是两个完全不同的概念。公司自身拥有独立的法人财产权(如本案未涉及的外资A公司的其他资产),法人财产权的收益属于公司的股东。原告以家庭成员参与或帮助企业经营为由主张塑胶厂的资产收益属于家族所有,又以塑胶厂支付了涉案房产的土地费用和建设费用为由主张房屋产权属于家族共有,完全没有法律依据,也没有证据支持。

(四)2008年8月至2009年1月陈某某之父分四笔向陈某某支付的560万港元不是向涉案房产投入的建设资金而是家庭成员之间的短期借贷

被告陈某某在离婚案件诉讼过程中向法庭提交的经过合法转递和公证的证据显示,陈某某之父于2008年8月15日至2009年1月20日汇给陈某某的2000万新台币(相当于560万港元)均源于向台湾地区××市××农会申请的贷款(放款账号430-050-××,存款账号为430-004-××),陈某某之父申请该2000万新台币贷款是为了缓解陈某某当时的资金周转困难,而不是用于向涉案房产的建设投资,因为涉案房产已于2008年1月竣工验收(具体时间节点如下:略。前述证据均已在离婚诉讼过程中经过双方质证确认),陈某某之父汇款的时间迟于房屋竣工。且该2000万新台币的贷款已经在2009年7月××日前全部从外资A公司的收入中归还完毕。

当时的客观情况是,由于公司生产规模扩张、不动产建设开销巨大以及2008年全球金融风暴等因素的叠加影响,外资A公司确实存在流动资金短缺的现实问题,陈某某不仅委托陈某某之父在台湾地区贷款2000万新台币,还与洪某一起共同向某农商行申请贷款2000万元人民币,为缓解公司资金压力,帮助公司渡过难关，洪某不计前嫌，共同申请并完成了在农商行的巨额贷款。所以无论是陈某某之父的560万港元还是农商行的2000万元人民币，都是外资A公司的短期借贷行为，与产权、股份、投资毫无关系。

（五）简单谈一谈《外资A公司投资股东协议书》

洪某与陈某某的离婚诉讼持续了3年历经4审，至202×年6月才审结，其中一个最重要的原因就是陈某某为了达到稀释洪某财产分割份额的目的，主张夫妻共同财产中的房产和外资A公司资产属于其"家族共有"，将一个简单的离婚诉讼搅和得异常复杂。为达到目的，陈某某将本案的全部证据材料（除最后几份证人证言外）多次、反复向两级法院提交，但任何一次裁判均未认可其"家族共有"的主张。陈某某深知其证据链缺失、证明力孱弱，于是在2018年6月以陈某某之父、陈某某之长弟为原告向某人民法院提起股东资格确认之诉，案号是（2018）粤××××民初1981号、1982号，并提交了一份由陈某某之父、陈某某之长弟、陈某某联名签署的《外资A公司投资股东协议书》，落款日期为2012年，协议中载明"陈某某为挂名负责人……其名下一切资产为投资股东所共有，依照投资比例持有。"且不论该协议书的真伪，也不论该协议书与争议财产的关联性，至少到目前为止是陈某某能够拿得出手的最有利的证据。但是当洪某加入1981号、1982号案件诉讼活动并要求鉴定该协议书的真伪同时请求追究协议签署各方伪证罪的刑事责任之后，陈某某之父、陈某某之长弟撤诉了，此后离婚案件发回重审的第一审和第二审，这份协议书再也没有被当作"有力的证据"提交，甚至陈某某的二审代理人还否认了该协议书的三性。其实这份涉嫌炮制的《外资A公司投资股东协议书》并没有多大的证明力，即使是真实的也改变不了涉案公司属于陈某某个人的客观事实。但是这份证据在财产分割过程中的出现，恰恰说明陈某某方面已是理屈词穷、回天乏术，也充分说明陈某某决意稀释洪某财产分割份额的坚定意志，也才有了1981号、1982号案件改头换面，即本案的出现。

综合以上，原告的证据不足以证明陈某某之父、陈某某之长弟、陈某某之次弟对于香港A公司、A塑胶厂、外资A公司拥有投资行为及拥有由此产生的股东权利;原告的证据不足以对抗我国《公司法》《物权法》《婚姻法》对于股东、权利人、夫妻共同财产的明文规定,原告的主张于法无据。涉案企业使用积累的财产建设的涉案房产,其所有权虽然登记在陈某某一人名下,但是依照《婚姻法》的规定,属于夫妻共同财产,洪某依法享有50%的份额,这是《婚姻法》赋予洪某最基本的财产权利。

以上意见供合议庭参考。谢谢合议庭。

广东××律师事务所

代理人:某某

二〇二×年十月二十日

整个代理词篇幅较长,合议庭三位法官安静且专注地听完了代理人的发言,随即宣布辩论结束。因双方分歧太大,该案没有调解的可能,择日宣判。判决结果是驳回原告全部诉讼请求,确认洪某对涉案厂房享有50%的权利份额。原告及被告四人不服一审判决向广东省高级人民提起上诉,现二审审理中。

案例2 李某生命权纠纷案第一审代理词

笔者在庭审时全文宣读代理词/辩护词并不常见,一般只谈要点,余见书面代理意见。本书第二章第四节提及的李某生命权纠纷案(需查阅完整起诉状的读者可返回查看)是另一个例外,这是另外一种风格的代理意见。

简单回顾案情:已婚男人张某勾引未婚女子李某,两人发展为情人关系且关系持续了四年之久。后因张某另有新欢提出与李某分手,理由是要回归家庭、承担家庭责任,李某本就对分手难以接受,得知事情真相后越发难以自拔,最终难以承受感情的折磨选择自杀解脱。该案案情不复杂,难的是寻找其间的因果关系。考虑到该案需顾及法理和司法关怀,加之庭审时当地电视台法制频道经许可全程录制,后期将以专题片形式播出,法庭亦对发言有所要求,故决定全文宣读,内容如下:

李某生命权纠纷案第一审代理词

（202×）粤××××民初××××号

审判员：

广东××律师事务所接受原告李某某、郭某某的委托，指派某某律师、黄某某实习律师担任其与张某生命权纠纷一案第一审阶段的诉讼代理人，现发表以下意见。

李某之死与被告张某存在因果关系，张某应当对李某的死亡承担相应的民事赔偿责任，具体如下：

第一，从根源上来看，张某是恋情发生的主要责任方，张某不负责任的引诱导致李某深陷其中、难以自拔，为最终的悲惨结局埋下了祸根。

201×年6月李某入职××货运代理有限公司的时候还是个很单纯的孩子，从李某日记里记录的内容判断，那时的李某还没有恋爱的经历，也不懂得男女之间的性行为。而张某是一个有家室的男人，是一个经验丰富的过来人，他对李某的关心带着不良的动机。恰到好处的关心、不厌其烦的帮忙、关键的时候陪着练车、口渴的时候递一瓶水……一点点俘获了李某的芳心。接下来，有了第一次在车里的亲吻，有了第一次带李某回自己的住处，按照李某的说法"当时我的道德底线原则还是清楚的""是你一步一步引我入坑，带我体会人事，让我沉醉忘记现实""我跟你说过以后你不能抛弃我，你也答应了，而且你对我真的像极了爱情"这样，李某与张某这个已婚男人发展成情人关系，且这段畸形的恋情持续了四年多的时间，李某为此付出了最宝贵的四年青春年华。抛开对这段感情的道德评判，感情这东西不是说结束就能结束的，尤其是当一个涉世未深的女孩付出了全身心的情感之后。从202×年5月中旬张某提出分手，到8月9日李某选择以自杀的手段结束自己的生命，这期间的痛苦、挣扎是可以想象的。虽然恋情是畸形的、自杀是极端的，但是法律应当给予李某适当的理解和关怀。而对于张某，简单的道德谴责不足以补偿一条生命的逝去，如果说李某的自杀是这段恋情结出的恶果，则张某是罪恶之源。

第二，张某朝秦暮楚、见异思迁、抛弃旧爱、另寻新欢是导致李某走上极端道路的直接原因。

如果张某决定结束与李某的恋情是出于对家庭、对亲人的负罪感，是为了带着愧疚弥补对家人的伤害，回归家庭，那么李某理应理性对待恋情的终结，即使心有不甘、情有不愿也须放手。但是，张某显然不是一个具备是非观念、有责任担当的男人，他也许没有富豪的命，但不缺放荡的心，家有妻儿不够、外有李某仍不满足，张某故技重施，又把公司同事田某某揽入怀中，并且为此要与李某分手。李某在日记中不止一次地描述了自己因此受到的伤害，“你将我的心狠狠地劈裂了，你对我不管不顾、置若罔闻，却对她每日有约，你是不是也将‘宝贝’这个称呼给了她?”“今日他故意在她面前羞辱我给她看，好像为证明什么，难怪她最近也默契地不理我。”在微信里，李某也苦口婆心地规劝张某，“如果给不了她(田某某)想要的就要保持距离……闹大了你的家就完了……我以我的经历告诉你，入坑容易出坑难”。张某的回答是绝情的，“我不是你的良药，而是暂时的麻醉剂”。至于张某与田某某之间的关系，该两人在接受公安机关调查讯问时都承认了，虽然避重就轻，但目的是撇清犯罪的嫌疑。张某的上述所作所为，彻底撕裂了李某本就脆弱的心理、压垮了李某自信自强的信念，使她丧失了面对命运挑战的勇气，最终导致李某选择死亡来抗击羞辱，张某对此负有不可推卸的责任。

第三，张某作为李某旧日的情人和情变的始作俑者，理应比常人更多地关注李某的心理和情绪变化，但是张某对于李某流露出来的轻生念头不闻不问，没有任何积极的疏导和宽慰，更没有采取任何正确措施或方法坦诚自己的过错以求得李某的谅解，而是使用微信拉黑、电话关机的过激手段，一步一步把李某逼出心智的魔障，导致其以死寻求解脱。

李某在得知张某分手的决定后，经历了反反复复的心路磨难，放手不甘、回天乏力。她在6月14日的日记中写道“满脑子都是他，甚至想到过死”；6月24日在日记中呐喊“我疯狂、我崩溃、我绝望”；7月21日感叹“全部都是你，没有你便无法生存,居然想到死好几次。唉,你也不会心疼一下……所有回忆你都忘记了。我却在此为你想死";7 月 23 日写道"我不知道还要坚持多久、还能坚持多久";7 月 30 日写道"要如何才能走出来?还是再也走不出来了,难道要困死在里面了吗";8 月 1 日写道"如果能立刻死去倒不可怕,可怕的是到时生病还得治病,那可就麻烦大了。没有依靠,也要面临秘密被发现";8 月 4 日写道"我绝望时,你不知道我有多么不想活了";8 月 8 日在决定离开这个世界的最后一段日记中,李某发出了最无奈的悲鸣"有个孩子,跟心爱的人有个孩子,但(如果)我有孩子,我会努力带着希望生活着,我可以忍受他不在身边,为何如今只有一半呀!另一半呢?我怎么活下去……"不仅仅是日记,在微信、钉钉,李某不止一次问张某"为什么非得让我发疯,一定要这么做不可吗""往后请不要再讨厌我""为什么要羞辱我给她看""你了解我就觉得我得经受这些吗"而张某一贯的做法,就是把李某拉黑或者拒绝接听电话。

其实张某有很多机会,有很多方法可以挽救李某的生命,简单得只需要给予李某一句宽慰、一句回复甚至一个微笑。我们从李某的日记中可以轻易找到答案。6 月 17 日的日记写道:"昨天借着加班,我碰上他了,他也终于向我问候了……我很开心……他明白我的心思,所以他伸手来摸我头安慰我……"6 月 27 日,李某已经做好了轻生的决定,把自己的银行密码、手机密码、支付宝密码都留在了日记里,发出了"广东很美,中国很好,好可惜我的偶像的书等了好几天还没等到"的感叹,却由于意外碰到张某而打消了轻生的念头,"他难道知道我想要干什么吗!正在途中结果他来了,我这是又得明天继续吗";还有好几次,只是因为见到了张某或者和他说了几句话,就一扫心中的阴霾,"只要见上他我就可以正常,头脑清晰,视力也正常,心情也平静,又可以正常生活了",是的,拯救李某就是这么简单。

如果张某是一个负责任的男人,是一个有担当的男人,他完全应该主动做一点什么:比如,向李某认错,坦诚自己另有新欢,恳求放过;或者,当着李某亲属家人的面,认错并接受惩罚,表示要回归家庭,承担为人父、为人夫的责任;再者,给李某一个适应的过程,满足李某想看看日本,看看泰国的心愿……但是张某什么也没有做,没做任何努力化解李某的心结,没有伸手把李某从心魔中拉出来。当然,张某并不是什么也没做,在李某自杀的那个夜晚,张某买了菜在田某某住处共进晚餐、22:00张某应邀外出与朋友消夜喝酒、9日0:44发信息给田某某要过去和她睡觉、为避免李某的滋扰关闭手机、酒醉饭饱的张某和新欢相拥而眠。在这期间,李某3次使用微信语音、2次使用手机试图联络张某,最后一次拨打电话的时间是8月9日2:56,但未接通,最后一次使用微信语音的时间定格在202×年8月9日2:58,但对方无应答。李某彻底绝望了。

当法律需要确定一个人的过错责任以及判断一个人行为与损害结果的发生之间是否存在因果联系的时候,代理人认为,上述证据已经足以作出认定。

第四,即使不谈侵权责任,只从彰显社会公平正义、维护公序良俗、弘扬社会主义核心价值观的角度考虑,也应当加重对张某的惩罚性补偿责任。

我国法律明确规定,"夫妻应当互相忠实,互相尊重,互相关爱""禁止有配偶者与他人同居""民事主体从事民事活动,不得违反法律,不得违背公序良俗"。特别提请张某注意,"弘扬社会主义核心价值观"写入了《民法典》的第1条,是我国民事立法的宗旨、准则、目标和任务的纲领性原则。违背上述法律规定需承担相应的法律责任。

最高人民法院在《关于深入推进社会主义核心价值观融入裁判文书释法说理的指导意见》中明确要求:"……应当强化运用社会主义核心价值观释法说理,切实发挥司法裁判在国家治理、社会治理中的规范、评价、教育、引领等功能,以公正裁判树立行为规则,培育和弘扬社会主义核心价值观……"

即使不考虑侵权责任,法律也应当对张某违背公序良俗、有违社会主义核心价值观的行为给予否定性的评价。

代理人以李某写给张某的一段话作为本轮代理意见的结束:"往后的人生希望你能记得我,不求深深的。但是我来过你的世界,你是我的第一次,我们曾经也是不分彼此,虽然我是你的过客"。希望张某能够铭记这段话,对李某生命的逝去承担起自己的责任，迷途知返，让自己的余生活得有价值、有意义。

谢谢法庭。

广东××律师事务所

代理人：某某、黄某某

二〇二×年一月十九日

和预想中一样，对方代理人并不认为张某的行为与李某的死亡之间存在因果关系。坦率地讲，该案因果关系并不明显或并不直接。李某的日记属于个人隐私，依常理判断她在日记中流露出的绝望、轻生的念头不会被张某知悉，而李某在与张某的微信、钉钉中的交流又比较隐晦，没有直接流露轻生的打算，判定张某见死不救或未尽关注义务稍显勉强。但是张某始乱终弃、移情别恋的不道德行为确实是导致李某轻生的根本原因。一审法院综合全案证据，认定张某应对李某的死亡应承担适当的补偿责任，遂作出判决。张某不服提起上诉，二审阶段，经过主审法官不懈努力终于促成双方达成和解，调解书生效后张某主动履行了补偿义务。

庭审法庭辩论结束，双方的交锋告一段落，如不能和解，审判人员将当庭或择期作出宣判。

第四节　庭后工作，查漏补缺

一、只要不是当庭宣判，庭审结束并不意味代理服务结束

现实情况是，除了少数事实清楚、争议不大的案件会当庭宣判以外，更多的案件是定期宣判，某些重大、疑难、复杂案件还需提交审判委员会讨论后才能作出判决。

需要注意的是，根据庭审情况，有的案件需要当事人补充提交证据材料，或

对事实作出说明,或由法院调取证据材料;有的专业性问题需委托第三方机构鉴定或评估;有的出现中止诉讼的情形需等待中止诉讼的原因消除等,这些原因都可能使案件二次开庭或多次开庭。但是不管开庭次数的多少,只要是在庭审中宣判的都属于当庭宣判。法官在敲槌结束庭审时如果说“休庭”,则案件有二次开庭或多次开庭的可能,如果说“闭庭”则除非出现新的情况,庭审已经结束。

审判制度改革要求裁判结果形成在法庭,这与择期宣判并不矛盾。审判人员查明案情、审查判断证据、形成内心确信、依法做出裁判的过程实质上是一种思维活动,对案件事实和证据经过“去粗存精、去伪存真、由此及彼、由表及里”的分析,使自己对案情的认识上升到理性的阶段。这个认识过程不可能是一蹴而就的,在形成的过程中也会有修正,而庭审时间毕竟有限,承办法官亦需对自己处理的案件终身负责,公平、公正的裁判结果要求法官具有审慎、认真的工作作风和实质化解纠纷的工作能力。从这个角度来看,择期宣判可以在一定程度上避免因考虑不周、匆匆下结论而导致的判项疏忽甚至认定事实、采信证据错误等失误的发生。

裁判结果形成在法庭,是指承办法官通过庭审,对于涉案法律关系、待证事实、证据采信、裁判观点已经在审判过程中初步形成,庭后的工作是进一步核实案情有无偏差,审视自己的内心确信是否动摇,而不是以庭审之外了解或掌握的其他材料对案件进行裁判。简单地理解,裁判文书是法官思维的结果体现和表现形式,而裁判的根据只能通过庭审来确定,裁判的结果只能通过庭审而形成。

只要不是当庭宣判,庭审结束并不意味着代理服务结束。

如果在庭审中出现新的情况,我们要第一时间对代理词的不到之处和不尽之处进行补正和完善,及时向法庭提交。

如果审判人员要求庭后几个工作日内补充证据或对案件事实进行说明,我们必须按时收集该证据,如不能获得该证据也要说明情况,或向当事人核实相关案件事实并作出书面说明,按时向法庭提交。收到法庭邮寄的对方补充证据后,及时出具书面质证意见或按法庭的通知当庭发表质证意见。

如果庭后需委托第三方对专业性问题进行鉴定或评估，对需要鉴定的待证事实负有举证责任的当事人应提交书面申请，申请书应当载明鉴定事项、鉴定范围、鉴定目的，并预交鉴定费用；另一方应积极配合协商确定具备相应资格的鉴定人，或由人民法院指定鉴定人，对鉴定材料进行质证。各方收到鉴定书后对鉴定书的内容有异议的，应当以书面方式提出异议、要求通知鉴定人出庭，确有理由的，可申请重新鉴定。

如果判决前出现委托人死亡、丧失诉讼行为能力、法人或者其他组织终止等特殊情况的，应第一时间向法庭报告，法庭会依法裁定中止诉讼，待中止诉讼的原因消除后再申请恢复诉讼；如果认为本案必须以另一案的审理结果为依据，而另一案尚未审结应中止诉讼的，也应及时向法庭提出申请。诉讼不能恢复的，依法终结诉讼。

依《民事诉讼法解释》第232条的规定，原告增加诉讼请求，被告提出反诉，第三人提出与本案有关的诉讼请求应当“在案件受理后，法庭辩论结束前”提出。庭审后，如果委托人要求代理人提出上述主张的，代理人应向委托人告知程序法的规定，同时也应审查是否属于自己代理失误。

二、所谓“庭外活动”是律师不能触碰的红线

这里还有必要谈谈“庭外活动”的话题。有些委托人很在意代理人与法院的关系，与法院领导的关系，与法官的关系或者与政法系统、政府官员的关系，希望代理人能够利用这些关系为其诉讼“打通关节”或牟取诉讼利益、实现诉讼目的，对此我们必须斩钉截铁地予以拒绝。

客观地说，改革开放初期，人情案、关系案的现象并不罕见，律师与司法人员的交往也没有现在那么多限制。尤其是在四五线小城市，就那么几个律师、几十个法官、检察官，哪有不相互认识的道理？就算到了现在，城市规模的局限性也是客观存在的，彼此之间通过电话聊聊案情、谈谈观点也属正常。但交往应限定在合法、合规的范围以内，在任何一个时代、任何一种社会制度下向审判人员行

贿都是被禁止的，情节严重的还会触犯刑律，被追究刑事责任。

教训太多，不展开详述，大家引以为戒。

2021年9月30日最高人民法院、最高人民检察院、司法部联合印发《关于建立健全禁止法官、检察官与律师不正当接触交往制度机制的意见》的通知和《关于进一步规范法院、检察院离任人员从事律师职业的意见》的通知两个文件，这是为了深入贯彻习近平法治思想，认真贯彻落实防止干预司法“三个规定”，防止利益输送和利益勾连，切实维护司法廉洁和司法公正，结合实际情况而制定的。

代理人在任何情况下都不得违反规定会见法官、检察官、仲裁员以及其他有关工作人员，或者以其他不正当方式影响依法办理案件。这里所称“违反规定会见”是指在承办代理、辩护业务期间，以影响案件办理结果为目的，在非工作时间、非工作场所会见法官、检察官、仲裁员或者其他有关工作人员；代理人绝对不允许向法官、检察官、仲裁员以及其他有关工作人员行贿，介绍贿赂或者指使、诱导当事人行贿。这是我们执业生涯中一定不能触碰的红线，一定要牢牢坚守。同时纪律还规定，各级人民法院、人民检察院离任人员在离任后二年内，不得以律师身份担任诉讼代理人或者辩护人。各级人民法院、人民检察院离任人员终身不得担任原任职人民法院、人民检察院办理案件的诉讼代理人或者辩护人，但是作为当事人的监护人或者近亲属代理诉讼或者进行辩护的除外。

笔者所在地区各级法院，为了防范代理人与法官之间的不正当交往，竖起了“防火墙”、扎牢了“隔离带”，不给案外“勾连”创造机会。在案件审理过程中代理人处理与诉讼有关的事务都是通过公开的固定电话与跟案法官助理联系，通常不直接与法官交换案情或观点；开庭时审判人员和诉讼参加人从各自的通道进入法庭，休庭或闭庭后各自从原路离开法庭，相互之间没有私下接触的机会。要求把是非曲直摆在桌面上剖析，把事实理由放在台面上辩明，让纷争在法庭上解决。

有人可能会说这只是表面上的透明和公正，再严密的防范也无法杜绝私底下违规的接触。我们当然也不否认个别极端现象的顽固存在，但是我们必须意识到治理乱象须从制度建设开始，由表及里，逐渐深入，由被动约束变主动自律。民商事诉讼具有公权性、强制性、程序性、特定性、自由性等特点，人民法院审理民事案件，必须以事实为根据，以法律为准绳。诉讼活动依法展开，不能够、也不允许受到案外因素的影响。党的十八大以来，司法改革蹄疾步稳。十八届三中全会将司法改革确定为全面深化改革的重点领域之一，"确保依法独立公正行使审判权检察权""健全司法权力运行机制""完善人权司法保障制度"，面对亿万双期盼公正的眼睛，以习近平同志为核心的党中央对人民作出了庄严承诺——"努力让人民群众在每一个司法案件中感受到公平正义"。

曾经，在一些司法案件中，钱与法的交易，权与法的"寻租"，使个别司法裁判异化为正义污点。公平正义如同空气与水，它不能缺席、不应迟到。①

关系案、人情案带来的畸形裁判，毁损的是司法机关的权威，败坏的是中国律师的整体形象，危害的是社会的公平正义，这样得到的"胜诉"是可耻的。决定案件输赢的永远是事实、证据和法律，我们代理人只要依法依规，勤勉尽责，便无愧职业使命和当事人的托付。

远离"庭外活动"，该赢的输不了，该输的坦然面对。

① 这两段文字的部分内容来自大型政论专题片《将改革进行到底》第四集——《维护社会公平正义》的解说词。

第八章

谋求第二审改判

“输赢乃兵家常事”这句话并不适用于民商事诉讼。

原告的诉讼请求能否得到裁判文书的支持或者能得到多大程度的支持、被告的抗辩事由能否成立或者能够减轻多大的责任，取决于诉讼双方证据对待证事实的支持程度，取决于现行法律规定对涉案法律关系的调整范围，取决于审判人员对案件事实的认定和对法律适用的理解，当然在一定程度上也取决于正确且恰当的诉讼方法。因此所谓输赢是基本可以判定的，裁判结果并不是随机发生的。

前文说过，该输的应当坦然面对。我们不应鼓励这样的败诉方做无谓的抗争，既消耗财力又浪费司法资源，除非上诉另有策略考虑。但是我们也要意识到审判人员也是人，同样存在认识的误区、知识的短板和对法律规定的理解差异，而法律又赋予了审判人员对待证事实建立内心确信的权力，允许审判人员对处理结果行使自由裁量权，这些因素可能造成一审裁判文书在认定事实、划分责任、适用法律等方面出现偏差，甚至造成错判。民事诉讼法规定的二审终审制的意义就在这里，当我们有较充分的理由相信一审裁判存在偏差或有失公允时，上诉就成为我们谋求改判最后的救济途径。

第一节　读懂“审理查明”和“本院认为”

一、为什么二审改判的概率很低

经过艰苦的努力和漫长的等待，拿到裁判文书后呈现的并不全是一家欢喜一家愁的场景，还有可能是两家皆愁，或者喜忧参半。当事人若对裁判不服，是否上诉成为首要问题，代理人应理性分析后给出建议，代理人的观点和意见对于当事人的决定是至关重要的。

首先需要我们清醒认识的客观现实是，经过二审审理改判（含发回重审）的比例从来都是比较低的，笔者不掌握官方数据，但依个人经验，二审维持原判的比例应该超过了90%。换言之，上诉大概率会被驳回，不少情况下，我们认为“肯定”“必须”“绝对”会改判的案件最终并没能如愿。

为什么入围10%这么难呢？我们经常听到类似的抱怨，如上级法院需照顾下级法院的面子说，系统内考核评定的指标说，改判比例控制说，等等。笔者认为，与其寻找外部原因，不如把精力放在对裁判文书的研判上。什么情况下维持原判，什么情况下改判或发回重审，民事诉讼法都有明确规定。

《民事诉讼法》第177条规定：“第二审人民法院对上诉案件，经过审理，按照下列情形，分别处理：

（一）原判决、裁定认定事实清楚，适用法律正确的，以判决、裁定方式驳回上诉，维持原判决、裁定；

（二）原判决、裁定认定事实错误或者适用法律错误的，以判决、裁定方式依法改判、撤销或者变更；

（三）原判决认定基本事实不清的，裁定撤销原判决，发回原审人民法院重审，或者查清事实后改判；

（四）原判决遗漏当事人或者违法缺席判决等严重违反法定程序的，裁定撤销原判决,发回原审人民法院重审。”

两个注意点:原判“认定事实错误或者适用法律错误的”改判;“认定基本事实不清的”发回重审。

现在我们可以总结一下,为什么改判的比例那么低。因为一审出现认定事实错误、适用法律错误的概率本来就很低,至于裁判的适当性(责任轻重、数额高低、比例多少等)只要不是过于失衡,一般不在二审的处理范围之内。

当事人对一审判决不服,很大程度上源于对涉案法律关系不甚了解,对于举证责任的分配和证据的审核认定缺乏认识,对于民事责任划定和赔偿数额确定的原则不清楚。比如,离婚诉讼的原告,对于判决不准离婚想不通,或者对财产分割或债务承担的比例不满意。准予或不准离婚可以看作原则性问题,少分或多分财产可以看作适当性问题,如果因为不服适当性问题上诉,被改判的概率就很低。

一审判决中认定事实错误相对于适用法律错误更为多见。认定事实是适用法律的前提和基础,但是适用法律错误并不必然导致案件处理结果发生偏差。比如,法官援引《侵权责任法》《道路交通安全法》的相关条文裁判劳务人员人身损害的赔偿项目和计算标准,与援引最高人民法院《关于审理人身损害赔偿案件适用法律若干问题的解释》的相关条文所得出的赔偿金额可能并不存在差别,二审在纠正适用法律错误的同时,还是会维持一审的裁判结果。

一审判决书中“审理查明”部分所述及的内容是审判人员对案件事实的认定。裁判认定事实是否清楚,是我们在决定是否提起上诉时应着重审查的内容。原告在起诉状中陈述的事实与“本院经审理查明”的事实接近度越高,原告诉讼请求得到的支持就越全面,如所有事实均能被查明且原告诉讼请求合理、适当,则可能全部得到支持。总结如下:原告起诉主张的事实或被告反诉主张的事实或第三人提出与本案有关请求均属于待证事实,只有当这些待证事实被法院审理后,被查明的事实才能作为定案的根据。

二、读懂裁判文书查明的案件事实

案例1 双方服判，均不上诉

某民间借贷纠纷案件，案情简单，事实清楚，一审判决书“审理查明”和“本院认为”部分的内容是：

“经审理查明，201×年10月22日，被告因生产经营需要，通过朋友介绍向原告借款。双方于当日签订一份《借款合同》。约定由原告借给被告周转资金35万元，月利率1%，按月付息，到期还本，借款期限为6个月。原告、被告在借款合同上签名。201×年10月22日，原告通过中国平安银行××支行（卡号6×××771）的账户向被告中国工商银行××分行（卡号为6×××281）的账户转账支付350,000元。同日，被告手写一份《收据》表示已收到前述款项。

又查明，被告于201×年11月22日向原告支付利息人民币3500元、201×年3月30日向原告支付利息人民币7000元、202×年1月25日向原告支付利息人民币14,000元。此后未再支付利息。至原告向本院提起诉讼，被告共计向原告支付利息人民币24,500元，尚有本金35万元和13个月的利息没有支付。

本院认为，根据原告提交的证据可以相互印证，本院确认原告与被告之间成立民间借贷的法律关系。原告请求被告支付借款本金350,000元，本院予以支持。关于利息，双方约定月利率1%不违反规定，本院予以支持。

综上，依照……的规定，判决如下：

被告应于本判决生效之日起十日内向原告偿还借款本金350,000元及逾期利息（逾期利息……至被告实际清偿之日止）”

从以上审理查明可知，法院查明的待证事实有三个：一是原告与被告之间存在真实的民间借贷关系，借款金额为35万元。二是原告已经向被告支付该35万元借款，被告收到了该笔借款。三是被告已支付利息24,500元，尚有本金和13个月利息没有支付，构成违约。

现在倒过来看原告的两个诉讼请求：一是请求判令被告支付借款本金35万

元及拖欠的利息(全部计算至实际清偿之日止)。二是请求判令被告负担本案诉讼费用。

原告要实现其诉讼目的,需举证证明至少三个待证事实:一是借贷关系是合法且真实的;二是借贷行为已经实际发生;三是被告没有依约定还本付息。相关的待证事实还有,利息计算有约定且约定合法,履行期届满,被告还款的实际情况等。

这个案件原告的诉讼请求和理由都是真实的,自然能得到法院的支持,且请求数额与裁判认定的数额完全一致,故被告还需负担全部诉讼费用。

该案的原告当然没有上诉的需要,即使在利息裁判上与预期存在一定的差距也没有上诉的必要。该案的被告在事实和证据的层面同样找不到上诉的理由,除非被告为了达到拖延判决生效的目的或者利用上诉期间提升自己的偿付能力。

案例2 原告不服,提起上诉

某民间借贷纠纷案件(本书第一编第一章第二节列举的某系列案中的民间借贷纠纷案),案情较为复杂,简单介绍如下:赵某、钱某、孙某、李某四人合伙经营电镀生产线,赵某、钱某作为一方,孙某、李某作为另一方,双方签订了《投资合作协议》,后赵某、孙某、李某三人又签订了《租赁合同》,并以《租赁合同》取代《投资合作协议》。在租赁合同中双方确认将孙某、李某投资款项中的100万元作为借款给赵某一方使用。后因履行租赁合同发生纠纷,孙某、李某向法院对赵某、钱某提起诉讼。法院立案庭认为,该诉讼包含租赁合同纠纷与民间借贷纠纷两个案由,要求将案件分拆,遂形成本诉。该案一审判决书"审理查明"和"本院认为"部分的内容是:

"经审理查明:2017年10月××日,赵某(甲方)与李某(乙方)签订《投资合作协议》,约定乙方租赁××市JHT实业有限公司第三栋第一层厂房,新建电镀生产线、装修厂房及构建项目运营基础设施,电镀产线项目正常经营。双方同意电镀产线项目及相关配套设备和电镀线药水整体打包作价人民币600万元,赵某、钱某、孙某、李某四人在该协议落款处签字并捺手印。

2018年1月××日，赵某、钱某（甲方）与孙某、李某（乙方）签订《租赁合同》，主要内容：由于甲乙双方经营理念不同，双方决定作废2017年10月××日由孙某、李某、赵某、钱某四人共同签订的投资合作协议，重新约定：1. 乙方租赁××市JHT实业有限公司第三栋第一层厂房，新建电镀生产线、装修厂房及构建项目运营基础设施，电镀产线项目正常经营。电镀产线项目及相关配套设备和电镀线药水整体折价人民币600万元。2017年10月××日由赵某出资人民币165万元、钱某出资人民币105万元，林某出资人民币30万元，三人合计出资人民币300万元认购50%股权，交易已经完成。乙方向赵某、钱某、林某三人（购买方）确认电镀产线可以连续生产三年，购买方投资款300万元按36个月分摊，如因政府政策问题，电镀产线项目只能生产一年，由乙方补偿人民币200万元；如只能生产两年，由乙方补偿人民币100万元；三年后不能生产，共同承担乙方到2017年××月31日止借给甲方人民币100万元，用于电镀项目运营。2019年1月1日起开始计息，月利率1.2%，月利息金额人民币1.2万元，于次日5日支付，不按期支付的利息，计入次月本金，加收利息。该借款本金及利息最迟不晚于2020年10月××日还清……赵某、孙某、李某三人在该协议落款处签字并捺手印。

2018年9月××日，孙某、李某以对方存在'拖欠租金、水电费等严重违约事实'为由，向赵某、钱某发出《解除〈租赁合同〉的通知》。赵某则以对方'恶意停水停电致其无法正常生产经营'为由，于2018年9月1×日发出终止租赁合同通知书，并称'保留诉诸法律向你方追索的权利。'

其后，双方协商未成，孙某、李某遂以赵某、钱某未偿还涉案借款利息为由提起本案诉讼。

以上事实，有投资合作协议、租赁合同、通知书等与庭审笔录相互佐证，应予认定。

本院认为：本案系一起因合作投资引起的民间借贷纠纷。涉案100万元款项,原为原告的项目投资款,由被告承接原告项目继受而来,双方合意将该投资款转化为借款,没有违反法律、行政法规的强制性规定,应为合法有效。鉴于涉案借款约定的借款期限尚未届满,尽管被告没有按期支付借款利息,但双方对逾期付息也做了相应约定,原告以双方租赁关系已经终止为由,要求被告立即偿还借款本息,理据不足,本院不予支持。依照《中华人民共和国合同法》第八条及《中华人民共和国民事诉讼法》第六十四条第一款之规定①,判决如下:

驳回原告孙某、李某对被告赵某、钱某的诉讼请求。"

本案原告的诉讼请求有两个,一是请求判令两被告向两原告归还借贷的运营资金 100 万元并自原告起诉之日起按照月利率 1.2% 计付利息。二是请求判令两被告承担本案的诉讼费、保全费等全部费用。本案有至少以下三个待证事实:一是涉案借款系由投资款转化而来。二是投资款转化为借款的数额是准确的,利息计算是有约定的。三是原告同意被告占有使用该款项是以双方合作经营作为前提条件,《租赁合同》解除后,被告继续占有使用该款项的事由已不存在。

一审对主要案件事实的查明是正确的,但是对于约定的借款期限尚未届满即偿还本息的主张持否定意见。实质上还是对借款的使用条件、终止条件的审理查明不彻底,停留在期限尚未届满的问题表面而没有深入审查原告主张的理由。虽然按照一审裁判原告并未丧失对债权再次主张的权利,但由于原、被告相

---

① 该裁判文书下发时《民法典》尚未实施,《合同法》有效。《合同法》第 8 条规定"依法成立的合同,对当事人具有法律约束力。当事人应当按照约定履行自己的义务,不得擅自变更或者解除合同。依法成立的合同,受法律保护。"该规定现已被《民法典》第 465 条和第 543 条吸收,第 465 条规定为"依法成立的合同,受法律保护。依法成立的合同,仅对当事人具有法律约束力,但是法律另有规定的除外。" 第 543 条规定为"当事人协商一致,可以变更合同。"判决书援引《合同法》第 8 条并不影响裁判结果。

判决书援引《民事诉讼法》第 64 条第 1 款,该条文序号已被修订后的《民事诉讼法》调整为第 67 条第 1 款,内容未发生变化。

本书所引用的全部法院裁判文书在作出时,《民事诉讼法》尚未进行第四次修正(2021 年 12 月 24 日),裁判文书均援引修正前民诉法及相关司法解释的条文序号,除序号可能发生变化外,条文内容新旧法保持一致,笔者在下文中不再对裁判文书的序号加以解释,敬请读者阅读时留意。

互之间已因履行租赁合同发生多起诉讼，如果涉案100万元留待2020年10月××日期满以后再行主张，则原告可能面临无法挽回的损失。基于以上分析，原告决定上诉。上诉状、二审代理词及二审裁判结果在后面的章节中再行介绍。

案例3 被告不服，提起上诉

某房屋租赁合同纠纷案。

原告向某某与被告××市QP公司于2014年12月××日签订了《租赁协议书》，原告承租被告的商铺经营茶餐厅，在2016年2月××日，由于被告拖欠产权所有者×公司的租金，导致×公司将原告所承租的商铺停水停电，并要求原告搬离商铺，造成原告重大经济损失。原告起诉至法院，请求判令：1. 被告返还保证金37,000元；2. 被告返还原告得多支付的租金7250元；3. 被告支付赔偿金600,000元；4. 被告承担本案诉讼费用。

被告辩称，在租赁期间，原告除了支付37,000元保证金以外，总共缴纳租金47,000元，拖欠租金高达192,000元，还拖欠水电费29,263.1元，已构成根本违约，请求驳回原告的诉讼请求。被告还提出反诉，请求判令：1. 原告向被告支付租金192,000元，水电费29,263.1元、管道煤气安装费51,000元，共计272,263.1元；2. 原告向被告支付欠款总额10%的违约金19,200元；3. 原告承担本诉、反诉的全部诉讼费用。

该案一审判决书“审理查明”和“本院认为”部分的内容是：

“本院审理查明，原告与被告于2014年12月××日签订《租赁协议书》，约定将位于××市××新区的×公司四楼5号单元租给原告经营‘××茶餐厅’，租赁期限为自2014年12月××日至2019年12月××日，租赁保证金27,000元，月租金13,500元，自2015年2月××日起算租金，原告于每月1日前向被告缴纳租金，逾期30天将视为原告重大违约，原告应按应缴金额的10%作为违约金缴纳给被告，合同生效30天内被告免费协助原告完成天然气户名变更，并保证能正常使用，如30天内未能正常使用，则免租期相应增加，如因被告原因无法履行合同，则由被告一次性补偿原告60万元。2015年5月××日，双方签订《合同补充协议书》,原告再租赁3号单元扩大经营面积,月租金5000元,自2015年6月××日起算租金,承租期间为自2015年6月××日至2019年12月××日。原告于2014年12月××日支付保证金27,000元,于2015年5月××日支付30,000元,其中10,000元是保证金,另外20,000元是预缴的租金;于2015年6月××日支付了13,500元预缴租金;于2015年7月××日预缴租金13,500元;于2015年8月××日支付25,000元的预缴租金、于2015年9月××日支付了水电费3545.2元、于2015年10月××日预缴了水电费10,000元。2015年10月××日,原告正常使用天然气。2016年1月25日,案外人×公司发出停电通知,载明由于被告拖欠租金及水电费,于2016年2月1日起停电。

本院认为,原、被告双方签订的租赁协议系双方真实意思表示,不违反法律的强制性规定,合法有效。因此本案原告与被告签订的租赁合同违反了法律的强制性规定,为无效合同。

本案中,由于被告拖欠案外人×公司租金及水电费,原、被告之间的合同无法继续履行,被告应承担相应的违约责任。原告交付的37,000元保证金,被告应予退还,对原告该诉讼请求,本院予以支持。

对于多付的租金,双方庭审中确认共支付租金72,000元,根据双方约定及确认的通气点火作业单,合同生效30天内被告免费协助原告完成天然气户名变更,并保证能正常使用,如30天内未能正常使用,则免租期相应增加,本院确认租金自2015年10月××日起计算,另根据案外人×公司发出的停电通知,本院确认自2016年2月1日起停电。综上,原告需向被告支付自2015年10月××日至2016年2月1日的租金共计66,879.87元,原告已支付72,000元,被告尚需退还5120.13元。

对于赔偿金600,000元,本案系由于被告原因致使合同无法履行,根据双方约定,被告应承担相应的赔偿责任,故原告该诉讼请求有事实和法律依据,本院予以支持。

关于被告反诉请求的租金、违约金,本院认为缺乏事实依据,不予支持。

关于被告主张的水电费，自 2015 年 9 月至 2016 年 2 月，原告使用水电共计费用 29, 263.1 元，原告于 2015 年 10 月 11 日支付水电费 10, 000 元，尚需支付水电费 19, 263.1 元。

关于管道煤气安装费，被告该反诉请求缺乏事实和法律依据，本院不予支持。

综上，根据《中华人民共和国合同法》第六十条、第一百零七条之规定，判决如下：

1. 被告 × × 市 QP 公司在本判决生效之日起三日内向原告向某某返还租赁保证金 37, 000 元；

2. 被告 × × 市 QP 公司在本判决生效之日起三日内向原告向某某返还租金 5120.13 元；

3. 被告 × × 市 QP 公司在本判决生效之日起三日内向原告向某某支付赔偿金 600, 000 元；

4. 原告向某某在本判决生效之日起三日内向被告 × × 市 QP 公司支付自 2015 年 9 月至 2016 年 2 月拖欠的水电费 19, 263.1 元；

5. 驳回原告向某某的其他诉讼请求。

6. 驳回被告 × × 市 QP 公司的其他诉讼请求。

若未按本判决指定的期间履行给付金钱的义务，应当按照《中华人民共和国民事诉讼法》第二百五十三条的规定，加倍支付迟延履行期间的债务利息。

本案案件受理费人民币 5121 元，由原告负担 16.93 元，被告负担 5104.07 元，反诉费用 2836 元，由原告负担 189.22 元，被告负担 2546.78 元。

如不服本判决，可在判决书送达之日起十五日内，向本院递交上诉状，并按对方当事人的人数提出副本，上诉于广东省 × × 市中级人民法院。”

双方争议焦点是起租期的计算。按照《租赁协议书》约定，原告第一次承租的铺位应自 2015 年 2 月 × × 日起算租金，按照《合同补充协议书》，原告再租赁 3 号单元扩大的经营面积，应自 2015 年 6 月 × × 日起算租金。而双方均确认原告共支付租金72,000元,则被告主张原告拖欠租金,构成根本违约的理由是成立的。但是合同还有"30天内被告免费协助原告完成天然气户名变更,并保证能正常使用,如30天内未能正常使用,则免租期相应增加"的约定,如果该约定有效,则租金的起算日期为2015年10月××日,那么原告的主张就是成立的。这个关键的案件事实,决定了判决的走向。一审法院显然认为30天内不能完成燃气过户起租期应顺延的约定是有效的,故作出上述判决。被告对一审判决不服,提出上诉,并且增加了涉案租赁场地未取得不动产登记,涉案合同无效的理由。上诉状、二审代理词及二审裁判结果在后面的章节中再行介绍。

案例4 租赁合同纠纷上诉案

这是一起租赁合同纠纷案件(本节实例2列举的某系列案当中的租赁合同纠纷案)。赵某、钱某、孙某、李某四人合伙经营电镀生产线,赵某、钱某作为一方,孙某、李某作为另一方,双方签订了《投资合作协议》,后赵某、孙某、李某三人又签订了《租赁合同》,并以《租赁合同》取代《投资合作协议》。后因履行租赁合同发生纠纷,孙某、李某向法院对赵某、钱某提起诉讼,请求被告向原告支付各种费用及违约金共计600万余元;在诉讼过程中赵某、钱某提起反诉,要求本诉原告孙某、李某向其赔偿各项损失及违约金416万元。该案一审判决书"审理查明"和"本院认为"部分的内容是(因判决书原文非常详尽,笔者已对非重点部分做删节):

"经审理查明,2016年11月××日,原告孙某、李某与案外人JHT公司签订《承包经营合同》,约定案外人将位于××市××区××村第六工业区A区JHT公司第××车间1615平方米;员工宿舍共6间承包给原告孙某、李某经营使用;承包经营期限3年……

2017年10月××日,被告赵某、钱某作为甲方与原告孙某、李某作为乙方签订《投资合作协议》,约定双方同意电镀产线项目及相关配套设备和电镀产线上药水整体打包作价600万元人民币,以××公司作为双方合作的平台;××公司注册资本为人民币1000万元,甲方认缴人民币500万元,占公司50%的股权;乙方认缴500万元,占公司50%的股权。

2018年1月××日,被告赵某、钱某作为甲方与原告孙某、李某作为乙方签订《租赁合同》。该合同约定双方决定作废2017年10月××日由孙某、李某、赵某、钱某四人共同签订的《投资合作协议》;另约定,第1.1条:电镀产线项目及相关配套设备和电镀线药水整体折价人民币600万元,2017年10月××日由赵某出资人民币165万元,钱某出资人民币105万元,林某出资人民币30万元,三人合计出资人民币300万元认购50%股权,交易已经完成。乙方向赵某、钱某、林某三人确认电镀产线可以连续生产三年,购买方投资款人民币300万元按36个月分摊,如因政府政策问题,电镀产线项目只能生产一年,由乙方补偿人民币200万元;如只能生产两年,由乙方补偿人民币100万元;三年以后不能生产,共同承担。第1.6条:到2018年1月27日止,乙方代甲方支付电镀产线项目运营资金共计人民币31.33万元,本合同签订后5个工作日内由甲方支付给乙方。第2.1条:乙方占本合同第1.1条、第1.2条及第1.3条资产50%股权,乙方把该项资产出租给甲方,租金为每月人民币16.5万元整,当月15号支付。第2.2条:租赁期限为3年,自2017年10月××日至2018年2月28日租金共计人民币71.8548万元,优惠后共计人民币40万元,于合同签订后5个工作日内支付。第2.4条:电镀产线项目基础运营费用由甲方承担,该项目费用包括但不限于(电镀产线厂租、生产用水水费、生产用电电费、污水处理费、销售费用、氰气塔费用、清洁费用、员工宿舍租金、员工宿舍水电费等),本费用按照乙方原有同JHT公司签订协议执行,以上费用直接由甲方按期支付给JHT公司,因逾期产生的后果由甲方承担。第2.6条:在租赁期间内,乙方必须协调与JHT公司及环保部门的关系,确保电镀产线项目能正常运行,由此产生新的费用,由甲方承担。第2.9条:租赁期间,任何一方均可提前210天提出终止合同的请求,是否终止由双方协商决定,任何一方不得随意终止本合同,否则可追究终止方违约责任,支付守约方违约金人民币1000万元及赔偿守约方一切损失。第3.1条:甲方需要按期支付乙方租金,延期1~15日的,按日利率0.3%计算滞纳金,超过15日的,乙方有权收回资产,停止生产，视同甲方违约提前终止本协议。第4.4条：租赁期内，每月因政府或JHT公司原因停产，租金按以下方式计算：停产4天以内（含4天）交全月租金，停产超出4天部分，第5天至第8天按每日免租金2倍计算，停产第9天至第13天按每月免租金3倍计算，停产14天以上（含14天）无须缴纳本月租金。被告钱某并未在上述租赁合同上签名。

另查明，2018年9月××日，原告孙某、李某向被告赵某、钱某发送《解除租赁合同的通知》，声明自被告收到通知之日起，双方签订的《租赁合同》予以解除，并要求被告付清全部拖欠费用及支付违约金；2018年9月15日，被告赵某向原告孙某、李某发送《通知书》，声明因原告严重违反双方签订的《租赁合同》，直接导致了合同的终止，要求原告支付违约金及因违约行为造成的损失。

再查明，2018年2月14日，原告开具收据确认收到被告赵某缴纳的2017年10月至2018年2月部分租金200,000元。

以上事实，有《租赁合同》、收款收据、《解除租赁合同的通知》以及庭审笔录等附卷为证。

本院认为，涉案《租赁合同》没有被告钱某的签名确认，且被告钱某对《租赁合同》不予追认，故被告钱某并非合同相对人，原告基于租赁合同关系诉请被告钱某承担责任，无事实及法律依据，本院不予支持。关于《租赁合同》解除时间，本院认为，两原告与被告赵某签订的《租赁合同》系双方真实意思表示，未违反法律法规禁止性或强制性的规定，合法有效，双方均应按照合同约定履行各自的义务。根据《租赁合同》第2.9条的约定，租赁期间，任何一方均可提前210天提出终止合同的请求，是否终止由双方协商决定，任何一方不得随意终止本合同，否则可追究终止方违约责任，支付守约方违约金人民币1000万元及赔偿守约方一切损失；以及《中华人民共和国合同法》第九十六条：当事人一方依照本法第九十三条第二款、第九十四条的规定主张解除合同的，应当通知对方。合同自通知到达对方时解除。对方有异议的，可以请求人民法院或者仲裁机构确认解除合同的效力。原告以被告赵某逾期未付租金为由主张解除租赁合同，并于2018年9

月××日向被告赵某送达解除租赁合同的通知书，被告赵某亦未对解除租赁合同提出异议，故本院确认原被告签订的《租赁合同》于2018年9月××日解除。

关于原告主张两被告支付拖欠的自2017年10月21日至2018年2月28日的设备使用费（租金）518，548元，2018年3月1日至9月10日的租金1，045，000元的要求。本院认为，双方签订的《租赁合同》中约定自2017年10月21日至2018年2月28日租金共计人民币71.8548万元，优惠后共计人民币40万元，于合同签订后5个工作日内支付，该约定是双方真实意思表示，且被告赵某已实际支付部分租金200，000元，故被告赵某仅需支付自2017年10月21日至2018年2月28日剩余租金200，000元。

另，《租赁合同》约定乙方将其拥有50%股权的电镀生产线项目出租给甲方，租金为每月人民币165，000元。因双方签订的《租赁合同》于2018年9月××日约定解除，故被告赵某应支付原告2018年3月1日至9月××日的租金1，045，000元。

关于原告主张两被告支付场地租金、水电费等费用722，982.33元的要求。本院认为，《租赁合同》约定由甲方向案外人JHT公司支付厂租、水电费等费用。因两原告与被告赵某签订的《租赁合同》于2018年9月××日约定解除，而被告赵某明确拒绝支付2018年6～9月厂租、水电费等费用。依据最高人民法院《关于审理城镇房屋租赁合同纠纷案件具体应用法律若干问题的解释》第17条：'因承租人拖欠租金，出租人请求解除合同时，次承租人请求代承租人支付欠付的租金和违约金以抗辩出租人合同解除权的，人民法院应予支持。但转租合同无效的除外。'两原告作为承租人，被告赵某作为次承租人，因被告赵某拒绝支付厂租，必然影响两原告与案外人之间合同的履行，且被告赵某已实际退出租赁厂房，故两原告要求被告赵某支付2018年7～9月厂房租金，本院予以支持，被告赵某应支付两原告租金192，007.67元［74，137元＋88，403元×（1＋10/30）］。对于原告诉请的水电费等费用，两原告提供了应缴费用单、缴费通知书、转账记录予以证明，但应缴费用单、缴费通知书没有案外人JHT公司盖章确认，转账记录亦没有注明费用用途，被告赵某对该组证据亦不予认可，本院认为原告所提供的证据不足以证明被告赵某租赁期间产生的水电费等费用，故本院对原告要求被告赵某支付水电费等费用不予支持。

关于原告主张两被告支付电镀生产线项目运营资金313,300元。被告赵某辩称该笔资金是合作方共同出资，按照原料物料进行折算的一个金额，实际双方未出任何费用。本院认为，根据《租赁合同》第1.6条：到2018年1月××日止，乙方代甲方支付电镀产线项目运营资金共计人民币31.33万元，本合同签订后5个工作日内由甲方支付给乙方。该约定系双方真实意思表示，被告赵某并未提供证据进行反证，故本院对其抗辩不予支持，被告赵某应向两原告支付电镀生产线项目运营资金313,300元。

关于原告主张被告支付违约金3,500,000元。本院认为，涉案《租赁合同》第2.9条约定：'租赁期间，任何一方均可提前210天提出终止合同的请求，是否终止由双方协商决定，任何一方不得随意终止本合同，否则可追究终止方违约责任，支付守约方违约金人民币1000万元及赔偿守约方一切损失'。由于被告赵某并未按涉案合同约定支付租金，构成违约，因此，被告赵某应依约承担违约责任。由于合同约定违约责任过高，原告也提供证据证明其因被告赵某违约造成实际损失的情况，本院根据被告赵某违约情况及原告的诉请，酌定被告赵某向原告支付违约金100,000元。

关于被告赵某主张两原告支付自2018年2月至6月22日因停水停电而减免的厂房租金人民币170,506.01元。本院认为，首先，被告赵某诉请2018年2月因停水停电导致停产系工业园整体放假，且工业园已提前通知，并就放假期间尚需用水用电报备工作作出说明；且工业园因2018年6月停水停电已减少厂房租金；其次，被告赵某所提供的证据不足以证明因停水停电导致停产达到4天以上，且该停水停电并非原告过错导致。故被告赵某该项诉求无事实与法律依据，本院不予支持。

关于被告赵某主张两原告赔偿因停水停电导致其向客户赔偿而产生的损失

1,000,000 元的要求。被告赵某提供了案外人海南××公司出具的《关于 JHX 公司 2018 年电镀件索赔问题》、江阴市××公司出具的《供应商质量索赔信息单》予以证明，两原告辩称该损失系被告应当承担的经营风险和经营责任，与两原告之间不存在因果关系。本院认为，被告赵某提供的该组证据不足以证明该损失系因停水停电直接导致，亦无法证明该损失由两原告过错导致，该项诉求无法律与事实依据，本院不予支持。

关于被告赵某主张两原告支付违约金 2,000,000 元的要求。被告赵某主张案外人 JHT 公司提供的废水处理设施及处理工艺等设施不合格，导致涉案工业园被环保部门查处整改，致使其无法正常生产经营，根据合同第 2.6 条的约定，原告构成违约应承担违约责任。本院认为，首先，涉案合同第 2.6 条仅约定原告必须协调与 JHT 公司及环保部门的关系，并未约定被告所主张的原告违约的事由和责任承担方式；其次，被告停产并非由原告过错行为所造成；最后，被告赵某也未提供证据证明原告怠于协调被告赵某与 JHT 公司的关系。综上所述，被告赵某的该项请求，缺乏事实和法律依据，本院不予支持。

关于被告赵某主张两原告支付占用其具有 50% 所有权的电镀生产线使用费人民币 990,000 元的要求。本院认为，涉案合同并未约定对原告占用两被告享有涉案的电镀生产线 50% 所有权时，原告应向两被告支付对价，因此，被告赵某以合同约定其使用两原告享有涉案的电镀生产线 50% 所有权的价格约定请求原告支付相关费用，依法无据。此外，本案是基于租赁合同履行期间所发生的权利义务纠纷，而被告赵某的该项诉求是基于合同解除后两原告无权占有电镀生产线所发生的权利义务纠纷，被告赵某的该项请求系基于另一事实和法律关系，本院不予审理。

综上所述，依照《中华人民共和国合同法》第九十三条、第九十六条、第九十七条，最高人民法院《关于审理城镇房屋租赁合同纠纷案件具体应用法律若干问题的解释》第十七条，《中华人民共和国民事诉讼法》第六十四条第一款的规定，判决如下：

1. 确认原告孙某、李某与被告赵某于 2018 年 1 月 × × 日签订的《租赁合同》于 2018 年 9 月 × × 日解除；

2. 被告赵某于本判决生效之日起十日内支付原告拖欠的自 2017 年 10 月 21 日至 2018 年 2 月 28 日的设备使用费(租金)200,000 元，自 2018 年 3 月 1 日至 9 月 10 日的租金 1,045,000 元；

3. 被告赵某于本判决生效之日起十日内支付原告场地租金 192,007.67 元；

4. 被告赵某于本判决生效之日起十日内支付原告电镀生产线项目运营资金 313,300 元；

5. 被告赵某于本判决生效之日起十日内支付原告违约金 100,000 元；

6. 驳回原告孙某、李某的其他诉讼请求。

7. 驳回被告赵某的全部反诉请求。

如果未按本判决指定的期限履行金钱给付义务，则应按《中华人民共和国民事诉讼法》第二百五十三条的规定，加倍支付迟延履行期间的债务利息。本案本诉受理费 54,499 元，由原告孙某、李某承担 40,767 元，被告赵某承担 13,732 元；反诉受理费 40,084 元，由被告赵某承担。

如不服本判决，可在判决书送达之日起十五日内，向本院递交上诉状，并按对方当事人的人数提出副本，上诉于 × × 市中级人民法院。”

原告孙某、李某对该判决结果基本上还是满意的，但是对于第三判项只支持场地租金 192,007.67 元不服，认为在被告经营期间产生的水电费等 530,974.66 元也应当由被告承担，遂提起上诉；被告赵某因为其反诉请求被全部驳回同样对一审判决不服，提起上诉；被告钱某因为被排除承担责任，表示服判。双方的上诉状及二审裁判结果在后面的章节中再行介绍。

第二节　决定二审效果的关键是高质量的上诉状

《民事诉讼法》第 176 条第 1 款规定：第二审人民法院对上诉案件，应当开庭审理。经过阅卷、调查和询问当事人,对没有提出新的事实、证据或者理由,人民法院认为不需要开庭审理的,可以不开庭审理。

最高人民法院《民事诉讼程序繁简分流改革试点实施办法》(以下简称《试点实施办法》)第 18 条规定:第二审人民法院审理上诉案件应当组成合议庭审理。但事实清楚、法律适用明确的下列案件,可以由法官一人独任审理:(1)第一审适用简易程序审理结案的;(2)不服民事裁定的。

《试点实施办法》第 20 条规定:由法官一人独任审理的上诉案件,应当开庭审理。没有提出新的事实、证据的案件,具备下列情形之一的,独任法官经过阅卷、调查或者询问当事人,认为不需要开庭的,可以不开庭审理:(1)不服民事裁定的;(2)上诉请求明显不能成立的;(3)原判决认定事实清楚,但适用法律明显错误的;(4)原判决严重违反法定程序,需要发回重审的。

以上可知,二审组成合议庭和开庭审理是常规,独任审理和书面审理是例外。但是各级人民法院案多人少是短时期内难以解决的现实难题,以笔者所在地中级人民法院为例,如果每个二审案件都要求 3 名合议庭成员参加庭审,那么同一时间原本可以同时安排进行 3 个庭审的,就变成只能进行其中一个了,势必给上诉案件排期造成严重妨碍,审限可能变成毫无约束力的规定。所以一般的做法都是合议庭委托主审法官以法庭调查的方式召集上诉人与被上诉人到庭,对上诉请求的有关事实和适用法律进行审查,庭后由合议庭评议后作出终审裁判。

这意味着,二审不可能像一审那样给我们充裕的时间去陈述案件事实、发表质证意见和辩论意见。二审的法庭调查通常只有半个小时到一个小时,再快一点的十几分钟就结束了。换言之,二审庭审不再是代理人展示技能的舞台,我们要把功夫放在如何撰写一篇有理有据的上诉状上,或者针对对方的上诉请求撰写出色的答辩状。

二审审查的重点是"上诉请求的有关事实"和"适用法律",这也是上诉理由表述的核心。如果我们找不出一审裁判在认定案件事实方面存在的偏差或错误,或者对已查明的案件事实错误适用法律规范,或者一审严重违反法定程序等的情形,我们的上诉大概率只能起到拖延时间的作用。

与起诉状不同,上诉状有明确的针对性。比如,判决书有5个判项,我们只对其中2个判项不服,则针对该2个判项阐述上诉理由即可,而无须对一审时的全部诉讼请求重复主张。上诉状也无须拘泥篇幅的长短,洋洋上万言或寥寥数百字,关键看有没有把不服一审裁判的理由说清楚、讲透彻。形象一点理解,当二审法官审查我们的上诉状时,其手头有一审移送的全部卷宗(起诉状、答辩状、证据材料、质证意见、开庭笔录、程序性文件、裁判文书、内审材料……),法官的目光会在上诉理由和卷宗材料之间来回逡巡和游移,只有当我们的理由足以引起法官的重视且案件事实又能加以印证时,法官的目光才会逐渐变得坚定,通过进一步审查卷宗材料,最终建立起对上诉请求应予支持的内心确信。因此,一份高质量的上诉状不仅要事实清楚,突出要点,还必须释法说理,论证充分。上诉状的首要任务是引起法官的关注,核心使命是实现上诉目的。有人说上诉状是二审成败的关键,此言并不为过。

案例1　本章第一节民间借贷纠纷案孙某、李某不服一审判决提交的上诉状

民事上诉状

上诉人(一审原告):孙某、李某。

被上诉人(一审被告):赵某、钱某。

上诉人孙某、李某不服××市××区人民法院做出的(2019)粤××××民初××××号民事判决书,提出上诉。

上诉请求:

1. 撤销原判,改判赵某、钱某向上诉人支付款项100万元及利息。

2. 判令赵某、钱某承担本案一审、二审全部诉讼费用。

事实和理由：

原判认为"鉴于涉案借款约定的借款期限尚未届满，尽管被告没有按期支付借款利息，但双方对逾期付息也做了相应约定，原告以双方租赁关系已经终止为由，要求被告立即偿还借款本息，理据不足，本院不予支持"。据此驳回上诉人的诉讼请求。

上诉人认为，原判局限于借贷款项尚未到期，而忽略了涉案借贷关系的成因以及被上诉人使用款项的前提条件。虽然租赁与借贷是两种不同的法律关系，但是在本案中两者是密不可分的。原审已经查明"本案系一起因合作投资引起的民间借贷纠纷。涉案的100万元款项，原为原告的项目投资款，由被告承接原告项目继受而来，双方合意将该投资款转化为借款。"显然，被上诉人使用该100万元款项是源于对项目的承接，款项用于××车间的生产经营，所约定的最终还款期限也完全等同于租赁的期限。本案并不存在独立的借款合同，借贷款项所依附的《租赁合同》已经解除，被上诉人继续占有使用该款项的事由已不存在，上诉人有权主张返还，被上诉人也应当返还。

即使从债权的角度出发，自2019年1月1日起被上诉人没有按照月利率的1.2%支付过任何利息，同样构成严重违约。上诉人完全可以依据《合同法》第94条第(2)项、第(3)项、第(4)项之规定主张解除借贷关系、收回款项，而不是坐等款项流失殆尽。

上诉人还认为，原判没有充分考虑双方目前错综复杂的诉讼关系和法律关系，机械地以"期限未到"作为裁判依据，在客观上可能造成上诉人款项无法收回的重大损失。目前双方正在进行的诉讼情况如下：

1. 孙某、李某诉赵某、钱某租赁合同纠纷，案号(2019)粤××××民初224×号(一审已判，上诉中)。

2. 孙某、李某诉赵某、钱某民间借贷纠纷，案号(2019)粤××××民初22××号，即本案(一审已判，上诉中)。

3. 赵某诉孙某、李某合伙协议纠纷，案号(2019)粤××××民初80××号

(尚未开庭)。

4. 钱某诉孙某、李某、赵某合同纠纷,案号(2019)粤××××民初161××号(尚未开庭)。

5. J有限公司诉D公司、孙某、李某买卖合同纠纷,案号(2019)粤××××民初139××号。

以上诉讼(包括正在准备起诉的D公司诉J公司委托加工合同纠纷案),无论是孙某、李某一方,还是赵某、钱某一方,均围绕《投资合作协议》《租赁合同》全面主张权利,最终的诉讼结果无非是债权债务相互交错,在执行过程中相互抵消。如果本案涉案款项100万元留待2020年10月××日期满以后再行主张,则上诉人可能面临无法挽回的损失。综上,请求判如所请。

此致

××市中级人民法院

上诉人:孙某、李某

二〇一九年××月××日

该案一审查明案件事实和涉案法律关系是清楚的、准确的,裁判不支持被告立即偿还借款本息的理由是"约定的借款期限尚未届满",但该裁判显然忽视了本案借款的形成与典型的民间借贷存在不同,二者使用资金的条件不一样,该裁判没有进一步审查被告继续占用资金的合理性。故上诉的理由围绕《租赁合同》与借贷关系的相互依存问题展开,租赁合同已经解除,则原告有理由请求被告偿还借款,且双方已提起多起诉讼,更有必要全面处理双方之间的利益纠纷。

该案二审庭审当天,代理人感觉上诉状在阐述理由方面没有加强释明法律依据,增加了不安抗辩权和加速到期的意见,当庭提交了简单的代理词。二审开庭法官重点审查了《租赁合同》里面对于100万元的利息及违约的约定问题,庭后代理人又有针对性地提交了补充意见。

第二审代理词

（2019）粤××民终245××号

审判长、审判员：

广东××律师事务所接受孙某、李某的委托，指派本律师担任他们与赵某、钱某民间借贷纠纷一案第二审阶段的代理人，现发表以下几点代理意见。

被上诉人必须归还借贷的运营资金100万元及利息，理由如下：

第一，基于相同《投资合作协议》《租赁合同》法律关系而发生的另一个诉讼的裁判已经生效［（2019）粤××××民初224×号、（2019）粤××民终247××号］。生效判决认定，上诉人与被上诉人之间的租赁合同关系已经解除，赵某承担相应的违约责任。

被上诉人使用该100万元款项的事由是对合作项目的承接，款项用于18车间的生产经营，本案并不存在独立的借款合同，借贷款项所依附的《租赁合同》已经解除，被上诉人继续占有使用该款项的事由已不存在，被上诉人理应立刻返还。

第二，基于相同《投资合作协议》《租赁合同》法律关系而形成另外四个诉讼，××区人民法院考虑到案件之间的相互关联且都是基于同一法律行为，为了准确认定案件事实、保证裁判的一致性，决定由三名法官共同组成合议庭，定于12月××日下午一并进行审理。

这也说明，无论是孙某、李某一方，还是赵某、钱某一方，围绕《投资合作协议》《租赁合同》全面主张权利，对彼此之间的债权债务进行彻底清算。最终的诉讼结果无非是债权债务相互交错，在执行过程中相互抵销。如果本案涉案款项100万元留待2020年10月××日期满以后再行处理，则上诉人可能面临无法挽回的损失。

第三，即使把本案视为典型的民间借贷，被上诉人应当自2019年1月1日起按照月利率1.2%计付利息，但迄今已经近12个月了，上诉人未支付分文利息，构成严重违约。上诉人完全可以依据《合同法》第68条、第94条第(2)项、第(3)项、第(4)项、第108条之规定①行使不安抗辩权，主张解除借贷关系、收回款项。从保护债权人利益出发，恳请二审法院判令付款期限已到期或者加速到期，判如所请。

谢谢合议庭。

广东××律师事务所

代理人：某某

二〇一九年××月××日

第二审补充代理词

(2019)粤××民终245××号

审判长、审判员：

广东××律师事务所接受孙某、李某的委托，指派本律师担任他们与赵某、钱某民间借贷纠纷案第二审阶段的代理人，庭后补充以下代理意见。

涉案《租赁合同》第1.4条对于100万元的利息及违约的约定是："2019年1月1日起开始计息，月利率1.2%，月利息金额人民币1.2万元，于次月5日支付。不按期支付的利息，计入次月本金，加收利息。"该约定看似加重了违约方的责任，但是将未付利息计入本金的约定违反了法律规定，不能得到法院支持，约定无效。故一审判决关于"尽管被告没有按期支付借款利息，但双方对逾期付息也做了相应约定，原告以双方租赁关系已经终止……理据不足，本院不予支持"的裁判是错误的。现被上诉人逾期支付利息已经近12个月，严重违约，上诉人主张依不安抗辩权解除借贷关系、收回借款的请求依法有据，请求二审法院予以支持。

---

① 此处援引《合同法》第68条、第94条等的规定，因当时《民法典》尚未公布实施，《合同法》有效，相关条款的内容现已被《民法典》吸收归纳。本书后面章节中出现有关《合同法》条款的引用不再一一加以解释，敬请读者阅读时留意。

谢谢合议庭。

广东××律师事务所

代理人：某某

二〇一九年××月××日

案例2 本章第一节房屋租赁合同纠纷案被告××市QP公司不服一审判决提交的上诉状

民事上诉状

上诉人(原审被告、反诉原告)：××市QP公司。

法定代表人：某某某，董事长。

被上诉人(原审原告、反诉被告)：向某某。

上诉人因不服××市××区人民法院做出的(2016)粤××××民初202××号民事判决书，特提起上诉。

上诉请求：

1. 将本案发回重审。或者，撤销原判第一、二、三、六项，改判被上诉人向上诉人支付拖欠的租金192,000元、支付管道煤气安装费51,000元、支付违约金19,200元。

2. 将本案发回重申。或者，将原判第四项改判为被上诉人向上诉人支付拖欠的水电费29,263.1元。

3. 判令被上诉人承担本案一审、二审的全部诉讼费用。

事实和理由：

1. 涉案×公司所使用的场地系违法建筑，双方签订的《租赁协议书》因违反法律、行政法规的强制性规定而归于无效。原审法院的判决不符合合同无效的处理原则，袒护被上诉人导致上诉人利益遭受严重侵害。

上诉人在与×公司签订场地《租赁合同》的时候，虽然×公司口头声称租赁场地具备全套合法手续(施工许可、竣工验收、产权证等)但是没有提交任何相关的书面资料，上诉人要求办理租赁合同备案登记手续时也因为没有相关产权资料而无法取得租赁凭证。直到原审判决下来，上诉人才打听到涉案场地只有第一至第三层是有合法报建手续的，四层以上属于开发商擅自违建，这也就直接导致了被上诉人的管道煤气过户手续拖延了很长时间。

本案第一审在庭审过程中法官要求原告开庭后七日内提交合法建筑的证明材料，否则按照无效合同处理。但是原告庭后是否提交却不得而知，法庭也没有通知上诉人对新的证据发表质证意见。

本案一审适用简易程序审理，2016年12月××日开庭审理，没有任何合理理由，延迟至2017年8月××日才签发判决书，9月××日判决书向上诉人送达，距离庭审已将近10个月，程序上存在严重违法。

原判在“本院认为”中认定(第4页第二自然段)：“原、被告双方签订的租赁协议系双方真实意思表示，不违反法律的强制性规定，合法有效。因此本案原告与被告签订的租赁合同违反了法律的强制性规定，为无效合同。”原审法院的表述混乱不清，这导致上诉人无法判断原审法院对于涉案合同性质的判定。

如果涉案《租赁协议书》属于有效合同，原审法院理应述明理由和证据依据；如果涉案《租赁协议书》属于无效合同，则原审判决违背了合同无效的处理原则。

《合同法》第56条规定：无效的合同或者被撤销的合同自始没有法律约束力。《合同法》第57条规定：合同无效、被撤销或者终止的，不影响合同中独立存在的有关解决争议方法的条款的效力。《民法总则》第157条规定：民事法律行为无效、被撤销或者确定不发生效力后，行为人因该行为取得的财产，应当予以返还；不能返还或者没有必要返还的，应当折价补偿。

原审法院在认定合同无效的基础上，却援引《租赁协议书》第5.1.18条确认合同的起租期，援引第8.1.1条确认所谓的搬迁赔偿金，给上诉人造成重大经济损失。

2. 涉案《租赁协议书》无效，并不能因此豁免被上诉人实际使用租赁场地期间的场地占用费和拖欠的其他费用；况且，并非上诉人的原因导致合同无法履行，而是被上诉人主动放弃经营。

上诉人与被上诉人向某某于2014年12月××日签订《租赁协议书》，约定向某某租赁美食广场四楼5号单元经营“××”茶餐厅；2015年5月××日，双方再行签订《合同补充协议书》，向某某再租赁3号单元扩大经营面积，可见“××”茶餐厅自承租后一直处于营业状态且有扩大经营面积的需要。虽然协议第5.1.18条约定，上诉人有义务“免费协助乙方（被上诉人）完成天然气户名变更……如未能正常使用天然气，甲方（上诉人）同意，装修免租期与天然气通气增加的天数相对应增加。”需要指出的是，被上诉人才是茶餐厅的经营者，天然气过户的责任主体是被上诉人，上诉人只有协助的义务。况且当时天然气管道的铺设已经就位，只是由于产权证以及前任经营者下落不明等原因导致过户手续延期。双方经协商在管道煤气未开通前被上诉人先使用瓶装气开展经营活动，截至2015年10月天然气开通前茶餐厅并非处于装修期，也不是在等待完成天然气过户才能开业，天然气逾期过户并未影响“××茶餐厅”的经营。事实上，被上诉人分别于2014年12月××日，2015年5月××日、6月××日、7月××日支付保证金和租金（其中保证金37,000元，租金47,000元），该租金的支付行为就是对双方先使用瓶装气开展经营活动的口头约定的确认。所以，就算涉案《租赁协议书》有效，原判确认从2015年10月××日起计算租金是对客观事实的错误认定。

上诉人与×公司之间固然存在种种矛盾，但均不对被上诉人能否继续履行合同构成影响。首先，×公司通知自2016年2月1日起停电，但仅仅停电两天即恢复供电，而被上诉人此前已经主动放弃经营；其次，被上诉人长期、大量拖欠租金，早已构成严重违约，上诉人已经多次口头通知其解除合同，即使对其经营的店铺停水、停电也是行使正当的合同权利；最后，2016年4月上诉人与×公司解除租赁关系后，×公司与被上诉人商谈过多次，只要其按月缴纳租金（之前欠上诉人的不计），合同可以继续履行，被上诉人依然选择放弃经营，才被×公司劝离。所以，不是因为上诉人的原因致使合同无法继续履行。

如前所述，涉案租赁场地因未取得施工许可、竣工验收、产权证等手续，违反了法律强制性规定而归于无效,被上诉人对于实际占用租赁场地期间(自2015年2月至2016年4月)的占用费以及实际发生的其他费用仍需承担支付义务。占用费及其他费用如下:

自2015年2月1日至6月30日,被上诉人应当支付的租金为:13,500元×4个月+18,500元×1个月=72,500元;自2015年8月至2016年4月,被上诉人应缴纳租金18,500元×9个月=166,500元,租赁期间共计应缴纳租金239,000元,但被上诉人仅支付47,000元,总计拖欠租金192,000元。

另,依据双方所签协议书第2.3.6条之约定,逾期30天视为重大违约,被上诉人还须按应缴金额的10%向上诉人支付违约金计19,200元。

此外,被上诉人还拖欠自2015年9月至2016年2月水电费共计29,263.1元。2015年10月品福茶餐厅管道煤气工程施工,上诉人垫付工程款51,000余元,以上两笔共计80,263.1元。特此上诉。

此致

××市中级人民法院

上诉人:××市QP公司

二〇一七年十月××日

这个案件的核心问题是起租日期的认定。按合同约定起算与按完成燃气过户起算之间相差近8个月,8个月应缴租金还是免租,影响的不仅是8个月的租金收入,还直接关系其他违约责任,特别是影响到被告是否有权解除合同以及应否赔偿原告60万元损失的责任认定。被告上诉理由强调燃气过户的主体责任人是原告,被告只负辅助义务,且被告并未因为燃气过户问题影响餐厅经营,原告在获取经营收益的同时享受免除支付租金的义务不符合权利义务对等的原则,但这些理由只触及适当或公平,尚难以撼动合同当事人的意思自治,上诉审法院可以调整也可以维持。但上诉人提出的涉案场地未取得不动产权属则属于原则性问题,根据最高人民法院《关于审理城镇房屋租赁合同纠纷案件具体应用法律若干问题的解释》第2条“出租人就未取得建设工程规划许可证或者未按照建设工程规划许可证的规定建设的房屋,与承租人订立的租赁合同无效……”的规定,涉案《租赁协议书》应认定为无效,如果按合同无效处理,则与合同有关的违约责任的约定同属无效,被告完全有可能免除60万元的赔偿责任,同时原告也应当支付欠缴的场地占用费。故二审的关键是查明场地的权属状况。

案例3　本章第一节租赁合同纠纷案双方不服一审判决提交的上诉状

(一)原告孙某、李某的上诉状

民事上诉状

上诉人(一审原告):孙某、李某。

被上诉人(一审被告):赵某、钱某。

上诉人孙某、李某不服××市××区人民法院做出的(2019)粤××××民初224×号民事判决书,提出上诉。

上诉请求:

1.撤销原判第三项,改判赵某支付场地租金192,007.67元、水电费等530,974.66元,共计722,982.33元。

2.撤销原判第五项,改判赵某增加支付违约金数额。

3.判令钱某共同承担全部债务的清偿责任。

4.判令赵某、钱某承担本案一审、二审全部诉讼费用。

事实和理由:

一审判决对于案件事实的查明是清楚的,认定案件事实基本准确。但是对于租赁期间被上诉人一方拖欠的53万余元的水电费等费用判令由上诉人承担是错误的。酌定判决被上诉人支付10万元违约金数额明显过低。仅仅因为钱某没有在《租赁合同》上签名就认定其非合同相对人,与客观事实不相符合。

一、关于2018年6~9月的厂租和水电费

根据案外人JHT公司提供的《应缴费用单》《缴款通知书》等材料,被上诉人

拖欠费用的情况如下:

1. 厂租:2018年7月74,137元、8月88,403元、9月29,467.67元,被上诉人共计拖欠厂租192,007.67元。

2. 水电等费用:2018年6月280,901元、7月191,994元、8月52,208元、9月52,868元(其中5871.66元分摊给被上诉人),被上诉人共计拖欠水电等费用530,974.66元。

上述费用发生于被上诉人租赁经营期间,依合同约定应由被上诉人直接向案外人支付,现已全部由上诉人代为支付。上诉人代为支付的不仅仅是722,982.33元厂租和水电费用,还支付了66,421元的违约滞纳金(6月26,803元、7月28,229元、8月11,389元),因起诉时疏忽没有提出诉求,只得放弃。但是对于上述实际发生的费用,一审只判令被上诉人支付厂租192,007.67元,对于拖欠水电等费用530,974.66元,一审以案外人没有盖章确认、转账记录未注明费用用途、赵某对该组证据亦不予认可为由不予支持。现案外人已经本着对客观事实负责的态度对相关证据盖章确认,同时上诉人还补充提交了全部转账记录、案外人开具的收款收据,足以证明水电费发生的数额是真实的。请求二审法院予以认定并判令被上诉人支付该费用。

二、关于违约金

虽然《租赁合同》约定违约金的数额1000万元确实过高,但是一审酌定10万元显然过低,不足以惩罚被上诉人的严重违约行径,更不能补偿因违约给上诉人造成的巨大的经济损失。请求二审法院酌情变更,以不低于100万元为宜。

三、关于钱某在租赁合同中的地位与作用

钱某虽然没有在《租赁合同》上甲方处签名,但是必须看到《租赁合同》与《投资合作协议》在内容上是一脉相承的,在时间上是先后为续的。《投资合作协议》签订仅仅过去4天,就以《租赁合同》确定的方式划分各自的权利义务。至少,在2017年10月21日至2018年1月31日(《投资合作协议》签订后第四天至《租赁合同》签字日当天这2个月零10天中),钱某作为《投资合作协议》的合同当事人,参与并履行的是《租赁合同》确定的合作方式,钱某以自身的行为完成了对《租赁合同》的确认。

客观事实是,钱某一直是赵某的合伙人,他们共同组成协议及合同的甲方,钱某在《租赁合同》的履行期间一直实际参与××车间的生产和经营。上诉人在与被上诉人合作过程中,始终是以"甲方"作为联络对象,所有函件均是发送给赵某和钱某的,钱某从来没有做出过"我不是合同相对人"的意思表示。钱某在收到上诉人发送给其《关于处理××间资产的紧急通知》以后,还回复了以下内容:"造成这种下场的根源就是环保不合格,没办法正常经营""希望你弄清方向",同时还向上诉人转发了《JHT公司环保公开道歉承诺书》和对环保典型案例查处的公告,这进一步证明了钱某"甲方"的身份。钱某在案件诉前联调阶段回复调解员的时候,表述的意思是"我只是一个小股东,我听从大股东(赵某)的意见",由此可知,钱某在案件正式立案进入诉讼程序以后才开始否认自己是《租赁合同》的合同相对人,这完全是出于应对诉讼以及逃避责任的需要。因此,没有在《租赁合同》上签名不能成为钱某逃避责任的理由,请求贵院判令钱某与赵某共同承担全部涉案债务的清偿责任。

特此上诉。

此致

××市中级人民法院

上诉人:孙某、李某

二〇一九年七月××日

孙某、李某上诉的重点是赵某、钱某租赁经营期间产生的53万余元水电费的负担问题,并在二审期间补足了经过工业园确认的水电费单据和上诉人已经垫付上述费用的单据;对于违约金则认为法院酌定额偏低,不足以惩戒违约行为,也不足以弥补上诉人受到的实际损失;对于钱某应否共同承担债务清偿,上诉人也知道因诉前未及时收集相关证据,现有证据的证明力尚显不足,但是考虑到赵某缺乏清偿能力(或者说对清偿充满抵触心理),希望再做一次努力。不过孙某、李某对于上诉结果有较清醒的认识,力争解决水电费的负担问题,对违约金和钱某的责任不做改判的期望。

(二)被告赵某的上诉状

民事上诉状

上诉人(原审本诉被告、反诉原告):赵某。

被上诉人(原审本诉原告、反诉被告):孙某、李某。

原审被告:钱某。

上诉人因与被上诉人租赁合同纠纷一案,不服××市××区人民法院做出的(2019)粤××××民初224×号判决书,现依法提出上诉。

上诉请求:

撤销一审判决并改判:1. 上诉人无须向被上诉人支付自2018年3月1日至9月10日的租金1,045,000元;2. 上诉人无须向被上诉人支付违约金100,000元;3. 被上诉人向上诉人支付停水停电而向客户赔偿的款项1,000,000元;4. 被上诉人支付占用上诉人具有50%所有权的电镀生产线使用费990,000元(按每月165,000元的标准,从2018年9月11日开始计算至被上诉人返还占用的生产线之日止,暂计算至2019年3月10日);5. 本案一审、二审受理费,反诉费用,上诉费用均由被上诉人承担。

事实与理由:

1. 一审判决对本案被上诉人作为转租人的义务认定错误,其需确保涉案场地正常提供水电及具备环保要求的排污能力。

本案为租赁合同纠纷,上诉人为次承租人,被上诉人为转租人,上诉人租用涉案场地及电镀生产线的目的是正常生产,该行业对水电及排污要求很高,案外人JHT公司收取涉案场地的租金构成里就包含租赁方购买相关排污资质及能力的费用(被上诉人与JHT公司签订的《承包经营合同》第4条),基于该原因,场地出租方必须保证水电的正常供应，也必须保证不会由于环保问题而影响生产。所以，在《承包经营合同》里就体现了JHT公司相关义务，具体体现在第7条第3点“提供污水治理设施并代为治理”。上诉人是从被上诉人处转租涉案场地，所以继承了《承包经营合同》的内容，JHT公司及作为转租人的被上诉人有确保正常供应水电及提供符合环保要求的排污设施的义务。

上诉人从被上诉人处租赁涉案场地，没有直接与JHT公司接触，但被上诉人了解涉案场地的水电供应及排污能力，为了实现租赁合同的目的，因此在与被上诉人签订本案的《租赁合同》时，特意设计了如下条款，即第1.1条约定被上诉人需确保可以生产三年，第2.6条约定被上诉人需协调与JHT公司及环保部门的关系，确保电镀线项目正常运行，第4.4条约定停水停电的，可以减免租金。

结合以上两点，《租赁合同》第2.6条约定被上诉人需协调与JHT公司及环保部门的关系，并不只是要求被上诉人做协调工作，而是基于合同目的及被上诉人转租人的地位，被上诉人具有与JHT公司同样的义务，即确保正常供电及排污能力。第2.6条最后一句话是“确保电镀线项目正常运行”，说明不管是JHT公司还是其他的原因，只要电镀线不能正常运行，被上诉人就构成违约。而且，被上诉人也未证明已经尽到协调义务，应承担举证不能的后果。所以一审判决书第13页最后一段认定错误。

2. 被上诉人的违约行为在于经常停水停电及排污不能满足环保要求，排污不能满足环保要求导致需要限制供水供电以达到减少排污的目的。

我方提供的证据中，JHT公司的道歉承诺书、违法行为汇总表已经证明涉案场地在2018年5月10就已经被发现排污超标了，环保部门向JHT公司出具《责令改正违法行为决定书》，要求其停止违法行为，2018年6月23日又下发了《责令改正违法行为决定书》。我方在一审时要求调取该决定书，但未被准许。基于此，JHT公司采取了限水限电及修建排污设施的行为，企图达到减少排污的目的，所以才有了我方提交的微信聊天记录中的情形，即所有租客时不时反映停水停电的现象。以上证据，足以证明 JHT 公司及被上诉人未提供符合合同目的的租赁场地，被上诉人未提交任何协调的证据，所以应该认定被上诉人在 2018 年 6 月起就开始违约的事实。所以，我方有权不交自 2018 年 6 月至合同解除时的租金。

3. 上诉人不交租金的行为具有合法的抗辩理由，不是违约行为，一审不应支持被上诉人的违约金主张。

如第二点所述，是被上诉人违约在先，导致上诉人不能正常生产，租赁目的不能实现，上诉人未能按期向自己的客户供货，所以上诉人才提出先不交租金，等被上诉人协调好供水供电及排污问题才交租金，且要求按合同要求减免租金，但被上诉人怠于履行协调义务。另外，因为被上诉人拖欠上诉人货款，所以上诉人要求在货款中抵扣租金，被上诉人未拒绝，且在起诉前未主张租金，说明其以默认的方式同意了上诉人的提议。所以，上诉人不存在违约行为，一审判决我方支付违约金的要求不符合案件事实。

4. 上诉人被客户索赔与被上诉人的违约具有因果关系。

根据前述陈述，被上诉人的过错导致园区不能提供充足的水电及排污力量，没有水电，上诉人不能安排生产，导致产能不能跟上客户的订单交货的时间，从而导致上诉人不能及时向客户交货，所以客户以迟延交货的理由向上诉人索赔。据此，上诉人对客户的赔偿完全是被上诉人的过错直接导致的，两者之间是因果关系，所以一审判决第 13 页第三段认定事实错误，导致未能支持我方关于赔偿金的反诉请求。

5. 被上诉人单方面解除合同、占有生产线的行为，具有与我方租赁生产线相同的性质，根据对等原则，我方有权要求其按《租赁合同》的要求支付租金。该诉求基于租赁合同而产生，与租赁关系同属一个法律关系，无须另外处理，否则会浪费诉讼资源。

综上，一审法院认定事实错误，对上诉人主张的多项抗辩理由不予采纳，其所作出的判决与事实不符。故此，恳请贵院依据上述上诉理由，依法纠正本案一审错误判决,还上诉人公道,维护公平正义。

此致

××市中级人民法院

上诉人:赵某

二〇一九年七月××日

赵某和他的代理人在一审应诉时就表现得不够专业且非常固执。首先,他坚持认为自己在履行租赁合同过程中不存在任何违约行为,或者说即使存在违约也不是他的责任;其次,他本诉的抗辩和反诉的理由完全建立在"场地不能正常提供水电服务及场地不具备环保要求的排污能力"之上;最后,他总是有意或无意地割裂合同的整体性和完整性,对其不利的条款或约定即使有证据证明也认为对其不具约束力,而对于对他有利的条款或约定即使没有证据支持也会用以抗辩或反击。

一审的结果显然对其非常不利,原告本诉的请求大部分得到法院支持,被告反诉的请求全部被驳回。赵某提起上诉是可以理解的,但是其上诉理由仍然固执地围绕"园区不能提供满足生产需要的水电供应"和"园区因排污被处罚致使其产能受限无法实现合同目的"而展开。一审裁判文书对于为什么不支持该理由做了充分的释明,否定了园区限产能与免除合同义务之间的关联性。赵某在诉讼中没有学会变通,如果反败为胜已经遥不可及,就应当着手减轻责任、减少损失。

本节列举三个上诉案件的二审裁判结果,将在下一节向大家介绍。

上诉状是当事人不服一审裁判,启动二审程序的根据。二审针对上诉请求的有关事实和适用法律进行审查,上诉状的重要性是不言而喻的。但是,决定上诉成败的始终是案件事实和证据,脱离案件事实空谈上诉理由、偏离证据材料强引法律适用是无效的,是在浪费当事人的时间和金钱,是在无谓消耗国家宝贵的司法资源。在不考虑再审、抗诉等特别程序的情况下,二审是我们必须把握的最后的司法救济途径。

笔者再次重复以下观点:上诉状不能决定上诉的成败,但可以决定二审法官是否重视我们的上诉理由。轻率地上诉是不负责任的,我们谁也不能保证会成为被改判的那10%,当我们综合分析全案证据材料和上诉理由,客观判断有超过70%的可能性会得到上诉审法院支持的时候,才有可能从超过90%维持原判的比例中挣脱而出,获得逆转的机会。

第三节 终审裁判,喜悦或遗憾

我国法院系统四级两审职能定位的要求是,基层人民法院重在准确查明事实、实质化解纠纷;中级人民法院重在二审有效终审、精准定分止争;高级人民法院重在再审依法纠错、统一裁判尺度;最高人民法院监督指导全国审判工作、确保法律正确统一适用。

二审的目的是精准定分止争,实现有效终审。第二审人民法院的判决、裁定,是终审的判决、裁定。二审裁判文书一经送达即发生法律效力,对各方当事人均有约束力,负有履行义务的一方当事人应主动按照生效文书确定的方式履行义务,不主动履行的,另一方可申请人民法院强制执行。

如果把诉讼比作一场大考,终审裁判就是我们最终的考试成绩,成绩是否理想都得接受。委托人对于裁判结果不能接受的,我们需耐心释法说理,客观分析原因,建议其调整心态,理性面对。在没有充足的理由和相当把握的情况下,不要鼓动委托人继续申诉或碍于情面代理申诉。心结宜解不宜结,有些当事人为了一桩普通的纠纷付出数年的时间,甚至拿自己下半辈子的时间、精力、积蓄为赌注,苦苦纠结,死缠烂打,走火入魔,结果往往付出越多,失望越大,最终导致心理失衡,行为极端,让自己、他人甚至社会付出惨重的代价。在必要的时候安抚、疏导、稳定委托人的情绪,既是法律服务的内在要求,也是共建和谐社会对我们提出的要求,律师的职责并非只是维护当事人合法权益,我们同样需要维护法律正确实施，维护社会公平和正义。

说了这么多，做了这么多，等了这么久，无论终审裁判如愿与否都终将到来，喜悦或遗憾都是对我们成长的历练。

终审判决书实例

案例1 孙某、李某民间借贷纠纷上诉案终审判决书

广东省××市中级人民法院
民事判决书

（2019）粤××民终245××号

上诉人（原审原告）：孙某、李某。

上述两上诉人共同委托诉讼代理人：某某，律师。

被上诉人（原审被告）：赵某。

委托诉讼代理人：某某某，律师。

被上诉人（原审被告）：钱某。

委托诉讼代理人：某某某，律师。

（以下一审查明事实等略）

本院二审期间，各方当事人均未提交新的证据材料。

经本院审理查明，一审查明事实清楚，本院予以确认。

另查明，本院于2019年11月××日作出（2019）粤××民终247××号生效民事判决，认定孙某、李某和赵某系涉案《租赁合同》的当事人，钱某并非该合同当事人，无须承担《租赁合同》所约定的相关义务和责任。同时，该生效判决确认本案所涉《租赁合同》于2018年9月××日解除，并认定赵某存在违约行为，判令赵某向孙某、李某支付违约金等款项。

本院认为，本案所涉纠纷系借款关系所引发的纠纷，双方存在两个争议焦点：第一，在约定的借款期限尚未届满前，孙某、李某是否有权要求赵某提前还款

付息;第二,钱某在本案中是否应承担共同还款付息的责任。

对于第一个争议焦点,孙某、李某与赵某签订的《租赁合同》第1.4条约定本案所涉借款还本付息时间最迟不晚于2020年10月××日。赵某由此主张因还款期限未到,其无须提前还款付息。对此,本院认为,首先,孙某、李某与赵某之间的借款关系是《租赁合同》的组成部分,双方并未签订独立的借款协议。且孙某、李某与赵某均认可《租赁合同》第1.4条所涉及的借款系由双方合作款转化而来,而双方的合作关系后来通过《租赁合同》变更为租赁关系。因此,本案所涉借款关系与双方租赁关系存在密切关联,是基于双方租赁关系所产生的,并非完全独立的借款关系。在孙某、李某和赵某均主张解除《租赁合同》,且本院生效判决也已确认双方《租赁合同》解除的情况下,作为《租赁合同》一部分的借款关系及相应条款也必然随之解除。根据《中华人民共和国合同法》第九十七条的规定,合同解除后,尚未履行的终止履行。因此,《租赁合同》解除后,孙某、李某有权要求赵某提前还本付息。其次,根据本院(2019)粤03民终247××号生效民事判决的认定,《租赁合同》解除的原因是赵某未按《租赁合同》约定支付租金。因此,赵某作为导致合同解除的过错方,其不应再享有《租赁合同》给予其的借款期限。孙某、李某有权要求其提前还本付息。最后,《租赁合同》第1.4条约定涉案借款自2019年1月1日起开始计息,月利率1.2%,于次月5日支付。即使涉案借款系独立的借款关系,赵某也应按双方上述约定的标准和期限支付利息。本案中,赵某自利息起算日起至本案二审庭审时,在长达一年的时间内均未依约支付利息且未有合理理由,明显系以其行为表示拒绝履行作为债务人的主要义务。虽然双方约定"不按期支付的利息,计入次月本金,加收利息",但该约定系对赵某不依约支付利息的违约责任的规定,并不影响孙某、李某依照《中华人民共和国合同法》第九十四条和第一百零八条的规定,提前解除借款关系、要求赵某承担违约责任的权利。综合以上因素,本院认为,孙某、李某要求赵某提前还款付息,理由成立。赵某应当向孙某、李某偿还借款本金100万元并按月利率1.2%的标准自2019年1月1日支付利息至实际清偿完毕之日止。一审此项处理有误，本院予以纠正。

对于第二个争议焦点，本案所涉《租赁合同》未有钱某的签名，孙某、李某也无证据证明钱某加入了本案的借款关系并承诺承担还本付息的责任。且本院(2019)粤03民终247××号生效民事判决也已认定钱某并非《租赁合同》当事人，其无须承担该合同所约定的各项义务及违约责任。因此，孙某、李某要求钱某承担还本付息的责任，没有事实和法律依据，本院不予支持。

综上，孙某、李某的上诉理由部分成立，本院对成立部分予以支持。原审认定事实清楚，但适用法律错误，处理欠妥，本院依法予以纠正。依照《中华人民共和国合同法》第六十条、第九十四条、第九十七条、第一百零八条，《中华人民共和国民事诉讼法》第一百七十条第一款第二项之规定，判决如下：

1. 撤销××市××区人民法院(2019)粤××××民初244×号民事判决；

2. 被上诉人赵某于本判决生效之日起十日内向上诉人孙某、李某偿还借款本金100万元及其相应利息(利息以本金100万元为基数，自2019年1月1日起按月利率1.2%标准计算至实际清偿完毕之日止)；

3. 驳回上诉人孙某、李某的其他诉讼请求。

如被上诉人赵某未按本判决指定期间履行给付金钱义务，应当依照《中华人民共和国民事诉讼法》第二百五十三条之规定，加倍支付迟延履行期间的债务利息。

本案一审、二审案件受理费各6900元，共计13,800元，由上诉人孙某、李某承担1800元，由被上诉人赵某承担12,000元(本案一审、二审案件受理费上诉人孙某、李某均已预交，被上诉人赵某应负担之数径付上诉人孙某、李某)。

本判决为终审判决。

二审支持了孙某、李某的上诉理由，虽然借款期限尚未届满，但该借款的形成与双方租赁关系存在密切关联，双方均主张解除《租赁合同》，作为《租赁合同》一部分的借款关系及相应条款也必然随之解除。且，即使涉案借款系独立的借款关系，赵某在长达一年的时间内均未依约支付利息，明显系以其行为表示拒绝履行作为债务人的主要义务。据此依法改判。

孙某、李某的上诉得到支持,还有一个比较重要的因素,双方之间因租赁纠纷提起的诉讼已经终审,生效判决已确认双方《租赁合同》解除,赵某的违约事实得以确认。

本民间借贷纠纷案和下面将提到的租赁合同纠纷案得以终审,赵某、钱某、孙某、李某之间围绕合伙及租赁关系展开的一系列诉讼均相继结案,这为各方最终在执行阶段达成和解、化解恩怨奠定了坚实的基础。

案例 2 房屋租赁合同纠纷被告 ××市 QP 公司上诉案终审裁定书

广东省××市中级人民法院
民事裁定书

(2018)粤××民终 27××号

上诉人(原审被告、反诉原告):××市 QP 公司。

委托诉讼代理人:某某,律师。

被上诉人(原审原告、反诉被告):向某某。

委托诉讼代理人:某某,某某某,律师。

上诉人××市 QP 公司(以下简称 QP 公司)因与被上诉人向某某房屋租赁合同纠纷一案,不服××市××区人民法院(2016)粤××××民初 202××号民事判决,向本院提起上诉。本院于 2018 年××月 1 日立案后,依法组成合议庭进行了审理。本案现已审理终结。

二审另查明,因 QP 公司申请调查涉案房屋产权登记情况,本院发函给××市不动产登记中心,该中心回复为:"经查,××宗地上××项目已办理不动产首次登记。该项目商场登记名称为×商场,已核发了×房地字第××××号房产证,权利人为×公司,建筑面积为 15×××平方米,楼层为 1~3 层。测绘报告记载 1~3 层建筑面积分别为 50××平方米、52××.81 平方米、51××平方米。"

本院认为，该涉案场地已领取房产证，但产权证中注明的面积只包含涉案场地1～3层。一审法院怠于调取涉案场地的权属登记资料导致案件的基本事实不清。依照《中华人民共和国民事诉讼法》第一百七十条第一款第三项规定，裁定如下：

1. 撤销××市××区人民法院（2016）粤××××民初202××号民事判决；

2. 本案发回××市××区人民法院重审。

上诉人QP公司预交的二审案件受理费为5672元，本院予以退回。

因律师无法取得涉案不动产登记信息，一审时审判人员曾经就场地的权属情况询问过双方当事人，被告回应已经多次向出租方×公司要求，但是×公司只是口头答复有房产证却一直没有提供，而×公司不提供房产证也是导致燃气过户迟迟不能办理过户的原因，被告请求法院调取。而原告的回应是场地有房产证，审判人员遂要求原告于开庭后七日内提交合法建筑的证明材料，否则按照无效合同处理，但是没有下文。二审被告再次申请法院调取涉案场地的权属登记，经二审函调查明，该房屋第1～3层是办理了登记的，第四层即涉案租赁场地没有办理登记，可认定为开发商或权利人×公司违法加建。因该基本事实可能对合同效力的判定产生重大影响，并直接导致裁判结果的不同，故二审将该案发回重审。

发回重审后，原告与被告在法庭的主持下达成和解。

案例3　孙某、李某与赵某、钱某租赁合同纠纷上诉案终审判决书

广东省××市中级人民法院
民事判决书

（2019）粤××民终247××号

上诉人（原审原告、反诉被告）：孙某、李某。

上述两上诉人共同委托诉讼代理人：某某，律师。

上诉人（原审被告、反诉原告）：赵某。

委托诉讼代理人:某某某,某某某,律师。

被上诉人(原审被告):钱某。

委托诉讼代理人:某某某,律师。

上诉人孙某、李某因与上诉人赵某、被上诉人钱某租赁合同纠纷一案,不服××市××区人民法院(2019)粤××××民初22××号民事判决,向本院提起上诉。本院于2019年9月××日立案后,依法组成合议庭进行了审理。本案现已审理终结。

(以下一审查明内容略)

本院对一审查明的事实予以确认。

另查明,2018年12月××日,孙某、李某与赵某签订一份会议记录,会议记录第2条第3款载明:场地租金722,982.33元,赵某认为自8月7日起,工业园不让出货,所以从这以后的场地租金不应由赵某承担,赵某确认的场地租金数额为573,869.52元。

二审中,孙某、李某提交了2018年6~9月其向JHT公司缴纳厂租、水电费的单据、支付凭据及收据。

本院认为,孙某、李某与赵某于2018年1月31日签订的《租赁合同》系有效合同,对双方当事人具有约束力。钱某虽是《投资合作协议》的甲方之一,但各方当事人均确认该协议已终止,而《租赁合同》的当事人并未列有钱某,孙某、李某主张钱某是《租赁合同》当事人之一,未提交具有充分证明力的依据,仅凭钱某在合同履行期间一直参与及其将函件同时发送给钱某而钱某并未作出反对的意思表示等事实,并不足以让钱某取得《租赁合同》当事人的身份,故孙某、李某要求钱某承担责任,没有事实和法律依据。

关于孙某、李某是否具有确保涉案场地正常提供水电及具备环保要求的排污能力的义务的问题,孙某、李某与赵某之间合同关系的权利义务应根据双方签订的合同的内容来确定,孙某、李某与JHT公司之间的合同不能对孙某、李某与赵某之间的合同关系产生约束力。《租赁合同》第1.1条约定孙某、李某需确保可以生产3年,原话的主语是“电镀生产线”,指的是生产线本身,不应包括其他外在的生产环境;而合同第2.6条约定孙某、李某必须协调与JHT公司及环保部门的关系,此处使用的是“协调”,从字面意义上应理解为提供必要的帮助,并不能理解为孙某、李某需确保生产能正常运行。电镀行业系国家限制的高耗能污染行业,受政策影响大,双方对此都是明知的,《租赁合同》第4.4条对每月因政府或JHT公司原因停产的情况的租金减免进行了约定,表明双方在签订合同时就已预见了政策风险并做了相应约定,赵某将因政策影响导致项目生产停顿的责任归于孙某、李某,与合同约定不符,本院不予采信。按照合同约定,因停水停电导致停产的,孙某、李某按照时间长短给予减免租金,合同并未赋予赵某以不交租金为抗辩方式,而其主张以货款抵扣租金,亦未提交双方对此达成协议的证据,因此,赵某主张其不交租金有合法理由,没有合同依据和法律依据,本院不予采纳。

关于赵某主张的被客户索赔所导致的损失,如前所述,双方在合同中已预见到了电镀生产线可能因政策原因导致停产,故赵某主张的该损失即使属实,亦属于自己应承担的经营风险和经营责任,赵某要求孙某、李某赔偿,缺乏事实和法律依据。

关于赵某主张的电镀生产线使用费的问题,原审法院认定该主张属于租赁合同解除后孙某、李某无权占有电镀生产线所发生的权利义务关系,认定准确,赵某该诉求与本案审理的租赁合同关系属不同法律关系,本院在本案中不予审理,赵某可另循途径解决。

关于违约金的数额,《租赁合同》约定的1000万元违约金显然过高,孙某、李某未举证证明赵某的违约行为给其造成的具体损失情况,一审法院将违约金酌情调整至100,000元,数额较为恰当,孙某、李某要求提高至100万元以上,依据不充分,本院不予支持。

关于2018年6~9月的水电费问题,从孙某、李某的诉讼请求可以看出,双方当事人在2018年12月4日的会议记录中记载的“场地租金722,982.33元”包含了场地租金、水电费,孙某、李某二审提交了相应的缴费单据、支付凭证和收据,赵某在会议记录中对该数额未提出异议,只是认为8月7日之后的场地租金不应由赵某承担，但双方的租赁合同于2018年9月××日解除，合同解除前的场地由赵某使用，赵某应当支付场地租金和水电费，孙某、李某二审期间已提交了其实际支付水电费的单据、凭证，赵某未提交足以反驳的理由，本院对孙某、李某的该项请求予以支持，赵某应当支付场地租金、水电费722,982.33元。

综上所述，上诉人孙某、李某的上诉请求部分成立；上诉人赵某的上诉请求不能成立，应予驳回。依照《中华人民共和国合同法》第九十七条、《中华人民共和国民事诉讼法》第一百七十条第一款第二项规定，判决如下：

1. 维持××市××区人民法院(2019)粤××××民初22××号民事判决第一项、第二项、第四项、第五项、第七项；

2. 撤销××市××区人民法院(2019)粤××××民初22××号民事判决第六项；

3. 变更××市××区人民法院(2019)粤××××民初22××号民事判决第三项为：上诉人赵某应于本判决生效之日起十日内支付上诉人孙某、李某场地租金、水电费722,982.33元；

4. 驳回上诉人孙某、李某的其他诉讼请求。

如果未按本判决指定的期间履行给付金钱义务，应当依照《中华人民共和国民事诉讼法》第二百五十三条之规定，加倍支付迟延履行期间的债务利息。

一审本诉受理费54,499元，由孙某、李某承担30,000元，被告赵某承担24,499元；反诉受理费40,084元，由赵某承担。二审案件受理费42,909.82元，由孙某、李某承担2909.82元，赵某承担40,000元。孙某、李某已预交二审案件受理费11,029.82元，本院不予退回，赵某应于本判决生效之日起十日内给付孙某、李某二审案件受理费8120元。

本判决为终审判决。

如前文的分析，赵某固执地坚持以“园区不能提供满足生产需要的水电供应”和“园区因排污被处罚致使其产能受限无法实现合同目的”为上诉理由，二审认为，按照合同约定，因停水停电导致停产的，孙某、李某按照时间长短给予减免租金，合同并未赋予赵某不交租金的抗辩方式；而电镀生产线可能因政策原因导致停产，亦属于赵某自己应承担的经营风险和经营责任，判决驳回赵某的上诉请求。而孙某、李某要求赵某承担722,982.33元场地租金、水电费的上诉请求，因孙某、李某二审补交了相应的缴费单据，且赵某在此前的会议记录中对于水电费金额未提出异议，故予以支持。

无须讳言，在实务中我们更多的上诉案件是被维持的。通过总结那些成功的上诉案件，我们不难发现，除了少数确属一审查明或认定事实错误的案件外，上诉成功案件大多是由于二审发现了新的证据或上诉人对一审证据的证明力进行了补强，或者是关联案件的终审裁判对争议事实有了定性，又或是一审的裁判尺度明显不妥，二审酌情予以调整。这与二审精准定分止争、实现有效终审的职责定位也是相符合的。

第四节 用办案小结记录我们的收获、教训和感悟

在没有特别约定的情况下，一个案件从接待洽谈、签订委托、准备材料、起诉/应诉、举证质证、开庭审理、一审裁判直至二审终审，不管最终的结果是满意还是遗憾，不管收获的是好口碑还是抱怨，我们的代理工作都已告结束。

民商事案件代理的收尾工作是卷宗装订归档。根据司法部、国家档案局《律师业务档案立卷归档办法》和《律师业务档案管理办法》的规定要求，律师业务文书材料应在结案或事务办结后三个月内整理立卷。因前述规定是1991年9月11日发布并施行，现在国家法治建设和律师行业已经发生了翻天覆地的变化，其中那些不适应时代要求的规定需加以变通，比如，谈话笔录、调查记录等“必须用钢笔或毛笔书写”“卷面为16开”等已被电脑输出文档和卷面的A4规格取代。再如，“列为永久保管的档案，在本所(处)保存十年。保存期满后，连同案卷目录

（一式三份）和有关检索工具、参考资料，一并向同级档案馆移交，对移交的档案，一律填写档案移出登记簿。”以笔者亲历，在20多年前律所与属地档案馆之间确有档案移交的做法，但时至今日，陈年档案是否移交、怎么移交，因没有实操经验提供不了答案，一般的做法是由律所继续保管。

律师业务档案应按照案卷封面（见图5）、卷内目录（见图6）、案卷材料、备考表、卷底的顺序排列。案卷内档案材料应按照诉讼程序的客观进程或时间顺序排列。刑事卷和民事卷要求由承办律师书写“办案小结”，非诉讼法律事务卷则由承办人书写“工作小结”。

民事案件卷宗

收案号：（2019）粤诚律代字第0522号

委　托　人：陈某祥、陈某智

住　所　地：××市××区××居委会新村2巷

身份证号码：4403××1946×××××216

对方当事人：陈某云、陈某琼

住　所　地：××市××区××街××一村37号

身份证号码：4403××1977×××××223

案　　　由：法定继承纠纷

第一审法院：××市××区人民法院

裁判文书号：（2020）粤××××民初204××号

第二审法院：××市中级人民法院

裁判文书号：（2020）粤××民终121××号

承办律师：某某

归档日期：2021年1月27日

广东××律师事务所存档

图5　民事案件案卷封面

卷内目录

序号	名称	页数	备注
1	立案申请表	1	
2	委托代理合同	2～7	
3	律师费发票	8～10	
4	授权委托书	11～14	
5	委托人身份证复印件	15～19	
6	民事起诉状	20～23	
7	原告提交证据材料	24～76	
8	原告补充提交证据材料	77～146	
9	受理案件通知书等	147～149	
10	EMS 邮寄单据	150～155	
以上为卷一,以下为卷二			
11	民事答辩状	156～159	
12	反诉状	160～162	
13	被告提交证据材料	163～180	
14	被告补充提交证据材料	181～231	
15	评估报告书	232～260	
16	对《评估报告》的质证意见	261	
17	一审传票(两次)	262～263	
18	一审代理词	264～271	
19	原告庭后对于被告调解方案的答复	272～273	
20	民事判决书(一审)	274～286	
21	民事上诉状(被告上诉)	287～290	
22	答辩状(被上诉人)	291～302	
23	传票(二审)	303～306	
24	第二审代理词	307～308	
25	民事判决书(二审)	309～314	
26	办案小结	315～317	

图 6　法定继承纠纷案的卷内目录

笔者发现很多同事对办案小结不很重视，认为律师应该在处理案件上多花时间，办案小结这种形式主义的东西可有可无，或者认为案情简单没什么可以总结的，有时候随便复制几句起诉状、答辩状或代理词的观点便敷衍了事。其实完全可以换一种思维，我们不要把办案小结当作一项任务去完成，而是当作自我畅所欲言的专属小天地，把我们办案的经历、感悟、看法写出来，甚至将怨言宣泄出来。作为法律人，我们平时的文书写作、法庭发言都力求严谨、克制、不带情绪，而办案小结是给我们自己看的，无须拘谨。

办案小结用来记录我们的收获、教训和感悟，不是法律文书，完全可以真实、自然地表述我们的观点，无须担心承担法律责任。事实上，卷宗装订归档后，除非司法部门抽查，办案小结或将永远无缘被人查阅。多年以后，当我们抚摸那些凝聚着我们心血的整柜卷宗时，翻开我们承办该案后记录的心情，自然感慨万千，不管该案承办的结果怎样，我们都会感谢自己把这一切留存了下来。

以下，附上几份随手写就的办案小结。

案例1 陈某祥法定继承纠纷案办案小结（图5、图6案例）

陈某祥法定继承纠纷案办案小结

（2019）粤××××民初204××号

（2020）粤××民终121××号

母亲去世当天，大女儿陈某云便迫不及待地将母亲名下的400万余元存款转账提现，分别存入其本人及丈夫账户中，然后与妹妹陈某琼要求各分100万元，同时还要求分得母亲的一栋房产，老父亲陈某祥当然不同意，村委（股份公司）多次调解未果，引发纠纷。这种情况在SZ、在SJ、在原住民群落中是极不寻常的。在陈某祥的观念里，无论法律怎样规定，只要他还活着财产就都是他的，更别提女儿还想分配。

通过与陈某祥异常艰辛的沟通，反复解释继承法、婚姻法等的规定，决定代理这起法定继承纠纷。女儿很强势，不仅答辩了还反诉了，不仅要求继承母亲遗产中的份额，还要求分割父亲名下属于夫妻共同财产的部分，诉讼过程中还申请对房产进行评估鉴定。因此案件从2019年7月受理（还不包括之前差不多两个月的诉前联调），到2020年××月才作出一审判决，两姐妹接着上诉，2020年××月底二审才审结。这个漫长的过程中，陈某祥老爷子暴躁难耐，几乎每天从中午就开始喝酒，把自己弄得整天晕晕乎乎。骂完女儿骂儿媳，骂完儿媳骂律师，骂完律师骂法院，骂完法院骂法官，总之法律是错误的、法官是不公的、律师是没用的……有一阵子我还真有点担心老爷子会不会挺不住了，万一案件没有审结就去世，那接下来可就麻烦了，官司就看不到尽头了。固执如陈某祥的人不多，满脑子只有他自己的认知才是至高无上的法律。

法律不会因为陈某祥的个人观点而发生改变，法官也不会因为陈某祥的抱怨而枉法裁判。法律始终是衡量是非曲直的尺度，法官始终是敬畏法律、遵守法律的楷模。

本案的难点在于为丧偶儿媳陈某某争取权利份额，本案还涉及代位继承，就法定继承纠纷而言确有一定难度。而两个姐妹最大的心障就是绝对不能把遗产分给丧偶儿媳陈某某，为此可谓丑态百出，公然在村委（股份公司）对陈某某进行诽谤，除了不敢直接把“陈某祥和陈某某就是一对狗男女”的话骂出口。为了诋毁陈某某就必须抬高自己，这两姐妹罔顾事实，信口雌黄，品行之低下相当罕见。

案件终审之后，两姐妹依旧表现得令人难以理解。

涉案款项存放在去世母亲的账户上，银行要求各方亲自去柜台，按照生效判决当面向各人支付，但是两姐妹拒不配合，理由是不同意法院裁判的补偿金额，要求按照开发商征收的补偿标准核算，两姐妹又拒不申请法院强制执行，导致判决生效后款项迟迟不能到位。固执这个方面倒是很像父亲，管你法院怎么判的，我只按自己的意愿来。

一审裁判文书使用了这样的语言“原告陈某祥的个人存款及股份是其一生的积蓄，应为原告陈某祥养老所用。被告陈某云、陈某琼不能举证证明其对原告陈某祥尽了赡养义务,在其父陈某祥还健在时就提出分割财产,伤害了家庭成员感情,有悖善良风俗和家庭伦理”对两姐妹的行为作出否定评价。

二审裁判文书进一步指出“考虑到陈某祥已经年老体弱,陈某云、陈某琼作为女儿应当更多体恤父亲,不宜在整体公平的情况下过于计较金钱补偿,以弘扬尊老爱幼的社会主义核心价值观”。

两级法院两位主审法官的道德评判和人文关怀无疑成为本案最大的亮点。

历尽万难,案件得以执行完毕。

广东××律师事务所

承办人:某某

2021年1月××日

案例2 魏某某跳楼案办案小结

魏某某跳楼自杀案办案小结

(2015)粤诚律民非诉代字第12××号

这是一个令人心酸的案件。

首先,一个年仅17岁的正值豆蔻年华的少女,莫名其妙地跳楼身亡,其死亡过程痛苦而漫长,给家人带来无尽的悲伤。

其次,在律师参与协商调解的过程中,死者的父亲承受不了巨大的精神压力,不顾律师及亲属的劝阻,固执地单独与学校达成调解协议,其赔偿所得仅仅26万元,远远低于预期。

死者(魏某某)就读于广东××职业技术学院××分校,是一个乖巧懂事的女孩,事发那天的中午还向与其碰面的老师问好,说到这个女孩,就连代表学校参加调处的陈老师也唏嘘不已,称学校方面实在百思不得其解,这是一个难得的好学生。

在与校方的第一次协调会上,律师指出校方在以下三个方面存在过错和不可推卸的责任：

第一，事件发生于2015年12月××日17:00，是放学以后的时间，但是魏某某是因为晚上要开班会而留下来的，这也就是说家长在本次事件中没有监护责任，学生处于学校范围之内，跳楼地点是死者所就读的五楼教室的窗口，学校负有完全的监管职责。

第二，死者前一天刚刚在家里度过了自己的17岁生日，没有表现出任何轻生的迹象或端倪，是什么原因导致一个年满17岁仅仅1天时间的女孩走上了绝路？究竟是怎样的耻辱或折磨促使一个原本阳光的女孩做出如此残酷的决定？死者生前在课本上留下了短短一句遗言："为什么这个学校总是让我感到'寒风'刺骨？他/她们总是……"无论作为家长还是律师，我们都希望知道，孩子在学校发生了什么？孩子在学校遭遇了什么？究竟是什么样的刺骨"寒风"让孩子如此毅然决然地选择了以死抗争或证明？这个原因究竟是来自老师还是来自同学？可以肯定的是，这封遗书已经排除了来自家庭和校外的因素。校方难道对此能够推卸责任吗？

第三，事发地点有监控，监控完整记录了孩子跳楼着地的过程与时间。事发时是12月××日17:03，孩子是下肢先着地，几分钟后孩子苏醒开始挣扎蠕动，并且发出呼救，但是直至17:50才有一楼教室的同学听到微弱呼救声前往查看，这才发现孩子，在这个长达将近50分钟的时间段里，学校的保安在干什么？他们哪怕看一眼监控画面，哪怕巡视一遍校区，哪怕早一分钟发现孩子也会带给孩子多一分的生还的机会，至少，让孩子少遭一分钟的罪。校方，难道还认为自己没有责任吗？

应该说，事件发生以后，我们律师是做了不少工作的，劝阻并告诫家属不要做出过激的举动，配合校方和警方对事件原因进行调查，并且尽量为孩子争取一个合理的经济补偿。然而，很遗憾，孩子的父亲顶不住巨大的精神压力，私下与校方和解。虽然我们能够理解父亲的心情，虽然父亲有决定的权利，但是，我们仍然为孩子不平。

一条鲜活的生命。26万元。在SZ。

承办律师:某某

2015年12月××日

案例3 肖某某劳动纠纷案办案小结

肖某某劳动纠纷案办案小结

(2016)粤03民终52××号

这应该算是一个成功的案件。委托人肖某某在仲裁阶段完败,仲裁委认定他与企业之间不存在劳动关系,驳回了他的全部仲裁请求。我接手后一审获得了胜诉,委托人的诉讼请求基本上都得到了支持,对方不服提出上诉,二审驳回上诉维持原判。

虽然反败为胜,但心中并无喜悦,原因有三:

第一,本案的证据收集异常艰难。由于被告××科技有限公司恶意否认劳动关系的客观存在,恣意歪曲事实,处心积虑地消除及掩饰一切可能与劳动关系挂钩的痕迹,导致劳动者一方虽然能拿出的证据不少,却缺少直接的、具有原件效力的证据,最终依靠证据间的相互印证,才使劳动关系得以确认,为了列举及说明这些证据与待证事实之间的关系,我花费了不少精力。

第二,对方代理律师的所作所为让我很难接受,也很难理解。为了维护自己委托人的权益,不惜睁着眼睛说瞎话,简直到了厚颜无耻的地步!其素质和能力之低下,让我对该同行的举动深感厌恶和悲哀。如果律师在执业过程中不能很好地维护法律的正确实施,这是对我们这个行业的危害。正因为如此,我破天荒地在法律文书中添加了感情的色彩,使用了个别泄愤的词汇,明知不该,但很难隐忍。

第三,劳动者固然在劳动关系中处于弱势地位,但也不是绝对,有些劳动者对于个人的得失锱铢必较,聪明和心机没有应用到为企业创造价值方面来。比如,我的委托人,虽然不能说对有些事是故意放任(如未签劳动合同),但为了达到索赔的目的确实费尽了心机,任何一丁点哪怕毫不相关的线索都被他挖掘殆尽。最头疼的是,还要求律师按照他的思路走、按照他的要求去做,否则满腹委屈、唉声叹气,让你觉得欠了他八辈子的债,仿佛全世界都在抛弃他。我在容忍了很长时间以后终于非常认真地找他谈了一次话(也有可能是三次),冷静客观地分析案件的趋势,找出我们存在的薄弱环节,指出我们必须坚持的方向,告诉他诉讼只是一个过程,不要把诉讼当成生命的全部。最后我严厉地跟他约法三章:1. 如果信任我,就把案件完全交给我,不要掺和以及出些自以为是的主意;2. 你心中哪怕有一丝一毫对我能力的怀疑,赶紧另谋高就,我原银奉还;3. 不是必需的原因,禁止通过微信、短信等方式向我倾诉你的担忧、焦虑和猜疑,不允许没完没了地催问案件进展。也许是我年龄比较大的原因吧,此后他安静了很多。不过,一审、二审的法官助理都抱怨,快被他逼疯了。

呵呵,发发牢骚,感觉好多了。

多亏了经验尚可、判断准确,如果案子输了……不敢想象。

是为总结,结案。赶紧装卷,束之高阁。

承办人:某某

2016 年 5 月 × × 日

案例 4　黎某某劳动争议案办案小结

黎某某与 DN 公司劳动争议案办案小结

× × 劳人仲案〔2019〕45 × × 号

(2020)粤 × × × × 民初 2 × × 号

(2020)粤 × × 民终 149 × × 号

这是一个劳资双方激烈博弈的典型案例,也是我近年来唯一办理过的劳动争议案件。无他,只因对手比较强大——DN 公司,他们仲裁、一审、二审换了三波律师,大有不达到目的决不收兵的架势,不过最终还是败下阵来。

过程值得一书。

黎某某的姐夫因涉嫌诈骗被江南某市公安机关给抓了,警方认为黎某某利用自己在DN公司工作的便利为姐夫实施诈骗提供了帮助,顺道把黎某某一起抓了。我作为辩护人去羁押地会见了黎某某,虽然没有阅卷但感觉认定共同犯罪十分牵强,于是代为申请取保候审。上海警方还是很负责任的,明面上是不会承认自己搞错了的,但还是办理了取保候审。随后移送审查起诉时,只有他姐夫一个人,检察院起诉和法院审理也只有他姐夫一个人,最后他姐夫因诈骗罪被判刑8个月。

取保候审后不久,黎某某说DN公司和他解除劳动合同了。我问为什么呢,你又没有被追究刑事责任。黎某某说DN公司有规定,员工只要被拘留,不管是行政拘留还是刑事拘留的一律解除劳动合同,公司不给予任何补偿。我说这事先不着急,等你姐夫的案件生效后,以及你取保期满解除后我帮你向DN公司把赔偿金拿回来。黎某某担心,公司同事都说,打官司不可能打得赢,DN公司有很厉害的律师团队,以前也有员工因类似情况告过,结果都输了。我说,那是因为他们没有碰上我。

劳动仲裁毫无悬念地输了,我没有指望一个只熟悉劳动法的仲裁员能够通晓刑法和刑事诉讼法。我甚至没有指望一审法院会支持我们,因为基层法院专门处理民事纠纷的法官也未必会潜心钻研刑事强制措施与诉讼结果的关系。但是我相信,等案件到了中级人民法院,以中级人民法院法官的素质和能力,一定能够理解我方诉请的法律依据:第一,刑事强制措施不等于刑事责任;第二,企业可以解除劳动合同的几种情形是法定的且强制的,不得以规章制度或约定的方式加以扩大或替代。

先说仲裁阶段,仲裁员的观点十分明确:关于解除的约定企业有规章制度明文规定吗?员工知晓吗?有证据证明员工实施了违反规章制度规定的行为吗?如果回答都是肯定,则企业有权解除合同且无须支付补偿金,更别谈赔偿金,至于企业的规定是否合法、合理，在所不问。让我惊讶的是，DN公司聘请的律师并不完全是站在企业的立场主张驳回我们的申请，而是实实在在就认为企业做得对，有据可循。庭后等待签名时，对方律师还带着同情的眼神问我："既然你承认如果员工参加赌博或者酒驾或者嫖娼被拘留企业都有权依规解除合同，为何涉嫌犯罪被刑事拘留就不能解除了呢？犯罪不是更严重吗？"听闻此言我就知道，对方律师不是装糊涂而是真的没有搞懂，和他解释没有意义，后面还有民事诉讼程序。

第一审成功"逆袭"，且当庭宣判。适逢疫情最严重的阶段，为防控需要几度改期。为了让法官理解涉案法律关系，我做了充足的准备，开庭时才知道，DN公司另行从B市聘请了律师，看起来也是有备而来。当法官向对方代理人询问"黎某某最终是否被追究刑事责任"的时候，我就知道转机出现了。没有料到的是，竟然当庭宣判，判决书简单到只有判项。来自B市的律师对于法院的裁判结果显然有点"懵圈"，自嘲道"原来你们广东是这样玩儿的呀？"

不出意料，DN公司上诉了。鉴于案情简单，二审的中级人民法院决定书面审理并向双方发出了《通知函》，但是DN公司显然不愿意失去最后一搏的机会，要求开庭审理。开庭当天我才发现，DN公司二审又换律师了，当两位代理人扛着仪器、设备，拖着拉杆箱走入法庭的时候，我一度以为是媒体采访或是代理人走错了法庭，在知识产权案件审理中我见识过这种阵势。就连见多识广的书记员也忍不住发问"这只是一个劳动争议的二审案件呀，你们需要2至3个小时的庭审时间干吗？"对方代理人交给书记员一张光盘，要求书记员全文记录他们的发言，为了方便，还准备了一份11页纸的庭审意见提纲，当代理人架设起投影仪后，却发现忘记携带幻灯机，这才避免了一场冗长乏味的庭审。当然法官也不会给他们这样的机会，一个劳动案件的审理犯不着这么大的阵势。到了休庭等待签笔录的时间，趁着法官还没有退庭，DN律师气势汹汹地质问我："你知道如果二审维持原判会造成什么严重后果吗？"我盯着他的眼睛认真地回答："那我建议DN公司赶紧修改规章制度，防止效仿。""不是的！"对方打断我："那将造成几十起生效判决成为错判，造成大量的申诉和再审！”我建议道：“你不妨去推动一下。”

对方霸气的质问声尚余音绕梁，也就几天的工夫，对方就发出了友善的和解建议。不是简单的同意付款，而是要求撤销一审的判决。还有这样的操作吗？查了一下司法解释，还真有。他们撤销上诉，我们撤销诉讼，双方均同意的，法院在裁定同意撤销上诉的同时一并撤销一审判决。其实我如果赌气的话，完全可以拒绝和解，但是想想大家都是同行，也都不容易，就当是相互帮扶吧。最终DN公司如愿让一审判决撤销了。

可见，几轮诉讼下来，DN公司终于弄明白了一个事实，他们自认为经过法律专家审核的制度规章其实并不是完美的，有部分条款甚至是违法的。所以，DN公司急于把本案的一审裁判从文书网上拉下来，避免后来者效仿。

广东××律师事务所

承办人：某某

2021年1月28日

案例5 考虑许久，决定放一个刑事案件的办案小结，G某合同诈骗罪和拒不支付劳动报酬罪案

G某合同诈骗罪和拒不支付劳动报酬罪案办案小结

（2016）粤××××刑初62××号

G某涉嫌合同诈骗罪和拒不支付劳动报酬罪，因涉案金额高达630万余元，××区检察院将案件移送××市检察院管辖，后被市检察院退回区检察院。又在历经两次退补侦查以后，移送××区人民法院起诉，检察机关建议对G某判处有期徒刑10~12年并处罚金。

对于合同诈骗罪辩护人认为事实不清、证据不足，做无罪辩护。为此我认真审核了涉案17家公司的全部往来记录、核实证人证言存在的疑点，并多次会见G某了解情况，撰写了长达7页的辩护词，同时附加了精心整理的《辩护人对G某

涉嫌合同诈骗罪的观点》、《G某涉嫌合同诈骗罪案情信息》以及《律师会见笔录(第七次)》一并提交法庭。在庭后经过几乎一年的漫长等待,终于迎来了一审判决。(2016)粤××××刑初62××号判决书称:“不能因被告人在实际经营中出现了拖欠被害人货款的情况而客观归罪,反推被告人具有非法占有的主观故意……故指控被告人G某犯合同诈骗罪,事实不清,证据不足,本院不予支持。辩护人相关辩护意见有理,予以采纳。”最终法院采纳辩护人相关从轻处罚的意见,对G某犯拒不支付劳动报酬罪判处有期徒刑2年并处罚金1000元,检察院没有抗诉,判决已经发生法律效力。

G某案辩护成功,虽然有辩护人付出的辛劳,但是辩护人更想说的是,这是贯彻落实党中央和国家审判制度改革的切实成果,真正体现了将事实摆在法庭,证据举在法庭,理由辩在法庭的“以审判为中心”的司法改革精神。据该案法官助理介绍,之所以开庭以后这么长时间才下判,除了案件数量太多精力有限之外,该案得以宣判还得到审判庭室、审委会以及上级相关部门的高度重视与支持。

本人从事律师职业27年,当然有过一些成功的刑事辩护案例,但是本案与那些案例根本不同之处在于:法庭充分地保障了被告人质证的权利、自行辩护的权利和最后陈述的权利,控、辩、审三方各司其职,用事实和证据说话、以法理和智慧交锋,尊重法律、服从裁判。宣判后,被告人服判、公诉人未抗诉,说明审理查明的事实得到诉讼参与各方的认同。

最近这几年以来,很少有哪个案件能够像本案这样让我感受到律师职业带来的自豪和崇高感。

诚如G某拿到判决书后对我说的那句:谢谢!

承办律师:某某

2017年1月××日

本编以两章八小节介绍了一审庭审程序和上诉的要点,所谓定输赢不是指对诉讼结果的包揽,而是强调对当事人托付的忠诚和对职业的尊重。再小的委托都是信任,充分的准备、稳定的发挥是职责所在,万万不可掉以轻心,敷衍了事。官司赢了,赢的不仅是结果,更是经验的收获;官司输了,不能输得糊涂,弄明白为什么输也许比赢更有助于我们的成长。

在我们的职业生涯中,会处理数不清的法律事务,其中包括为数众多的各种类型的诉讼案件。每一个或简单或复杂的诉讼案件都记录着我们成长的过程:从出道之初的稚嫩,急功近利的躁动,到久经历练的沉稳,我们从成功中收获经验,从失误中总结教训,在实务中升华理论,在博弈中提升技能。我们凭着对职业的热爱、对法律的敬畏、对责任的担当和对使命的忠诚,不忘初心,砥砺前行,终将成为一名合格的法律人。

第四编

寻机遇

第九章

破解困局：追加被执行人、案外人异议

先聊几句题外话。

年轻同行有时候喜欢和我探讨如何提升知名度、拓展业务领域的问题，称苦于执业时间短、名气小，当事人不愿委以重任，很多重要的机会抓不住。问其是些什么样的重要机会，答曰数千万标的额的大额诉讼、金额数以亿计的旧城改造项目、大型企业的跨境收购兼并、数字经济时代的资本募集……我的回答是，这样的机会我也抓不住，但是假以时日，你们却有机会能够抓住。

我给年轻同行的三条建议是，第一，脚踏实地，不要好高骛远。用心做好手头的每一件哪怕是微不足道的案件，再小的标的也是当事人对我们的信任和托付。第二，目标明确，不要见异思迁。今天私募是热点就去追私募，明天大湾区一体化又去恶补香港地区法律，寸有所长尺有所短，没有全能的超人，上天也不会把所有机会都赐予同一个人。第三，日积月累，不要贪图名利。律师的水平、技能、名气有一个逐渐积累的过程，要靠我们一点点积攒，这并不是靠运营几个公众号、发几条朋友圈、蹭流量热点，或者吹嘘自己的成功案例就能实现的，没有捷径可走，套用《舌尖上的中国》的一句话："剩下的一切都交给时间了……"功到自然成。

本书前三编我们交流了代理民商事诉讼的主要环节，原本书稿至此可以结束了。但是有人会说，执行难道不也是民事诉讼的重要程序吗？不是还有确认调解协议案件、实现担保物权案件等特别程序吗？两审终审制之外不是还有审判监督程序吗？是的，这些都是民事诉讼法的重要组成部分。但是笔者很少代理执行案件，考虑到网上立案对于当事人来说有一定难度，通常只是以代理人的身份帮助当事人把案件送入执行程序，并不实质介入执行过程，故而对于代理执行案件没有太多体会。而民事诉讼的特别程序在实务中并不常见，至于启动再审程序则更是难上加难，实务欠缺，经验不足。在接下来的部分里，我们简单聊聊追加被执行人、案外人异议、代位诉讼、再审申请等话题，运用我们的专业知识为当事人实现债权寻求更多的途径，同时这也是我们拓展业务领域的机遇。

法人人格独立（财产独立）和股东有限责任是现代公司制度的两大基石。现实中，股东有限责任常被股东恶意利用。

破解之道是追加公司股东对公司不能清偿的到期债务承担补偿或连带清偿责任，但实操中限制重重。

第一节　追加被执行人难在哪

当被执行人是自然人时，如果不能清偿到期债务，法院将向被执行人发布《限制消费令》，限制实施高消费及非生活和工作必需的消费行为；有能力履行而拒不履行生效法律文书确定义务的，可将其纳入失信被执行人名单。如被执行人违反限制消费令，经查证属实的，予以罚款、拘留；情节严重，构成犯罪的，依法追究刑事责任。这些执行措施可以有效促使被执行人尽快履行义务，具有一定的震慑作用。

而当被执行人是法人或者其他组织时，纳入失信被执行人名单，只会记载和公布该法人或者其他组织的名称、统一社会信用代码（或组织机构代码）、法定代表人或者负责人姓名，而不再将法定代表人本人纳入失信被执行人名单。被执行人为单位的，被采取限制消费措施后，被执行人及其法定代表人、主要负责人、影响债务履行的直接责任人员、实际控制人不得实施前述行为。因私消费以个人财产实施前述行为的，可以向执行法院提出申请。这个限制规定看上去比较严格，实际执行起来难以监督，对该被执行法人单位的法定代表人等的影响并不明显。现实中有很多公司无力清偿到期债务，而股东等人照样活得洒脱、过得滋润，就算股东名下有车、有房、有存款也不能被执行，债权人空有一纸生效法律文书。在有些债务人眼里，“法人独立人格”和“股东有限责任”这两大现代公司制度的基石成为逃避债务的法宝。

一、逐条梳理司法解释的相关条款

因此我们经常被问到的一个问题就是：我们能起诉/追加公司的股东吗？在执行过程中申请追加当然可以，但要得到法院的支持却很难。我们先了解一下最高人民法院《关于民事执行中变更、追加当事人若干问题的规定》（以下简称《变更、追加规定》）。

《变更、追加规定》第 2 条至第 16 条界定比较清晰，我们不做讨论。第 17 条至第 23 条与股东责任有较密切的联系，实务中比较常见，又容易解读失误，我们不妨进行一番探讨。

第 17 条：“作为被执行人的营利法人，财产不足以清偿生效法律文书确定的债务，申请执行人申请变更、追加未缴纳或未足额缴纳出资的股东、出资人或依公司法规定对该出资承担连带责任的发起人为被执行人，在尚未缴纳出资的范围内依法承担责任的，人民法院应予支持。”

探讨：最容易错误解读的条款。从字面上理解未缴纳或未足额缴纳出资的股东都符合追加的条件。但是自《公司法》将注册资本由实缴制修改为认缴制以后，股东享有了“期限利益”，即债权人请求未届出资期限的股东在未出资范围内对公司不能清偿的债务承担补充赔偿责任的，人民法院不予支持。

当然期限利益不是绝对的，《全国法院民商事审判工作会议纪要》明确提出“加速到期”的条件为：（1）公司作为被执行人的案件，人民法院穷尽执行措施无财产可供执行，已具备破产原因，但不申请破产的；（2）在公司债务产生后，公司股东(大)会决议或以其他方式延长股东出资期限的。

前述加速到期的情形(2)容易理解,但是如何证明情形(1)中的"已具备破产原因"又成为摆在我们面前的难题。依《破产法》规定,企业法人不能清偿到期债务,并且资产不足以清偿全部债务或者明显缺乏清偿能力的即满足破产的条件,简单理解资不抵债即已具备破产原因。如何证明作为被执行人的企业已经资不抵债?终本执行裁定书称"本院穷尽执行措施无财产可供执行"算不算企业已经资不抵债的证据?答案是不足以证明。原因很简单,全部资产 < 全部债务 = 符合破产条件,如果我们不掌握该企业的全部资产,也不掌握该企业的全部债务,便得不出资不抵债的结论。

总结一下,不能证明"已具备破产原因"便不能使未届出资期限的股东"加速到期",不能加速到期则股东继续享有"期限利益",享有期限利益则不能被追加成为被执行人。

第 18 条:"作为被执行人的营利法人,财产不足以清偿生效法律文书确定的债务,申请执行人申请变更、追加抽逃出资的股东、出资人为被执行人,在抽逃出资的范围内承担责任的,人民法院应予支持。"

探讨:不难理解,但难以证明股东抽逃出资的行为。因为申请人没有能力获取该公司验资账户和出资股东出资账户的资金流动记录,依举证责任分配原则,申请人要求法院开具调查令或责令对方当事人提交相应记录的申请一般也不会得到法院批准。即使有渠道获得相关记录,如果对方不是将验资资金直接原路退还,而是以支付设备款,原材料款,支付厂租、水电、工资等虚假交易和虚假费用的方式辗转抽逃,而我们又缺乏继续追踪资金流向的手段,同样难以证明抽逃出资的事实。

第 19 条:"作为被执行人的公司,财产不足以清偿生效法律文书确定的债务,其股东未依法履行出资义务即转让股权,申请执行人申请变更、追加该原股东或依公司法规定对该出资承担连带责任的发起人为被执行人,在未依法出资的范围内承担责任的,人民法院应予支持。"

探讨:与第 17 条类似,还是绕不过期限利益。

以某人民法院(2020)粤××××执异 1××号执行裁定书为例说明法院所持观点:

“本院认为,根据最高人民法院《关于民事执行中变更、追加当事人若干问题的规定》第十九条规定的‘股东未依法履行出资义务即转让股权’,出资期限未届满的股东尚未完全缴纳其出资份额不应认为‘未依法履行出资义务’。在本案中,股东丁某某、徐某某于 2018 年、2019 年转让其持有的被执行人 HF 公司全部股权时,出资期限未届满,不构成最高人民法院《关于民事执行中变更、追加当事人若干问题的规定》第十九条规定的‘财产不足以清偿生效法律文书确定的债权,其股东未依法履行出资义务即转让股权’的情形,故申请人 RJ 公司申请追加丁某某、徐某某为被执行人的理由不成立。”

有兴趣的同行可在裁判文书网检索到大量相似的裁判。

(注:RJ 公司不服该裁定,提起执行异议之诉,详情见本书下节相关内容)

第 20 条:“作为被执行人的一人有限责任公司,财产不足以清偿生效法律文书确定的债务,股东不能证明公司财产独立于自己的财产,申请执行人申请变更、追加该股东为被执行人,对公司债务承担连带责任的,人民法院应予支持。”

探讨:这个最容易理解。不过作为代理人,我们在提起民事诉讼时就应当把一人公司的股东列为共同被告,而不能等执行遇到“瓶颈”后再申请追加,要把能做的事情一次做完。

第 21 条:“作为被执行人的公司,未经清算即办理注销登记,导致公司无法进行清算,申请执行人申请变更、追加有限责任公司的股东、股份有限公司的董事和控股股东为被执行人,对公司债务承担连带清偿责任的,人民法院应予支持。”

探讨:公司解散应当进行清算。公司清算结束后,清算组应当制作清算报告,报股东会、股东大会或者人民法院确认,并报送公司登记机关,申请注销公司登记,公告公司终止。但经过清算解散公司程序复杂,耗时较长,故大量的小微企业都选择简易注销程序，由全体股东出具类似于《简易注销全体投资人承诺书》的声明，承诺公司债权债务清算完结，并对承诺的真实性负责，如果违法失信，则由全体投资人承担相应的法律后果和责任。实务中，简易注销时管理部门对于投资人是否实际进行清算并不过问。据此，债权人可在执行过程中申请追加股东为被执行人。

二、穿插一份执行裁定书说明法院所持观点

简单介绍一下案情：JFC 公司诉 TC 公司、张某某买卖合同纠纷已判决生效。TC 公司有张某某、唐某某两个股东，因张某某在相关对账单上签名承诺对公司债务承担连带责任，故 TC 公司、张某某为共同被告。案件进入执行程序后，TC 公司、张某某没有可供执行的财产。申请人此时才发现 TC 公司已经办理注销登记，股东张某某与唐某某在简易注销全体投资人承诺书中承诺债权债务已全部结清，故依最高人民法院《关于适用〈中华人民共和国公司法〉若干问题的规定（二）》第 20 条第 2 款、《变更、追加规定》第 21 条申请追加另一个股东唐某某为被执行人。以下是受诉法院（2020）粤××××执异××号执行裁定书的主文：

"本院认为，首先，执行程序中追加被执行人，意味着直接通过执行程序确定由生效法律文书列明的被执行人以外的人承担实体责任，对各方当事人的实体和程序权利将产生极大影响。因此，追加被执行人必须遵循法定主义原则，即应当限于法律和司法解释明确规定的追加范围，既不能超出法定情形进行追加，也不能直接引用有关实体裁判规则进行追加。因此，异议人主张的最高人民法院《关于适用〈中华人民共和国公司法〉若干问题的规定（二）》第二十条第二款并未规定当事人可以追加股东为被执行人，不能作为执行程序中追加的法律依据。

其次，TC 公司在（2019）粤××××民初 83××号民事判决书发生法律效力之前已经注销，即在异议人 JFC 公司向本院申请执行 TC 公司前，TC 公司已经注销。另，本院于 2020 年 3 月 9 日立案受理 JFC 公司申请执行的（2020）粤××××执 61××号中的被执行人仅为张某某，并未将 TC 公司列为被执行人。承前所

述,TC 公司并未进入(2020)粤××××执 61××号案件的执行程序。根据最高人民法院《关于民事执行中变更、追加当事人若干问题的规定》第 1 条:‘执行过程中,申请执行人或其继承人、权利承受人可以向人民法院申请变更、追加当事人。申请符合法定条件的,人民法院应予支持。’的规定,异议人追加 TC 公司的股东为被执行人,应在执行过程中,而 TC 公司并未进入执行程序,故异议人根据前述法律规定追加 TC 公司的股东为被执行人,于法无据,本院不予支持。

最后,异议人主张依据最高人民法院《关于民事执行中变更、追加当事人若干问题的规定》第二十一条:‘作为被执行人的公司,未经清算即办理注销登记,导致公司无法进行清算,申请执行人申请变更、追加有限责任公司的股东、股份有限公司的董事和控股股东为被执行人,对公司债务承担连带清偿责任的,人民法院应予支持。’的规定,追加唐某某为(2020)粤××××执 61××号案件的被执行人。对此,本院认为:1. 前述法律规定能够追加的前提是‘作为被执行人的公司’,而 TC 公司并非(2020)粤××××执 61××号的被执行人,故异议人的追加申请不符合前述法律规定;2. 作为股东的张某某与唐某某在简易注销全体投资人承诺书中表示清算工作已全面完结,即 TC 公司并非没有清算即办理注销登记。因此,异议人据此追加徐某某为被执行人亦不符合前述法律规定。

综上,异议人 JFC 公司提出追加第三人唐某某为(2020)粤××××执 61××号案件被执行人的申请依据不足,本院依法予以驳回。依照《中华人民共和国民事诉讼法》第一百五十四条第一款第(十一)项,最高人民法院《关于民事执行中变更、追加当事人若干问题的规定》第一条、第二十一条、第三十二条的规定,裁定如下:

驳回异议人 JFC 公司提出追加唐某某为(2020)粤××××执 61××号案件被执行人的申请。

当事人对本裁定不服,可以自裁定书送达之日起十五日内,向本院提起执行异议之诉。"

该裁定比较具有代表性。裁定书阐述了法院对待追加被执行人所持的审慎态度,即:执行程序中追加被执行人,意味着直接通过执行程序确定由生效法律文书列明的被执行人以外的人承担实体责任,对各方当事人的实体和程序权利将产生极大影响。因此,追加被执行人必须遵循法定主义原则,即应当限于法律和司法解释明确规定的追加范围,既不能超出法定情形进行追加,也不能直接引用有关实体裁判规则进行追加。这也就解释了为什么追加被执行人难以获得支持。

本案有其特殊性,因 TC 公司在诉讼过程中注销,故法院没有将 TC 公司列为被执行人,不同意追加唐某某是正确的。但裁定书同时还认为,即使 TC 公司是被执行人,但股东的承诺书中表示清算工作已全面完结,即 TC 公司并非没有清算即办理注销登记,这同样不符合《变更、追加规定》第 21 条中"未经清算即办理注销登记"的适用条件,债权人若申请追加也不会得到法院的支持。该案后由 JFC 公司对唐某某另案提起清算责任纠纷诉讼才得以解决。

第 22 条:"作为被执行人的法人或其他组织,被注销或出现被吊销营业执照、被撤销、被责令关闭、歇业等解散事由后,其股东、出资人或主管部门无偿接受其财产,致使该被执行人无遗留财产或遗留财产不足以清偿债务,申请执行人申请变更、追加该股东、出资人或主管部门为被执行人,在接受的财产范围内承担责任的,人民法院应予支持。"

探讨:这种情况笔者尚未遇到,相信也不多见。

第 23 条:"作为被执行人的法人或其他组织,未经依法清算即办理注销登记,在登记机关办理注销登记时,第三人书面承诺对被执行人的债务承担清偿责任,申请执行人申请变更、追加该第三人为被执行人,在承诺范围内承担清偿责任的,人民法院应予支持。"

探讨:与第 21 条类似。结合前文(2020)粤××××执异××号执行裁定书的观点,追加被执行人既不能超出法定情形进行追加,也不能直接引用有关实体裁判规则进行追加。第三人承诺对被执行人的债务承担清偿责任,其性质不管是对主债务的加入还是对主债务的保证,其对债务的承担都应由生效裁判文书加以确认,确认第三人对多大范围内的债务承担清偿责任,该范围是否涵盖正在执行过程中的债务,而不是由执行法院组成合议庭"直接引用有关实体裁判规则"判定。生效法律文书确定的债务与第三人的清偿承诺之间应有明确的关联,仅凭未经审理的一纸承诺书不能成为执行的依据。

执行过程中,申请执行人或其继承人、权利承受人可以向人民法院申请变更、追加当事人,这是程序许可;至于申请是否符合法定条件,即是否符合《变更、追加规定》第2条至第27条所列具体的条件,这是程序审查。只有经审查认为符合的,人民法院才予支持。

第二节 执行异议之诉

本书把执行异议之诉分为案外人执行异议之诉和申请执行人执行异议之诉两类进行讨论。至于《民诉法解释》第510条规定债权人或者被执行人对债权分配方案有异议的,可提起分配方案执行异议之诉,因笔者缺乏了解,不做讨论。

案外人提起执行异议之诉是因其认为对执行标的享有足以排除强制执行的民事权益,请求不得执行该执行标的;申请执行人提起执行异议之诉是因其申请追加被执行人的请求被裁定驳回而提起的诉讼,或者是因依案外人执行异议申请人民法院裁定中止执行而申请人认为该执行标的应当继续执行而提起的诉讼。两者都需要自执行异议裁定送达之日起15日内提起。人民法院审理执行异议之诉案件,适用普通程序。

一、案外人执行异议之诉

在讨论案外人执行异议之诉之前,应先了解什么是案外人执行异议。案外人执行异议分为:(1)与实体权利无关的执行行为异议,即最高人民法院《关于人民法院办理执行异议和复议案件若干问题的规定》第5条、第7条规定的情形,人民法院对执行行为异议作出裁定后,相关权利人如果不服,可以自裁定送达之日起10日内向上一级人民法院申请复议。其对应的法条是《民事诉讼法》第225条;(2)基于实体权利即对执行标的提出排除执行异议,人民法院对排除执行异议作出裁定后,相关权利人如果不服,可以自裁定送达之日起15日内向人民法院提起诉讼,即执行异议之诉。提起执行异议之诉对应的法条是《民事诉讼法》第227条。

不管提起执行异议之诉的原告是案外人还是当事人,皆因案外人提出执行异议而引起,故统称为案外人执行异议之诉。

案外人执行异议之诉又称排除执行异议,即案外人认为自己对于执行标的享有足以排除强制执行的民事权益。这个请求如果希望得到法院的支持,其证据材料必须达到"足以排除"的程度,难度可以想见。

最高人民法院《关于人民法院办理执行异议和复议案件若干问题的规定》有3个条款需要我们去认真理解,要摸清吃透,不能想当然地揣测人民法院的裁判标准。

第24条:"对案外人提出的排除执行异议,人民法院应当审查下列内容:

(一)案外人是否系权利人;

(二)该权利的合法性与真实性;

(三)该权利能否排除执行。"

探讨:这是人民法院对排除执行异议的基础性审查,至于该权利能否排除执行在此处只是表述为需要审查的内容,而不是具体的审查方法。

第25条:"对案外人的异议,人民法院应当按照下列标准判断其是否系权利人:

(一)已登记的不动产,按照不动产登记簿判断;未登记的建筑物、构筑物及其附属设施,按照土地使用权登记簿、建设工程规划许可、施工许可等相关证据判断;

(二)已登记的机动车、船舶、航空器等特定动产,按照相关管理部门的登记判断；未登记的特定动产和其他动产，按照实际占有情况判断；

（三）银行存款和存管在金融机构的有价证券，按照金融机构和登记结算机构登记的账户名称判断；有价证券由具备合法经营资质的托管机构名义持有的，按照该机构登记的实际出资人账户名称判断；

（四）股权按照工商行政管理机关的登记和企业信用信息公示系统公示的信息判断；

（五）其他财产和权利，有登记的，按照登记机构的登记判断；无登记的，按照合同等证明财产权属或者权利人的证据判断。

案外人依据另案生效法律文书提出排除执行异议，该法律文书认定的执行标的权利人与依照前款规定得出的判断不一致的，依照本规定第二十六条规定处理。”

探讨：此条款非常重要，是人民法院判断“能否排除执行”的标准。简单来说，对不动产、动产、存款、股权、其他财产和权利凡是有登记的，一律按登记判断。换言之，案外人对前述执行标的主张实际占有、支付对价购买、享有份额等理由均不会得到法院支持，几乎断绝了除登记制和实名账户之外的所有抗辩念想。案外人即使是依据另案生效法律文书提出排除执行异议，也未必就能得到支持。具体判断见第26条。

第26条：“金钱债权执行中，案外人依据执行标的被查封、扣押、冻结前作出的另案生效法律文书提出排除执行异议，人民法院应当按照下列情形，分别处理：

（一）该法律文书系就案外人与被执行人之间的权属纠纷以及租赁、借用、保管等不以转移财产权属为目的的合同纠纷，判决、裁决执行标的归属于案外人或者向其返还执行标的且其权利能够排除执行的，应予支持；

（二）该法律文书系就案外人与被执行人之间除前项所列合同之外的债权纠纷，判决、裁决执行标的归属于案外人或者向其交付、返还执行标的的，不予支持。

（三）该法律文书系案外人受让执行标的的拍卖、变卖成交裁定或者以物抵债裁定且其权利能够排除执行的，应予支持。

金钱债权执行中，案外人依据执行标的被查封、扣押、冻结后作出的另案生效法律文书提出排除执行异议的，人民法院不予支持。”

……

探讨：首先，注意一个前提，另案生效法律文书必须是在执行标的被查封、扣押、冻结之前作出的，此处的“被查封、扣押、冻结”还应理解为包括财产保全阶段作出的措施。其次，案外人以另案生效法律文书抗辩，只能是在金钱债权的执行中，如果是非金钱债权执行中，人民法院应当告知案外人依法申请再审或者通过其他程序解决。具体的判断标准是：

第一，另案生效法律文书是针对权属纠纷以及租赁、借用、保管等不以转移财产权属为目的的合同纠纷的，另案生效法律文书将执行标的归属于案外人的，会得到支持。

第二，另案生效法律文书系案外人受让执行标的的拍卖、变卖成交裁定或者以物抵债裁定的，会得到支持。

第三，合同之外的债权纠纷，另案生效法律文书判决执行标的归属于案外人或者向其交付、返还执行标的的，人民法院不予支持。

第四，案外人依据执行标的被查封、扣押、冻结后作出的另案生效法律文书提出排除执行异议的，人民法院不予支持。

简单理解，案外人所持另案生效法律文书应为权属纠纷裁判文书或租赁、借用、保管等合同纠纷裁判文书，且明确标的物归属案外人，其排除执行请求才能得到支持。合同之外的债权纠纷生效文书，即使明确标的物归属案外人，其排除执行请求不会得到法院支持。

二、人民法院驳回案外人异议的理由——某案外人主张对执行标的（车辆）提出排除执行的异议申请被驳回

【裁定书节选】

“本院在执行申请执行人YS公司与被执行人王某某、陈某某合同纠纷一案［执行案号为(2019)粤××执50××号］过程中，查封了被执行人王某某名下车牌号码为粤××××FB的小型汽车一辆(以下简称涉案车辆)。案外人黄某某不服向本院提出异议，本院依法受理并另行组成合议庭进行审查，本案现已审查完毕。

案外人黄某某提出异议称，案外人与被执行人王某某于2019年9月××日签订《车辆买卖协议书》，向被执行人购买涉案车辆，付清全部购车款后，涉案车辆一直由案外人实际使用，因案外人未获得当地车辆入户指标，故未办理过户。根据最高人民法院《关于人民法院民事执行中查封、扣押、冻结财产的规定》①第十七条的规定‘被执行人将其所有的需要办理过户登记的财产出卖给第三人，第三人已经支付部分或者全部价款并实际占有该财产，但尚未办理产权过户登记手续的，人民法院可以查封、扣押、冻结；第三人已经支付全部价款并实际占有，但未办理过户登记手续的，如果第三人对此没有过错，人民法院不得查封、扣押、冻结。’案外人系涉案车辆的实际权利人，请求解除对涉案车辆的查封。

案外人黄某某向本院提交了《车辆买卖协议书》、机动车驾驶证、机动车行驶证、银行转账汇款回单、收款收据、交易明细清单等证据材料复印件，以证明其异议主张。

就案外人所提异议，申请执行人YS公司答辩称……(答辩状全文见本书第五章‘应诉和反诉’第二节‘客观答辩，兼听则明’答辩状实例4)

---

① 已于2020年修正。

本院查明，关于申请执行人 YS 公司与被执行人王某某、陈某某合同纠纷一案，根据生效仲裁裁决，被执行人王某某应支付申请执行人代偿款 128 万元及相应违约金，被执行人陈某某对上述债务承担连带清偿责任。因被执行人未履行生效仲裁裁决确定的义务，申请执行人向本院申请强制执行，本院立案受理，执行案号为(2019)粤××执 50××号。在执行过程中，本院于 2020 年 1 月××日查封了登记在被执行人王某某名下的涉案车辆。

本院认为，根据最高人民法院《关于人民法院办理执行异议和复议案件若干问题的规定》第二十五条第一款规定，'对案外人的异议，人民法院应当按照下列标准判断其是否系权利人：……(二)已登记的机动车、船舶、航空器等特定动产，按照相关管理部门的登记判断；未登记的特定动产和其他动产，按照实际占有情况判断……'本案中，涉案车辆登记于被执行人王某某名下，根据上述司法解释的规定，在执行程序中即应认定上述涉案车辆属于被执行人王某某所有，可以作为被执行人应当履行义务部分的财产进行处分。因此，本院查封涉案车辆符合法律规定，就案外人的异议请求，本院不予支持。依据《中华人民共和国民事诉讼法》第二百二十七条、最高人民法院《关于适用〈中华人民共和国民事诉讼法〉的解释》第四百六十五条第一款第一项、最高人民法院《关于人民法院办理执行异议和复议案件若干问题的规定》第二十五条第一款第二项之规定，裁定如下：

驳回案外人黄某某的异议请求。

如不服本裁定，可于本裁定送达之日起十五日内向本院提起诉讼。"

该裁定送达后，案外人黄某某不服该执行裁定提起执行异议之诉，其诉讼请求被人民法院以相同理由驳回。

三、申请执行人提起执行异议之诉

申请执行人提起执行异议之诉的法理依据是《变更、追加规定》第 32 条第 1 款。该条文规定"被申请人或申请人对执行法院依据……作出的变更、追加裁定或驳回申请裁定不服的,可以自裁定书送达之日起十五日内,向执行法院提起执行异议之诉。”

申请人提起执行异议之诉的,以被申请人为被告。法院一般还要求将被执行人列为第三人。

下面以申请人不服执导裁定提起诉讼为例,探讨撰写此类起诉状应突出的重点和对法律适用的阐述。[本章上节举例的(2020)粤××××执异1××号案件]

民事起诉状

原告:RJ公司。

被告:向某某,女,1945年11月××日出生,系HF公司法定代表人,现任股东。

被告:丁某某,男,1973年8月××日出生,系HF公司前任股东。

被告:徐某某,女,1973年5月××日出生,系HF公司前任股东。

第三人:HF公司。

案由:执行异议之诉

诉讼请求:

1. 撤销××市××区人民法院(2020)粤××××执异1××号执行裁定书第二项,追加被告丁某某、徐某某为(2019)粤××××执208××号案件的被执行人,对被执行人HF公司的债务承担连带清偿责任。

2. 判令被告承担本案诉讼费用。

事实和理由:

原告RJ公司与被执行人HF公司强制执行一案,案号(2019)粤××××执208××号,贵院穷尽执行措施,被执行人无财产可供执行,已下发(2019)粤××××执208××号之一执行裁定书,终结本次执行程序。原告申请追加本案被告向某某、丁某某、徐某某为被执行人,贵院作出(2020)粤××××执异1××号执行裁定,同意追加向某某为被执行人,不同意追加丁某某、徐某某为被执行人。原告认为该裁定有违《全国法院民商事审判工作会议纪要》第6条规定有关股东出资加速到期的会议精神、未能正确查明向某某与丁某某之间转让股权的动机、目的、用意以及向某某的实际清偿能力,严重损害了债权人的合法权益,应当予以纠正。

(一)丁某某明知公司到期债务已进入执行程序,仍然将所持有的全部公司股份转让给支付能力存疑的"穷亲戚",显然具有转移资产以逃避债务的意图并精心策划付诸行动,滥用公司法人独立地位和股东有限责任,滥用法律赋予股东的期限利益。受诉法院理应依照法律和相关司法解释的规定对丁某某的转让行为予以否定性评价,以保护债权人的合法利益。

经查询市场监督管理局档案,HF公司成立于2016年11月××日,认缴注册资金100万元,法定代表人向某某,HF公司于2019年12月××日变更为自然人独资企业。公司章程约定的缴付方式为:首期缴纳人民币0万元,余款于2026年11月××日前全部缴付到位。该公司股权变更、住所变更等情况是:

1. 原告与HF公司之间的交易发生于2017年10月至2018年8月,即丁某某、徐某某任公司股东期间。

2. 债务形成之后,丁某某于2018年11月××日将所持有公司股份之中的20%转让给向某某,公司形式变更为有限责任公司,向某某任公司法定代表人。

向某某出生于1945年11月××日,受让股权时年满73岁,经济偿付能力存疑、经营管理能力存疑、精神及身体健康状况存疑,疑似丁某某、徐某某夫妻老家的"穷亲戚"。丁某某走出了逃避责任与债务的第一步。

3. 原告与HF公司的一审判决[(2019)粤××××民初86××号]系于2019年6月1×日作出,二审判决[(2019)粤××民终219××号]系于2019年9月2×日作出,于10月11日生效。需要指出的是,因HF公司拖延裁判文书生效的意图十分明显,为维护债权人正当权益,二审人民法院对该案实行书面审理。

4. 因HF公司未主动履行生效裁判文书确定的金钱给付义务,原告申请强制执行，××区人民法院于2019年11月20日立案，案号(2019)粤××××执208××号。

5.为了彻底摆脱可能归咎为股东个人的连带责任，2019年12月1×日，丁某某将所持有公司80%的股份全部转给向某某，公司形式变更为自然人独资，向某某任公司法定代表人。此时案件已进入执行程序，丁某某走出了逃避责任与债务的最后一步。

6.作为逃避债务的另一个步骤，2019年2月1×日，丁某某将HF公司的住所由××市××区××街道××社区田益二街9号三楼，变更至××市××区××街道××社区中×工业区41栋106，同时采用下列方式将公司资产转移：

(1)丁某某将HF公司的机器设备转移至田益二街9号二楼的HFJ科技有限公司，该公司系丁某某的女儿某某的自然人独资企业，某某任法定代表人、执行董事兼总经理，徐某某出任监事。该公司机器轰鸣、订单充盈，且大量招聘员工，招聘广告上的联系人“徐姐189××××782、丁先生135××××325”正是徐某某、丁某某的手机号码。

(2)HF公司的新住所××市××区××街道××社区中×工业区41栋106则是一处回收废品堆放场，无任何机器设备，无任何正常生产的迹象。这就是说，向某某接手的HF公司仅仅只是法律意义上的存在，该公司不具备任何清偿到期债务的能力。丁某某通过上述方式，不仅成功地实现了股东身份的“金蝉脱壳”，同时轻松地将公司全部资产从田益二街9号的三楼转移至二楼，使HF公司的资产归零。

由此可知，丁某某在明知公司负有大量到期债务且已无可供执行的财产的情况下，恶意转让未届出资期限的股权，增加公司注册资本实缴到位的风险，其行为属于通过“股权转让”这一合法形式掩盖“逃避债务”的不法行为，导致公司不再具有价值，HF公司徒有其名、向某某沦为傀儡和顶包人，严重损害了债权人利益，不应得到法律保护。

(二)HF公司作为被执行人，人民法院对其穷尽执行措施仍无财产可供执行,已具备破产原因,但不申请破产,应依法加速到期。负有出缴注册资本义务的股东不仅仅只是向某某,基于不能因违法背俗行为而获利的基本法理,该加速出资的效果还应及于原股东丁某某和徐某某。

1. 我国现行公司法规定股东的出资方式是认缴制,基于该制度,股东在公司存续期内以认购股权为限承担有限责任,且对出资期限享有法定的期限利益。在出资期限未届满前,原股东未实缴出资的情形一般不构成公司法上的出资瑕疵,对于未届出资期限即转让股权的行为,法律亦并未禁止。

2. 但是,在注册资本认缴制下,股东并非任何时候都享有期限利益。根据权利义务对等的内在要求,股东在享有出资期限利益的同时,也要承担相应的义务。即股东应当保证公司不沦为其转嫁经营风险的工具,不能危及与公司从事正常交易的债权人的合法权益。

3.《全国法院民商事审判工作会议纪要》第6条规定,在注册资本认缴制下,股东依法享有期限利益。债权人以公司不能清偿到期债务为由,请求未届出资期限的股东在出资范围内对公司不能清偿的债务承担补充赔偿责任的,人民法院不予支持。但是,下列情形除外:(1)公司作为被执行人的案件,人民法院穷尽执行措施无财产可供执行,已具备破产原因,但不申请破产的;(2)在公司债务产生后,公司股东(大)会决议或以其他方式延长股东出资期限的。

4. 最高人民法院《关于适用〈中华人民共和国企业破产法〉若干问题的规定(一)》第1条规定,债务人不能清偿到期债务并且具有下列情形之一的,人民法院应当认定其具备破产原因:(1)资产不足以清偿全部债务;(2)明显缺乏清偿能力。依照上述破产法司法解释的规定,HF公司符合资产不足以清偿全部债务的情形,已具备破产原因,现HF公司未申请破产,符合《全国法院民商事审判会议纪要》第6条规定的股东出资加速到期情形。

5. 但是,仅仅责令现任股东向某某加速出资是不够的,也是无效的。如前所述,现年已经75岁的农村妇女向某某显然缺乏履行能力。丁某某在转移公司财产后将空壳公司的股权转让给向某某,从实质上说是使公司失去了收取加速到期资本的机会,断绝了公司可供清偿债务的资产,违反了资本充实原则,背离了公司和债权人的信赖,属出资违约。有违设立注册资本认缴制的立法初衷,所以丁某某的出资应加速到期且不因股权转让而免责。

6. 本案到期债务形成于丁某某、徐某某任公司股东期间,2019 年 11 月 2 × 日执行案件立案,2019 年 12 月 1 × 日丁某某将所持有公司 80% 的股份全部转给向某某,此时,债务已经存在、公司已无可供执行的财产。丁某某的行为符合“其股东未依法履行出资义务即转让股权”和“抽逃出资”的界定,是利用公司股东的期限利益恶意逃避债务的行为,侵害了公司债权人的利益,对其行为应予否定。

7. 换言之,在加速到期的情形下,如果丁某某没有将其股权转让给向某某,则丁某某应当对 HF 公司的债务在其未缴纳出资的范围内承担补充赔偿责任。鉴于丁某某转让股权行为的主观恶意性和客观危害性,根据《变更、追加规定》第 19 条之规定,丁某某、徐某某亦符合追加为被执行人的情形。

综上所述,股东不得滥用其出资期限利益以逃避债务、损害公司债权人权益,股东在明知公司对外负债且无力清偿的情况下恶意转让未届出资期限的股权、增加公司注册资本实缴到位的风险,其行为损害债权人利益,不应得到法律保护,其行为应予否定。请求贵院依法追加丁某某、徐某某为(2019)粤 × × × × 执 208 × × 号案件的被执行人,对被执行人 HF 公司债务承担连带清偿责任。

特此诉讼。

此致

× × 人民法院

具状人:RJ 公司

二〇二〇年七月 × × 日

原告主张追加原股东丁某某、徐某某为被执行人,理由一是认为丁某某、徐某某存在最高人民法院《关于适用〈中华人民共和国公司法〉若干问题的规定(三)》第 13 条股东未履行或者未全面履行出资义务的情形以及第 18 条股东未履行或者未全面履行出资义务即转让股权的情形，理由二是认为丁某某、徐某某存在《公司法》第20条第3款股东滥用公司法人独立地位和股东有限责任，逃避债务，严重损害公司债权人利益的情形。结合该案具体情况，人民法院采信“未履行或者未全面履行出资义务”即转让股权的可能性较大，但是采信滥用公司法人独立地位和股东有限责任，逃避债务的可能性较小，因为滥用权利、逃避债务难以得到证明。

但是在诉讼过程中，被告丁某某、徐某某提交了会计师事务所出具的验资报告，使案件的走势急转直下。原告对验资报告发表了质证意见(详见第六章“质证技艺”第二节“围绕三性展开质证”的实例，对单个证据发表质证意见——《对验资报告的书面质证意见》)，对该验资报告的真实性予以认可，但认为注册资本实收的结论不具有合法性，且验资结论与被告应否对公司不能清偿的债务承担连带清偿责任之间不具有关联性。但是在实务中，股东只要提交向公司支付“投资款”、“注册资金”或“验资款”的相关转账凭据作为证据，即使没有验资报告，法院一般都会认为该股东“已实际缴付出资”。更何况本案被告提交的是验资报告，且在验资过程中有“银行询证函回函”证明了资金流入的真实性。原告以被告“未履行出资义务即转让股权”的主要突击点进攻受阻，而原告主张被告“滥用公司法人独立地位和股东有限责任逃避债务”的第二进攻点本身火力就弱，原告输掉这场官司已无悬念。

以下是法院驳回原告诉讼请求的裁判理由：

【判决书节选】

“本院认为，被告向某某、第三人HF公司经本院合法传唤无正当理由不到庭应诉，亦未提交书面答辩意见，视为放弃答辩、举证、质证权利，本院依据原告及被告丁某某、徐某某提交的证据来认定本案事实。本案争议焦点为丁某某、徐某某是否应对HF公司债务承担连带清偿责任。针对上述争议焦点，本院具体分析认定如下：

首先，RJ公司主张丁某某、徐某某应对HF公司债务承担连带清偿责任的依据为丁某某、徐某某存在最高人民法院《关于适用〈中华人民共和国公司法〉若干问题的规定(三)》第十三条规定的未履行出资义务的情形。RJ公司认为HF公司章程中记载‘经全体股东一致约定，股东认缴出资额于2026年12月2×日前全部缴付到位’，丁某某、徐某某在未实缴注册资本的情况下，将股权全部转让给向某某，属于未履行出资义务即转让股权的情形，应当对公司债务承担连带清偿责任。对此本院认为，根据××会计师事务所出具的《HF公司验资报告》，经××会计师事务所审验，截至2018年11月1×日，HF公司已经收到全体股东缴纳的注册资本1,000,000元，其中，以货币出资1,228,900元，1,000,000元作为实缴注册资本，超出注册资本的部分228,900元转作资本公积处理。根据验资报告中所附××银行××支行的询证函，丁某某、徐某某分别于……将出资款存入HF公司在××银行××支行开立的人民币存款账户00023××××434账号内，附言为‘转入注入资金’‘转入资金投入’。根据该验资报告的内容，可以认定丁某某、徐某某已经在2018年11月1×日前将HF公司的全部注册资本1,000,000元缴足。丁某某、徐某某在2018年11月1×日缴足注册资本的行为与公司章程所约定的‘股东认缴出资额于2026年12月29日前全部缴付到位’并不矛盾。RJ公司关于丁某某、徐某某未履行出资义务的主张，缺乏事实依据和法律依据，本院不予支持。

其次，RJ公司主张丁某某、徐某某存在《中华人民共和国公司法》第二十条第三款规定的滥用公司法人独立地位，逃避债务，严重损害债权人利益的行为。RJ公司认为丁某某、徐某某通过将HF公司的住所地变更的方式将HF公司的财产进行转移，且二人通过频繁的股权转让行为将全部股权转让至明显无偿债能力的向某某名下。对此，本院认为，判断股东是否存在公司法第二十条第三款所规定的滥用公司法人独立地位和股东有限责任的行为，需要看该行为是否同时满足以下几个要件：1. 股东主观上有明显过错；2. 股东实施的‘滥用’行为使债权人利益受到的损害必须达到严重程度；3. 债权人利益受损系因为股东的‘滥用’

行为造成，而非市场原因、公司经营管理不善等。本案中，丁某某、徐某某二人将HF公司的住所地进行变更的行为系股东在经营公司过程中的经营行为，RJ公司提交的现有证据并不足以证明二人存在恶意转移公司财产的行为。丁某某、徐某某在已经足额缴纳注册资本的情况下，将股权进行转让的行为属于股东意思自治的行为，并不能据此认定存在滥用公司法人独立地位和股东有限责任的情形。故RJ公司的相关主张，理据不足，本院不予支持。

综上，原告RJ公司诉请追加被告丁某某、徐某某为（2019）粤××××执208××号执行案件的被执行人，于法无据，应予驳回。依照《中华人民共和国公司法》第二十八条、《中华人民共和国民事诉讼法》第六十四条、第一百四十四条规定，判决如下：

驳回原告RJ公司的全部诉讼请求。”

本节执行异议之诉和上节申请追加被执行人所列举的案例，从某种程度上反映了人民法院对此类申请所持的审慎态度。因为在执行程序中直接确定由被执行人以外的人承担实体责任，将对当事人的实体和程序权利产生极大影响。虽然条件限制较为严苛，但毕竟给予了申请人新的救济途径。在日常法律服务当中，我们应建议客户加强风险防范意识，在交易过程中注意获取和保留对己方有利的证据，及时清收款项，若款项数额累计较大，尽量要求对方股东、实际控制人等个人提供保证或加入债务，加强实现债权的保障。

第十章

另辟蹊径：代位诉讼

法律允许当事人对未来可以预见的风险进行预先自我保护，如代位权制度、不安抗辩权制度、预期违约制度等。

代位权制度突破了债的相对性原则，故法律对其行使规定了严格的条件。

第一节 代位权诉讼是债的保全措施

代位权制度的目的是保全债权，保障债权人债权的实现。由于代位权制度突破了债的相对性原则，使债权人可以代债务人向第三人主张权利，因此，法律对其行使规定了严格的条件，以维护交易秩序的稳定和民事主体对其财产的支配权。

《民法典》第535条规定："因债务人怠于行使其债权或者与该债权有关的从权利，影响债权人的到期债权实现的，债权人可以向人民法院请求以自己的名义代位行使债务人对相对人的权利，但是该权利专属于债务人自身的除外。代位权的行使范围以债权人的到期债权为限。债权人行使代位权的必要费用，由债务人负担……"

原最高人民法院《关于适用〈中华人民共和国合同法〉若干问题的解释（一）》第11条对于债权人提起代位权诉讼应当符合的条件进行了明确："（一）债权人对

债务人的债权合法;(二)债务人怠于行使其到期债权,对债权人造成损害;(三)债务人的债权已到期;(四)债务人的债权不是专属于债务人自身的债权。”

在实务中,理解代位权诉讼应符合的条件不难,困难在于债权人很难准确掌握债务人与相对人之间债权的真实情况,包括但不限于债的性质和种类、债的数额、届满期限、债权形成的交易细节和习惯、债务人与相对人(次债务人)是否存在争议等。因为代位权诉讼的原告需要证明至少两个案件事实:一是原告与债务人之间的债权是客观存在的,已到期并且合法;二是债务人与相对人(次债务人)之间的债权是客观存在的,且已到期。债权人的到期债权相对容易证明,生效的法院裁判或仲裁文书是有力的证据,即使尚未经过审理查证,由于债权人本身就是债的相对人,能够提供债权存在且到期的证据。但是对于债务人与相对人(次债务人)之间的债务关系,如果没有债务人主动提供相关材料予以协助,仅凭债权人一己之力向第三人主张权利其难度可想而知。

人民法院认定代位权成立的,由债务人的相对人向债权人履行义务,债权人接受履行后,债权人与债务人、债务人与相对人之间相应的权利义务终止。

在《民法典》实施前,对于债权人的债权尚未到期,债务人对次债务人的债权的时效即将届满,债权人能否行使代位权这个问题是存在争议的。一种观点认为,允许债权人在债务履行期限届满前行使代位权,于债务人不公平,因为不能确定债务人怠于履行债务必定会给债权人造成损害;另一种观点认为应该允许债权人行使代位权,理由是对于债务人时效即将届满的债权,等到债权人债权的履行期限届满后,再行使代位权已经没有意义,不利于对债权的保护。

《民法典》的颁布对此争议画上了句号。《民法典》第536条规定:“债权人的债权到期前,债务人的债权或者与该债权有关的从权利存在诉讼时效期间即将届满或者未及时申报破产债权等情形,影响债权人的债权实现的,债权人可以代位向债务人的相对人请求其向债务人履行、向破产管理人申报或者作出其他必要的行为。”根据此规定,只要满足条件,即使债权人的债权尚未到期也可代位提出请求。但需要注意的是,债权人只能请求相对人向债务人履行,而非直接向债权人履行。债权人行使代位权的结果归于债务人,债务人可以因债权人行使代位权而直接受益,既没有增加其负担,也不会损害其利益。不会对债务人造成不利影响,也不会对债务人的其他债权人造成不利影响。

民法典的上述规定与现代各国合同立法的趋势是一致的,即允许当事人对未来可以预见的风险进行预先自我保护。如不安抗辩权制度、预期违约制度等均是在当事人的债权履行期限未到时,允许当事人提前采取积极措施避免损失的发生。

在实务中需注意《民法典》第975条的规定:“合伙人的债权人不得代位行使合伙人依照本章规定和合伙合同享有的权利,但是合伙人享有的利益分配请求权除外。”“利益分配请求权”与上文提及的债务人怠于行使到期债权一样,合伙人的债权人需要证明该可分配利益的存在。

第二节 申请执行人代位提起析产诉讼

前文提及,因代位权制度突破了债的相对性原则,故法律对其行使规定了严格的条件。当事人行使代位权被限定在对债权的保护以及继承法律关系中的代位继承等相对狭窄的范围之内。不过除此之外,在民事执行中还存在申请执行人代位提起析产诉讼的情形,该制度为申请人实现债权、走出执行僵局提供了新的思路。

一、在民事执行中常见的几种所有权登记

第一种情形,涉案不动产登记在被执行人名下。

对于登记在被执行人名下的不动产,人民法院依法可以予以查封、扣押、冻结。但如果该房屋是被执行人及其所扶养家属生活所必需的、唯一的居住房屋,则可以查封,但不得拍卖、变卖或者抵债。如果该房屋超过被执行人及其所扶养

家属生活所必需的范围,人民法院根据申请执行人的申请,在保障被执行人及其所扶养家属最低生活标准所必需的居住房屋和普通生活必需品后,可予以执行。这里的"保障所必需的居住房屋"一般是指为被执行人及其所扶养家属提供最低面积标准的廉租房/公租房,或者按照当地公布的廉租房价格向被执行人提供一定期限的租金保障。

第二种情形,涉案不动产登记在被执行人配偶名下。

如果不动产登记在被执行人配偶名下,而裁判文书确定的债务又不能被认定为夫妻共同债务,人民法院不能对其配偶名下的不动产采取查封、扣押、冻结等措施,除非其配偶书面确认该财产属于被执行人。实务中确有大量债务人在债务尚未形成之前,或在债务已经形成之后,甚至在裁判文书生效以后借协商、赠与、离婚之名将房产过户至其配偶、子女、父母、亲属等名下,以达到逃避债务执行的目的。

第三种情形,涉案不动产登记在双方或多方名下。

如果该不动产虽然登记在夫妻(或其他第三人)双方名下,但共有情况登记为共同共有,则人民法院可以查封、扣押、冻结该不动产,但不得将该不动产拍卖、变卖或者抵债。如果该不动产登记在夫妻、其他第三人或多人名下,共有情况登记为按份共有,则人民法院可以查封、扣押、冻结该不动产,可以依法处置该不动产中属于被执行人的份额。

关于共有财产的处置办法见最高人民法院《关于人民法院民事执行中查封、扣押、冻结财产的规定》第12条:"对被执行人与其他人共有的财产,人民法院可以查封、扣押、冻结,并及时通知共有人。共有人协议分割共有财产,并经债权人认可的,人民法院可以认定有效。查封、扣押、冻结的效力及于协议分割后被执行人享有份额内的财产;对其他共有人享有份额内的财产的查封、扣押、冻结,人民法院应当裁定予以解除。共有人提起析产诉讼或者申请执行人代位提起析产诉讼的,人民法院应当准许。诉讼期间中止对该财产的执行。"

该第12条第3款允许申请执行人代位提起析产诉讼,前提是被执行人没有其他可供执行的财产，共有人（或推定共有人）既不协议分割共有财产也不提起析产诉讼，致使申请执行人的债权不能得以实现。在实务中，有的原告将共有人列为共同被告，有的原告将被执行人列为第三人、将其他共有人列为被告。笔者认为共有人应列为共同被告，因为析产的结果将直接由共有人承受，共有人理应享有完整的诉讼权利。

二、实例：吴某某债权人代位析产纠纷（起诉及裁判）

民事起诉状

原告：吴某某，男。

被告：刘某某，男。

被告：黄某某，女，系刘某某的妻子。

案由：债权人代位析产纠纷。

诉讼请求：

一、请求确认刘某某、黄某某对位于××市××区×豪庭T5幢1301房产各占有50%的权利份额、对于位于××市××区××二路4号×湾6幢701房产各占有50%的权利份额。

二、判令两被告承担本案诉讼费。

事实和理由：

原告吴某某与被告刘某某民间借贷纠纷一案经××人民法院审理作出（2019）粤××××民初18××号民事判决，被告刘某某应向原告支付借款本金180万元及利息、违约金（利息、违约金以180万元为基数，自……计至债务清偿之日），判决生效后刘某某未主动履行。原告遂向某某人民法院申请强制执行，法院于2020年××月13日立案，案号（2020）粤××××执405××号。在执行过程中，因刘某某没有可供执行的财产，法院遂于2020年××月10日作出（2020）粤××××执405××号之二执行裁定书，裁定终结本次执行。

被告刘某某与黄某某系夫妻。2013 年 11 月××日购买位于××市××区×豪庭 T5 幢 1301 房产,不动产权证号为粤(2017)××市不动产权第 0002307 号,共有情况为按份共有,刘某某、黄某某各 50%。原、被告之间民间借贷纠纷一审判决生效以后,刘某某为逃避债务转移财产,于 2020 年 2 月××日将自己名下 50% 的房产份额以夫妻约定的方式无偿转移至黄某某名下,×豪庭 T5 幢 1301 房产归黄某某单独所有。

此外,刘某某、黄某某还于 2017 年 9 月××日购买位于××市××区××二路 4 号×湾 6 幢 701 房产一套,不动产权证号为粤(2019)××市不动产权第 0232256 号,共有情况为黄某某单独所有。

前述房产形成于刘某某、黄某某婚姻关系存续期间,应为两人的夫妻共同财产,现刘某某名下没有其他可供执行的财产。刘某某在判决生效后恶意转移财产,两被告既不协议分割共有财产也不提起析产诉讼,致使原告执行案件无法继续,债权不能得以实现。

综上,原告依照最高人民法院《关于人民法院民事执行中查封、扣押、冻结财产的规定》第十四条第三款①“共有人提起析产诉讼或者申请执行人代位提起析产诉讼的,人民法院应当准许”之规定,请求确认被告刘某某、黄某某各自对前述房产的占有份额,以实现原告的债权。

此致

××市第×人民法院

具状人:吴某某

二〇二〇年七月××日

本案被执行人因名下没有可供执行的财产导致债权人的权利无法实现,而登记在被执行人配偶名下的房产又不能执行(有些法院会查封但不予拍卖、变卖

① 已于 2020 年修正。后不赘述。

或者抵债)。被执行人及其配偶不主动协议分割共有财产,而婚内析产诉讼又有严格的条件限制,这种情况下债权人代位提起析产诉讼是打破僵局的有效手段。其法理依据是夫妻婚姻关系存续期间取得的财产视为或推定为共同财产,如无特别约定或法定情形原则上按均等原则进行分割。正是由于夫妻共同财产原则上应均等分配才给人民法院提供了裁判依据,如果不动产登记的是被执行人和其子女、亲属共同共有,则人民法院确定各自份额于法无据。

本案原告起诉只有三个主要待证事实:一是债权到期且执行不能,二是两被告是夫妻关系,三是财产的取得是在夫妻关系存续期间。至于被告夫妻对于共同财产有无特别约定应由被告承担举证责任。以下是人民法院作出的裁判。

广东省××市第×人民法院
民事判决书

(2020)粤××××民初175××号

原告:吴某某,男。

被告:刘某某,男。

被告:黄某某,女。

上列当事人债权人代位析产纠纷一案,本院受理后,依法组成合议庭,公开开庭进行审理……本案现已审理终结。

原告诉称,原告与被告刘某某之间的借款合同纠纷一案,由××人民法院作出(2019)粤民初18××号判决,判决被告刘某某偿还原告借款本金180万元及利息、违约金(利息、违约金以180万元为基数,自……计至债务清偿之日)。原告对被告刘某某的债权已依法申请强制执行,案号(2020)粤××××执405××号。因刘某某没有可供执行的财产,法院于2020年××月10日作出(2020)粤××××执405××号之二执行裁定书,裁定终结本次执行。

原告诉称两被告为夫妻关系。2013年11月××日购买位于××市××区×豪庭T5幢1301房产,不动产权证号为粤(2017)××市不动产权第0002307

号,共有情况为按份共有,刘某某、黄某某各50%。原、被告之间民间借贷纠纷一审判决生效以后,刘某某为逃避债务转移财产,于2020年2月××日将自己名下50%的房产份额以夫妻约定的方式无偿转移至黄某某名下,×豪庭T5幢1301房产归黄某某单独所有。此外,刘某某、黄某某还于2017年9月××日购买位于××市××区××二路4号×湾6幢701房产一套,不动产权证号为粤(2019)××市不动产权第0232256号,共有情况为黄某某单独所有。前述房产形成于刘某某、黄某某婚姻关系存续期间,应为两人的夫妻共同财产,现刘某某名下没有其他可供执行的财产。刘某某在判决生效后恶意转移财产,两被告既不协议分割共有财产也不提起析产诉讼,对法院的强制执行和申请执行人(原告)的债权实现构成了妨碍。根据最高人民法院《关于人民法院民事执行中查封、扣押、冻结财产的规定》第十四条第三款规定"共有人提起析产诉讼或者申请执行人代位提起析产诉讼的,人民法院应当准许。诉讼期间中止对该财产的执行。"原告为维护自身合法权益,特据此起诉至贵院。请求法院依法确认被告刘某某、黄某某对位于××市××区×豪庭T5幢1301房产各占有50%的权利份额、对于位于××市××区××二路4号×湾6幢701房产各占有50%的权利份额;由两被告承担本案的全部诉讼费。

两被告未到庭应诉,亦未作书面答辩。

经审理查明,申请执行人吴某某与被执行人刘某某民间借贷纠纷一案,××人民法院作出的(2019)粤民初18××号判决书已生效。由于被执行人刘某某未履行生效法律文书确定的义务,申请执行人向××人民法院申请强制执行,请求强制执行被执行人偿付180万元及利息,该院依法立案执行。执行过程中由于未查找到被执行人可供执行的财产。××人民法院于2020年××月10日裁定终结本次执行程序。

据婚姻登记机关提供的证据查明,两被告于2010年12月××日登记结婚。据不动产登记信息,被告刘某某、黄某某于2013年11月××日购买位于××市××区×豪庭T5幢1301房产,于2017年4月19日核准登记,不动产权证号为粤(2017)××市不动产权第0002307号,权利人登记刘某某、黄某某各50%。2020年2月×日刘某某将自己名下50%的房产份额以夫妻约定的方式无偿转移至黄某某名下,×豪庭T5幢1301房产变更登记为黄某某100%所有。又据不动产登记信息,被告黄某某于2017年9月××日购买位于××市××区××二路4号×湾6幢701商品房,不动产权证号为粤(2019)××市不动产权第0232256号,共有情况为黄某某单独所有。两被告经本院合法传唤,未到庭答辩、质证、反驳。

以上事实有民事判决书、执行裁定书、不动产查询单、结婚证等证据及庭审笔录附卷证实。

本院认为,申请执行人依据最高人民法院相关司法解释代位提起析产诉讼,本院予以准许。本案析产为夫妻共有房产,本院认为,婚姻存续期间购置的登记于一方名下的房产应初步推定为夫妻共有房产,夫妻有异议的,应当举证反驳,证实存在该推定不成立的情形;两被告未到庭应诉,视为放弃此诉讼权利,本院采纳原告关于夫妻共同财产的事实主张。参照最高人民法院关于离婚案件处理财产分割的相关司法解释,夫妻共同财产的处理,原则上按均等原则进行分割,具体处理可以有所差别,但两被告未到庭主张存在差别处理的情形,故本院按均等原则分割,即两被告各占50%的份额。

综上,依照《中华人民共和国婚姻法》第十七条、《中华人民共和国民事诉讼法》第一百四十四条、最高人民法院《关于人民法院民事执行中查封、扣押、冻结财产的规定》第十四条之规定,判决如下:

一、确认涉案登记于被告黄某某名下的××市××区×豪庭T5幢1301房产和××市××区××二路4号×湾6幢701房产属于黄某某、刘某某共有财产,由被告黄某某、刘某某各分得50%份额。

二、驳回原告其他诉讼请求。

下略。

人民法院的裁判依据同样是原《婚姻法》(现《民法典》)关于夫妻共同财产的规定,婚姻存续期间购置的登记于一方名下的房产应初步推定为夫妻共有房产,夫妻有异议的,应当举证反驳,证实存在该推定不成立的情形。对于夫妻共同财产的处理,原则上按均等原则进行分割,具体处理可以有所差别,但由于两被告未到庭主张存在差别处理的情形,故法院按均等原则分割,被告黄某某、刘某某对两套房产各占50%的份额。

判决生效后,因被执行人名下已有可供执行的财产,申请人申请恢复执行。又由于被执行人名下有两套房产,足以满足其家庭成员生活所必需的居住需求,故人民法院决定拍卖涉案房产。事已至此,被执行人知道继续抗拒执行已经没有意义,主动与申请人达成执行和解,分批支付了执行款项,生效裁判文书确定的债权人的权利得以实现。

第十一章
最后的防线：再审申请和再审

司法的重要特征是终结性，定分止争，而不是让裁判结果长期处于不确定状态。

如果随意启动再审，司法机关作出的裁判被随意否定，随之而来的是司法权威的丧失，社会将无正义可寻。

但是，再审又是国家为解决社会冲突、保障社会主体权益设立的最后一道防线。

第一节 两审终审制度的保障和补充

我国司法设立“四级两审终审制”的审级制度，是为了实现提高诉讼效率、减少诉讼成本、方便公民诉讼的目的，是符合我国国情的制度设置。人民法院代表国家行使审判权，是国家为解决社会冲突、保障社会主体权益设立的最后一道防线。司法的重要特征是终结性，定分止争，而不是让裁判结果长期处于不确定状态。

但是两审终审也存在弊端，主要是对案件处理的质量和当事人的合法权益有可能造成影响，民事诉讼法设置了审判监督程序作为两审终审制度的保障和补充，但不是民商事案件审理的必经程序。

一、启动再审程序的三种方式

一是依职权。即各级人民法院院长对本院、最高人民法院对地方各级人民法院、上级人民法院对下级人民法院已经发生法律效力的判决、裁定、调解书,发现确有错误,认为需要再审的,有权决定再审、提审或者指令下级人民法院再审。

二是依监督。即最高人民检察院对各级人民法院、上级人民检察院对下级人民法院、地方各级人民检察院对同级人民法院已经发生法律效力的判决、裁定,发现有《民事诉讼法》第 200 条规定情形之一的,可提出抗诉或提出检察建议。但是对于调解书,只有发现调解书损害国家利益、社会公共利益的,才可提出检察建议或提出抗诉。

三是依申请。即当事人对已经发生法律效力的判决、裁定,认为有错误的,可以向上一级人民法院申请再审。对已经发生法律效力的调解书,提出证据证明调解违反自愿原则或者调解协议的内容违反法律的,可以申请再审,但对已经发生法律效力的解除婚姻关系的判决书、调解书,不得申请再审。

二、依申请启动再审需符合的条件

依职权决定再审的必然启动再审程序,依监督提出抗诉或检察建议的一般也将启动再审程序。但是依申请则必须符合《民事诉讼法》第 207 条规定的情形之一,人民法院才会决定启动再审程序:

(一)有新的证据,足以推翻原判决、裁定的;

(二)原判决、裁定认定的基本事实缺乏证据证明的;

(三)原判决、裁定认定事实的主要证据是伪造的;

(四)原判决、裁定认定事实的主要证据未经质证的;

(五)对审理案件需要的主要证据,当事人因客观原因不能自行收集,书面申请人民法院调查收集,人民法院未调查收集的;

(六)原判决、裁定适用法律确有错误的;

（七）审判组织的组成不合法或者依法应当回避的审判人员没有回避的；

（八）无诉讼行为能力人未经法定代理人代为诉讼或者应当参加诉讼的当事人，因不能归责于本人或者其诉讼代理人的事由，未参加诉讼的；

（九）违反法律规定，剥夺当事人辩论权利的；

（十）未经传票传唤，缺席判决的；

（十一）原判决、裁定遗漏或者超出诉讼请求的；

（十二）据以作出原判决、裁定的法律文书被撤销或者变更的；

（十三）审判人员审理该案件时有贪污受贿，徇私舞弊，枉法裁判行为的。

上述情形之一都可启动再审程序，但根据启动再审条件的不同，再审的结果也不一样。

其中生效裁判存在第（1）项至第（6）项之情形的，属于案件事实审查不清、证据无效或证明力不足、适用法律错误，经再审审理查证属实的，应当依法改判、撤销或者变更。

其中生效裁判存在第（7）项至第（10）项之情形的，主要是程序违法，但并不必然导致处理错误，经再审审理，如果认为原裁判认定事实清楚、适用法律正确的，应予维持；原裁判认定事实、适用法律虽有瑕疵，但裁判结果正确的，在再审裁判中纠正瑕疵后予以维持。

其中生效裁判存在第（11）项至第（12）项之情形的，遗漏或者超出诉讼请求可能影响当事人实体权益，而据以作出原裁判的法律文书被撤销或者变更的，直接关系对案件事实的认定，经再审审理，应依查明的事实依法改判、撤销或者变更。

其中生效裁判存在第（13）项之情形的，审判人员审理该案件时是否存在贪污受贿、徇私舞弊、枉法裁判的行为，需由由已经生效的刑事法律文书或者纪律处分决定所确认。如果再审查明审判人员贪污受贿、徇私舞弊、枉法裁判的行为造成裁判结果错误的，将依法改判、撤销或者变更。

无须讳言，当事人申请再审能够最终启动再审程序的概率是非常低的，是否需要申请再审，当事人须慎重决策。一方面，案件经过两级法院的审理，发生错判的概率本来就很小，我们也不应当追求完美无缺的裁判，原裁判在认定事实、适用法律或程序适用上存在一些瑕疵但总体处理结果适当，是可以理解和可以接受的；另一方面，纷争的终结性是司法重要的特征，如果随意启动再审，司法机关作出的裁判被随意否定，随之而来的是司法权威的丧失，社会将无正义可寻。

第二节　启动再审的钥匙——再审申请和抗诉

笔者认为，只有当我们认真审查后认为生效裁判存在《民事诉讼法》第207条规定的第(1)项至第(6)项情形之一的才应考虑是否申请再审。如果只是存在程序性问题，即便启动再审也不一定改变裁判结果，而第(11)项至第(13)项所列之情形在现实中罕见，如若出现当然应当申请再审。

案例1　罗某某机动车索赔案再审申请

【案情简介】

2015年8月××日罗某某驾驶粤×·L××××机动车揽客跑私车，在某市北环路段遭犯罪嫌疑人曾某某殴打，曾某某在醉酒状态下将驾驶人罗某某赶下车，驾驶粤×·L××××逃跑过程中发生车祸，致粤×·L××××机动车严重损毁，据4S店测算，修复费用高达11万余元。曾某某后被抓获，因涉嫌寻衅滋事罪被追究刑事责任。罗某某向某保险公司索赔，保险公司以“标的车改变使用性质未向我司办理批改手续”为由，作出拒赔通知书，同时拒绝为事故车辆定损。罗某某向某某市××区人民法院提起诉讼，要求某保险公司承担合同义务。一审法院认为，罗某某未经保险公司同意“擅自改变使用性质”，保险公司拒赔符合保险合同条款的约定，遂驳回罗某某的全部诉讼请求。罗某某因经济困难放弃上诉，待判决生效后向上级法院申请再审。

再审申请书

再审申请人(一审原告):罗某某。

被申请人(一审被告):某财产保险公司××分公司。

再审申请人罗某某与被申请人某财产保险公司××分公司(以下简称某保险公司)因财产保险合同纠纷一案,不服××市××区人民法院做出的(2015)×法民二初字第134××号民事判决书,依据《民事诉讼法》第199条之规定,向某某市中级人民法院提出再审申请。

申请事由:

再审申请人的再审申请符合我国《民事诉讼法》第200条第1款第(2)项之规定①,原判决、裁定认定的基本事实缺乏证据证明的,人民法院应当再审。

再审请求:

1. 请求依法撤销××市××区人民法院(2015)×法民二初字第134××号民事判决书,改判支持再审申请人的全部诉讼请求或发回重审。

2. 本案的诉讼费用由被申请人承担。

事实和理由:

(一)原判认定被申请人"已履行了免除保险人责任条款的提示及明确说明义务"缺乏证据证明。

1. 原判在【本院认为】中认定:"该条款内容明确、具体,没有歧义,保险人已使用黑体字并以专门章节予以标示、提示",该认定没有事实依据予以支持。

再审申请人在庭审时向法庭提交了"交强险"和"×行车保系列产品保险单"两份保险合同的正本原件,这两份合同在免除保险人责任条款的提示方面形成鲜明对比:"交强险"作为国家机动车强制性保险,其宣传力度大,责任、义务、

① 该案申请再审时《民事诉讼法》尚未进行第三次和第四次修改,此处条文序号第200条第1款第(2)项对应现行《民事诉讼法》第207条第1款第(2)项,内容未发生变化。后文所附该案民事裁定书所援引民诉法条文序号存在同样的情况,不再另行加以说明。

免赔、索赔程序约定清晰明确，且在合同文本中将涉及各方权利义务的重点条款采用黑体字进行标示，尽到了保险人的提示义务；反观“×行车保系列产品保险单”，作为被申请人的商业产品，被保险人为了其商业利益最大化，刻意将全文29,000余字的合同条款密密麻麻地排列在5张A4幅面的纸张上，这几乎达到了一部中篇小说的字数标准，试问哪个投保人在购买保险产品的时候能够看完，且不说能否看懂？除了每个产品的标题名称使用黑体字以外，通篇都是同一种字体、同一种字号，对于“保险责任”“责任免除”等重要内容没有使用任何粗体字、黑体字、斜体字、下划线、波浪线、颜色区分、独行显示、隔行显示等常规提示方法加以区分或进行标识！再审申请人不知道原审法院是如何得出“保险人已使用黑体字并以专门章节予以标示、提示”的结论？该结论的事实依据何在？

2. 原判在【本院认为】中还指出：“且投保人在投保单投保人声明处签字确认，已仔细阅读了保险条款，尤其是加黑突出标注的、免除保险人责任的条款部分的条款内容……据此，应可认定被告已履行了免除保险人责任条款的提示及明确说明义务”。原判的该认定是建立在申请人“在投保人声明处签字确认”的基础之上，这种形式上的知悉、理解和接受的意思表示，恰恰掩盖了投保人对于什么是保险人的责任免除茫然无知的真相，同时也进一步证实，被申请人没有履行其明确说明义务。

《保险法》第17条特别强调“未作提示或者明确说明的，该条款不产生效力”，立法的目的和用意，是要求保险人把风险和责任明明白白地告诉投保人，让投保人做一个明白的消费者，从而防止保险事故发生后因对条款的误解、误读、误判而产生纷争，而不是为了让保险人投机取巧钻空子，用一个投保单上的“投保人声明”格式条款替代保险人应尽的明确说明义务，投保人在“声明”栏处的签名就意味着知悉了一切风险并接受合同约束。问题是，投保人真的懂了吗？保险人真的告知了吗？答案是：没有。

第一，该“声明”的内容（内容为：本人兹声明在本投保单上填写的各项内容均属事实，如有隐瞒或与事实不符，贵司可按《保险法》及合同约定进行处理；本人已经收到了条款全文，仔细阅读了保险条款，尤其是加黑突出标注的、免除保险人责任的条款部分的条款内容；对保险人就保险条款内容的说明和明确说明完全理解，同意并接受本投保单所载各项内容，申请投保并同意按保险合同约定缴纳保费）看似全面，实则高度概括且空而无物。比如，仅仅提及“免除保险人责任”，并未列举免责有哪些具体情形，更没有对免责条款的概念、内容及其法律后果等做出明确说明，以使投保人明了该条款的真实含义和法律后果，而是利用投保人一句“我已仔细阅读……同意并接受”就把保险人自身应负的说明义务推卸得干干净净。这正是典型的投机取巧。

第二，就算投保人把“声明”的内容仔细看过了，并不意味着保险人就履行了自己的说明义务。其一，“声明”条款本身没有对免责的情形做出说明。其二，“×行车保系列产品保险单”的文本上没有对免责条款作出任何足以引起投保人注意的提示。保险人不过是以一个新的格式合同（投保单的声明条款）替换了另一个格式合同（保险单），以投保人的签字确认免除了自身的义务。

一个众所周知的事实是：保险人在推销其保险产品时，尤其是本案中4S店工作人员向车主推销保险产品时，只会告诉投保人保费是如何优惠、出险时理赔是多么迅速、赔付款是多么充足，不会有人告诉投保人，什么叫作车辆的使用性质，以及擅自改变使用性质一旦出了事故将得不到赔偿。

另一个众所周知的事实是：保险人永远把商业利益摆在第一位，保险代理人的个人收益与保费收入直接挂钩，这就决定给了所谓保户利益至上只不过是一句冠冕堂皇的废话，这也就意味着少有保险从业人员会把免责条款向投保人进行详细的解释和说明，因为这样做会影响其自身的利益。

对于众所周知的事实，当事人无须举证证明。

综上，原审在没有证据支持的情况下，做出了保险人“已履行了免除保险人责任条款的提示及明确说明义务”的认定，依照《民事诉讼法》相关规定，对于原判决认定的基本事实缺乏证据证明的，人民法院应当再审。

(二)"改变使用性质未办理批改手续"并不违反法律、行政法规中的禁止性规定,不能成为盗抢险合同的免责事由。

最高人民法院《关于适用〈中华人民共和国保险法〉若干问题的解释(二)》第10条规定:"保险人将法律、行政法规中的禁止性规定情形作为保险合同免责条款的免责事由,保险人对该条款作出提示后,投保人、被保险人或者受益人以保险人未履行明确说明义务为由主张该条款不生效的,人民法院不予支持。"①

该条解释的适用有两个前提,**一是保险人必须对该条款作出提示**,显然在本案中被申请人没有尽到提示的义务;**二是这些免责事由必须属于法律、行政法规的禁止性规定**,注意,这里强调必须是禁止性规定,并且限定在法律和行政法规的范围之内。

本案中,被申请人所指的"改变使用性质"应当是指申请人将登记为"非营运"的私家车用于拉客。所以,申请人希望被申请人能够告诉法庭,私家车拉客违反了我国哪一部法律、哪一个行政法规的禁止性规定?再审申请人检索并查看了《道路交通安全法》及《道路交通安全法实施条例》、《道路运输条例》、《广东省道路运输条例》甚至《×市出租小汽车管理条例》及其实施细则,都没有发现相关的禁止性规定。

如果法律没有禁止,那么被申请人就不能把这种行为列为盗抢险中的免责事由。

改变车辆的使用性质,或者说非法营运的确属于违法违规行为,但是并不属于法律的禁止性行为。被申请人认为:非法营运不仅严重扰乱了正常的客运秩序,更滋生了严重刑事犯罪案件,致使车辆被抢劫出险。言下之意,车辆被抢劫源于非法营运,申请人想知道的是,那些办理了正规手续的出租车就不会被抢劫了吗?合法营运与非法营运,对于保险人而言,就保险范围而论,仅仅是第三者责任险投保数额的区别,与是否增加被抢劫的概率并无关联。况且,整治非法营运的责

① 已于2020年修正。

任主体是政府相关机构而非被申请人，被申请人只是一家兜售保险产品的商业机构，无权代位行使行政权。在商言商，别人买了保险公司的盗抢险，保险公司收了别人的保费，现在车被抢且严重损毁，保险公司就得依约赔付，不要企图使用非法营运之类的借口。法律、行政法规都没有禁止性规定的行为，何以能够成为保险人的免责事由？

特此申诉，请求贵院依法裁定本案再审。

此致

××市中级人民法院

再审申请人：罗某某

二〇一五年十二月××日

××市中级人民法院对罗某某的再审申请审查后认为，罗某某的再审申请符合《民事诉讼法》第207条第（2）项规定的情形，裁定再审（提审）。裁定书全文如下。

广东省××市中级人民法院
民事裁定书

（2015）×中法商申字第××号

再审申请人（一审原告）：罗某某。

委托代理人：某某，律师。

被申请人（一审被告）：某财产保险公司××分公司。

委托代理人：某某律师。

再审申请人罗某某因与被申请人某财产保险公司××分公司财产保险合同纠纷一案，不服××市××区人民法院（2015）×法民二初字第134××号民事判决，向本院申请再审。本院依法组成合议庭对本案进行了审查，现已审查终结。

本院认为，罗某某的再审申请符合《中华人民共和国民事诉讼法》第二百条第二项规定的情形。依照《中华人民共和国民事诉讼法》第二百零四条之规定，裁定如下：

本案由本院提审。

由于罗某某的再审申请确有事实依据，某保险公司所提供的格式合同对于免除保险人责任的条款"未尽到提示和说明义务"，再审申请得到支持，案件启动再审程序。

能够像罗某某这样幸运启动再审程序的毕竟只是极少数，对于那些再审申请被驳回的当事人，申诉之路已到尽头。不过《民事诉讼法》第216条还是留下了一条最后的通道，即有"（一）人民法院驳回再审申请的；（二）人民法院逾期未对再审申请作出裁定的；（三）再审判决、裁定有明显错误的"情形之一的，当事人可以向人民检察院申请检察建议或者抗诉。如果检察院对当事人的申请进行审查后作出提出检察建议或者抗诉决定的话，人民法院应作出再审的裁定。

在实操中，一个案件如果能够从一审打到二审、从申请再审被驳回再到抗诉成功并最终启动再审，把诉讼法规定的全部流程都走完的，实不多见。以笔者执业三十年的经历搜遍记忆的每个角落，印象中也仅有一例，遗憾的是费尽周折抗诉成功，再审却未能实现翻盘，结果令人唏嘘。

案例2　林某某民间借贷纠纷抗诉案

这只是一个普通的民间借贷纠纷案件，债权人王某某向法院起诉，请求债务人安某某偿还借款20万余元，同时以债务形成于安某某与林某某婚姻关系存续期间属于夫妻共同债务为由要求林某某对债务承担连带清偿责任。诉讼过程如下：

1. 一审判决安某某偿还借款本息，林某某无连带责任。

2. 王某某不服提起上诉，二审撤销原判，判令安某某偿还借款本息，林某某对债务承担连带责任。

3. 林某某不服终审裁判，向省高级人民法院申请再审，被驳回。

4. 林某某继续请求人民检察院提出检察建议或者抗诉，省人民检察院经审查后向省高级人民法院提出抗诉，省高级人民法院裁定再审。

5. 原二审法院接受指令再审，涉案债务依然被认定为夫妻共同债务，仅对借款本金做了调整。

现将该案申请抗诉的文书与大家分享。

检察建议/抗诉申请书

申请人（一审被告、二审被上诉人、再审申请人）：林某某。

被申请人（一审原告、二审上诉人、再审被申请人）：王某某。

被申请人（一审被告、二审被上诉人、再审申请人）：安某某。

申请监督事项：

申请人林某某与被申请人王某某、安某某民间借贷纠纷一案，不服××市中级人民法院作出的（2017）粤××民终219××号民事判决书，向广东省高级人民法院提出再审申请，广东省高级人民法院于2017年12月××日作出（2017）粤民申78××号民事裁定书，驳回了申请人的再审申请。现依据《民事诉讼法》第209条①第1款第（1）项之规定，向某某市人民检察院提出抗诉或再审检察建议申请，请求检察机关向××市中级人民法院提出抗诉或提出再审检察建议。

申请依据：

申请人的检察建议申请符合我国《民事诉讼法》第200条第1款第（2）项、第（4）项、第（6）项之规定，原判决、裁定认定的基本事实缺乏证据证明的；原判决、裁定认定事实的主要证据未经质证的；原判决、裁定适用法律确有错误的，人民检察院应当作出提出检察建议或者抗诉的决定。

申请监督理由：

2016年5月××日，王某某以民间借贷纠纷为由起诉安某某和林某某，要求

① 本法已于2021年修正，修正后为第216条。

安某某偿还借款本息229,974元,同时以借贷行为发生时安某某、林某某系夫妻为由,主张林某某对债务承担连带清偿责任。2016年10月××日,××市××区人民法院作出(2016)粤××××民初114××号民事判决,判令安某某偿还借款本金184,500元及相应利息,以该债务不属于夫妻共同债务为由驳回王某某对林某某的诉讼请求。王某某不服一审判决,上诉于××市中级人民法院,要求改判林某某对安某某的债务承担连带清偿责任。2017年4月××日,××市中级人民法院作出(2017)粤××民终219××号民事判决,以债务形成于夫妻关系存续期间、林某某未提供有效证据证明被上诉人安某某所借款项的去向为由,改判林某某对债务承担连带清偿责任。林某某不服二审判决,向广东省高级人民法院申请再审,该院于2017年12月××日作出(2017)粤民申78××号民事裁定书,以林某某申请再审的事实与理由理据不足为由驳回了林某某的再审申请。

为此,林某某向××市人民检察院提出再审检察建议申请,事实和理由如下:

(一)原判决、裁定认定的基本事实缺乏证据证明

安某某向王某某两次借款的事实属实,原判认定的欠款金额属实,林某某对此没有异议。但是,林某某在诉讼期间提交了大量的证据证明,安某某一贯以来沉溺于赌博,其本人在庭审中也承认所借资金(不仅仅是从王某某处)均用于偿付赌债和偿还之前为了筹措赌资而欠下的其他债务,没有用于家庭生活或支付家庭开支,借款金额也远远超出家庭日常生活所需。同时林某某没有参与安某某的任何一笔借款行为,没有在借款合同上签名,事后也不知情,更未追认。为此申请人在一审时向法庭提交了以下证据:

1. ××市公安局××派出所于2016年7月××日对安某某所作的《询问笔录》。证明安某某自学校毕业后一直没有工作,十几年来一直沉溺于赌博,欠下了许多高利贷,也被逼迫写了很多欠条和收据,经常遭遇高利贷公司的暴力催收,人身安全受到威胁。

2. 安某某母亲所作的证人证言(含作证的视频)。证明证人的亲生儿子安某

某从来没有从事过正经职业,长期沉溺于赌博,由于赌博欠下了巨额赌债,十多年来两位老人每月领取的分红款都是首先用来替安某某还赌债,2007年还变卖了家里的一套房产以及一小块宅基地用来为安某某偿还赌债,安某某沉溺于赌博还直接导致夫妻离婚,而高利贷公司多次上门泼油漆、砸门威胁恐吓,导致两位老人受惊吓住院。

3. ××市××区××街道××社区居民委员会于2016年6月××日出具的《证明》。证明安某某自成年以后无任何正当职业,其生活来源主要依赖父母接济和前妻打工的工资收入,安某某长期参与各种形式的赌博活动,其赌资来源主要是瞒着家人借高利贷,而且是一惯性的,欠下累累赌债。作为最基层的居民组织,居民委员会不得不派治安队员前往林某某、安某某父母的住所去制止高利贷暴力收债的不法行为。

虽然申请人分四次向王某某归还了借款本金15,500元,但并非出于自愿,而是在饱受王某某指派马仔上门威胁恐吓之下的无奈之举,为此,再审申请人在一审时向法庭提交了以下证据:

1. 2015年1月××日、2015年9月××日、2016年7月××日的报警回执(这还不是全部固执)。证明再审申请人多次遭受放债人的侵扰和威胁,不得不向公安机关报警求助。

2. 再审申请人林某某与王某某及其马仔的短信截图。证明王某某罔顾安某某才是借款人且安某某已经与林某某离婚的客观事实,将还债责任转嫁给林某某及安某某的父母,威逼林某某替前夫还债。其中不乏“不要给脸不要脸”“人不能忘本,你作为外地来广东打工的女人(能有今天)也是因为安某某”之类的威胁性的言论。

3. 安某某年迈的父亲、母亲住院的照片。证明两位老人饱受放贷人暴力催收的威胁,先后发病住院治疗。

所有以上证据,二审判决只字未提。

二审判决仅用“被上诉人林某某未提供有效证据证明被上诉人安某某所借

款项的去向”这样一句话，就忽略了林某某提供的全部证据的存在。主观且机械地把“形成于夫妻关系存续期间”作为唯一的判断标准，严重损害了未举债配偶一方的合法权益。

（二）原判决、裁定认定事实的主要证据未经质证

二审认为林某某没有提供有效证据证明安某某所借款项的去向，但是安某某当庭陈述，每次所借款项到账后一般都是去银行提取现金用来归还赌债及其他小额高利贷，剩下的钱用来赌博，安某某本人对于所借资金去向的陈述同样属于民事证据的范畴，法院为何不对其证据的效力加以甄别？即使不予采信也应当说明理由。

对于安某某所借款项的去向，王某某的代理律师在二审开庭时申请法院调取安某某账户的交易流水记录，意在查明安某某有没有将借款转付给林某某，试图证明借款是用于家庭生活，对于代理律师的申请审判长当庭应允，但庭后并未就是否调取安某某银行流水加以说明，也没有组织双方当事人及代理人对调取的证据进行质证。

申请人在再审申请时向广东省高级人民提交安某某在××农村商业银行2015年1月1日至7月××日的流水记录（账号623××××××××××428），该对账单显示的信息如下：

1. 2015年1月××日，王某某借给安某某的112,800元到账（其所谓现金支付7200元实为预先扣除2个月的利息），安某某当天向介绍人李某某转账支付5500元介绍费，同日提取现金105,000元。安某某拿到现金后用于归还前期欠下的赌债、小额高利贷，剩余资金用于赌博，迅速挥霍一空。

2. 2015年4月××日，早已将借款挥霍一空的安某某再次向王某某借款8万元（借口是统建楼装修），王某某在预扣2个月利息4800元及第一次借款拖欠利息3600元以后，将71,600元汇至安某某的账户，同日安某某提取现金7万元整。安某某拿到现金后同样用于归还前期欠下的赌债、小额高利贷，剩余资金用于赌博，迅速挥霍一空。

以上银行流水正是王某某代理人在二审申请调取的证据。这些证据清楚地表明,安某某嗜赌成性,不择手段到处借钱,借到钱以后都是以现金的方式提取,用于满足自己的非法欲望及归还赌账,根本不顾父母、妻子、儿子的生活,不存在将借款用于家庭生活的可能。再结合××派出所的询问笔录、××社区的证明、安某某母亲的证言,这些证据无可争辩地证明:安某某与王某某之间的两次借贷关系,虽然发生于安某某、林某某夫妻关系存续期间,但是林某某对此并不知情,更未在借款协议上签名,所借款项也未用于家庭生活开支,系安某某的个人债务,且所借款项被安某某用于赌博、支付赌债等非法用途,依法不得被认定为夫妻共同债务。

二审没有调取重要证据或者调取了重要证据未经质证,严重违反诉讼程序,并由此作出错误裁判。

(三)原判决、裁定适用法律确有错误

关于夫妻共同债务的相关法律规定如下:

1.《婚姻法》[①]第41条第1句:离婚时,原为夫妻共同生活所负的债务,应当共同偿还。

这是婚姻法对于夫妻共同债务认定及偿还的原则性规定,可见"共同生活所负的债务"是构成共同债务的核心。

2.最高人民法院《关于适用〈中华人民共和国婚姻法〉若干问题的解释(二)》[②]第24条第1款:"债权人就婚姻关系存续期间夫妻一方以个人名义所负债务主张权利的,应当按夫妻共同债务处理。但夫妻一方能够证明债权人与债务人明确约定为个人债务,或者能够证明属于婚姻法第十九条第三款规定情形的除外。"

这就是饱受争议的"第二十四条"。本意是为了保护债权人的利益,遏制某些夫妻为了逃避债务制造假离婚或者转移财产的行为,但在司法实践过程中屡屡损害未举债配偶一方的利益,使许多离婚以后的配偶莫名"被负债""被连带"。

3.最高人民法院《关于适用〈中华人民共和国婚姻法〉若干问题的解释(二)

① 现已失效。
② 现已失效。

的补充规定》①,针对上述解释进行了修订,增加了"夫妻一方与第三人串通,虚构债务,第三人主张权利的,人民法院不予支持"以及"夫妻一方在从事赌博、吸毒等违法犯罪活动中所负债务,第三人主张权利的,人民法院不予支持"这两款补充。

该补充规定于2017年2月20日审议通过,于3月1日起施行,而本案二审开庭时间是同年2月××日,4月××日作出二审判决,适逢案件二审期间。补充规定已经明确规定夫妻一方在从事赌博违法犯罪活动中所负债务,第三人主张权利的,人民法院不予支持,但是二审依然对安某某借贷资金用于赌博(和偿还赌债)的事实和证据视而不见,强行将安某某的个人债务甚至是违法负债认定为夫妻共同债务,应当认定为适用法律确有错误。

4. 2018年1月17日最高人民法院再次发布《关于审理涉及夫妻债务纠纷案件适用法律有关问题的解释》,其第3条规定:"夫妻一方在婚姻关系存续期间以个人名义超出家庭日常生活需要所负的债务,债权人以属于夫妻共同债务为由主张权利的,人民法院不予支持,但债权人能够证明该债务用于夫妻共同生活、共同生产经营或者基于夫妻双方共同意思表示的除外。"虽然该规定自2018年1月18日起才开始施行,对于本案的处理没有溯及力,但是该司法解释所确定的判断原则与《婚姻法》确定夫妻共同债务的宗旨高度一致,对于保护善意的不知情的配偶一方的正当利益具有极其重要的指导意义。

基于上述理由,现申请贵院对××市中级人民(2017)粤××民终219××号民事判决书进行监督,依法向某某市中级人民法院提出抗诉或提出检察建议。

此致

××市人民检察院

申请人:林某某

二〇一八年一月××日

① 现已失效。

××市人民检察院在对林某某的申请进行审查期间，林某某又向检察机关提交了部分新的证据，用以证明其家庭收入和开支情况，证明林某某的家庭在没有收入20万元借款的情况下，收支仍有盈余，日常生活需要已得到满足。人民检察院认为这些证据足以说明安某某的借款是用于其个人赌博而不是家庭生活开支，故而依程序由省检察院向省高级人民法院提出抗诉，省高级人民法院裁定再审，林某某历尽艰辛抗诉成功。

第三节 再审，为诉讼画上句号

《民事诉讼法》第214条第1款规定：人民法院按照审判监督程序再审的案件，发生法律效力的判决、裁定是由第一审法院作出的，按照第一审程序审理，所作的判决、裁定，当事人可以上诉；发生法律效力的判决、裁定是由第二审法院作出的，按照第二审程序审理，所作的判决、裁定，是发生法律效力的判决、裁定；上级人民法院按照审判监督程序提审的，按照第二审程序审理，所作的判决、裁定是发生法律效力的判决、裁定。

以下以两份结果截然不同的再审判决书，为本节、为本书画上句号。

案例1 罗某某机动车索赔案再审判决书

广东省××市中级人民法院

民事判决书

（2016）粤××民再1××号

再审申请人（原审原告）：罗某某。

委托代理人：某某，律师。

被申请人（原审被告）：某财产保险公司××分公司。

负责人:某某,总经理。

委托代理人:某某某,某某,律师。

再审申请人罗某某因与被申请人某财产保险公司××分公司(以下简称某保险公司)财产保险合同纠纷一案,不服××市××区人民法院(2015)×法民二初字第134××号民事判决,向本院申请再审。本院审查后作出(2015)×中法商申字第××号民事裁定书裁定再审本案。本院依法另行组成合议庭,公开开庭审理了本案。申请再审人罗某某及其委托代理人某某、某保险公司及其委托代理人某某、某某某到庭参加诉讼。本案现已审理终结。

(基本案情部分略)

本院再审对原审查明的事实予以确认。另查明,罗某某再审中提交了物价鉴定部门出具的《价格鉴定书》,该鉴定书列明的汽车的损失价值为85,944元;××区人民检察院的《起诉书》,该起诉书陈述汽车损失价值为85,994元;《汽车维修费增值税发票》显示罗某某花费的维修费为59,546元。某保险公司对上述证据的真实性予以认可,但对关联性不予认可。

本院再审认为,本案争议的焦点问题是:一、某保险公司对本案保险合同中约定的“改变车辆使用性质须向保险人办理批改手续”是否尽到了提示和说明义务。二、某保险公司是否应该对涉案车辆的损失承担赔付责任。三、涉案车辆损失的数额是以实际维修的费用为依据,还是以价格鉴定的评估数额为依据。

关于第一个争议焦点。罗某某认为某保险公司未尽到提示和说明义务。某保险公司称这是经过银保监会正式备案的版本,是全国统一的使用的版本,各个保险公司均是如此。本院经分析后认为,本案涉案的保险单系由多个险种组合而成,故其内容比较复杂,某保险公司应尽到提示和说明,否则应承担相应的法律责任。虽然罗某某在投保人声明处签字,但其称这只是格式合同,工作人员要求其签名,其并未了解保险条款的内容。由于案涉保险单包含多个险种,文字数量很多,字体偏小,关于保险人免责部分的内容虽用黑体字标注,但因字体太小,难以与其他内容区分,且黑体字过多,没有起到提示的作用。该保险单重点部分对应予以提示的部分并不显著突出，无法给予被保险人明确的指引。故某保险公司对本案保险合同中约定的“改变车辆使用性质须向保险人办理批改手续”未尽到特别的提示和说明义务。

关于第二个争议焦点。基于以上论述，某保险公司应承担没有尽到提示和说明义务的法律责任，罗某某改变车辆使用性质，但没有向某保险公司申请批改没有过错。罗某某非法营运虽然属于不当行为，任何法律判决均不应鼓励此种行为，但本案中罗某某系因他人的违法犯罪行为导致车辆损坏，不影响保险公司的赔付。原审判决适用法律有误，本院予以纠正。

关于第三个争议焦点。罗某某再审中提交的《价格鉴定书》上列明的车辆损失价值为 85,944 元；罗某某再审中提交的《汽车维修费增值税发票》显示罗某某花费的维修费为 59,546 元。本院认为，虽然《价格鉴定书》列明的价格为 85,944 元，但价格鉴定只是一种技术鉴定，罗某某实际花费的维修费较低，故保险公司在理赔时应以实际花费的数额为准。某保险公司应支付机动车粤×·L××××的修复费用 59,546 元。罗某某诉讼请求中超过 59,546 元的部分，本院予以驳回。

综上，原审判决认定事实清楚，但实体处理有误，本院再审予以纠正。依照《中华人民共和国保险法》第十七条及《中华人民共和国民事诉讼法》第一百七十条第一款第（三）项及第二百零七条之规定，判决如下：

1. 撤销××市××区人民法院（2015）×法民二初字第 134××号民事判决；

2. 某财产保险公司××分公司应于本判决生效之日起五日内向罗某某支付车辆损失 59,546 元；

3. 驳回罗某某的其他申诉请求。

一审案件受理费 1232.50 元，由罗某某承担 632.50 元，由某财产保险公司××分公司承担 600 元，罗某某已预交 2465 元，××区人民法院应退回 1232.5 元给罗某某；再审受理费 2465 元，由罗某某承担 1265 元，某财产保险公司××分公司承担 1200 元，罗某某已预交 2465 元不退；某财产保险公司××分公司付 1800 元给罗某某。

本判决为终审判决。

本案生效判决是一审作出，罗某某未上诉，一审判决生效。再审原本应按照一审程序，任何一方不服可以上诉。但是本案由中级人民法院提审，故所作出的裁决是终局的。

虽然法院支持的车辆损失只有5.9万余元，但是对于身为环卫工人的罗某某夫妇来说被车辆按揭和巨额修理费这两座大山压得喘不过气来，法院的支持不啻雪中送炭，让这个家庭度过了最艰难的时刻。这个案件代理人也承担了很大的压力，因为在一审判决后是否上诉这个问题上，鉴于罗某某连筹措上诉费都很吃力，代理人不得不建议略过二审程序，待一审判决生效后直接申请再审，实属险招。对案件事实和证据的把控只是基础，而能否让案件进入再审则有赖于审判人员对再审申请理由的认同。此案过后，网约车市场逐步规范，罗某某终于可以不再提心吊胆地“跑黑车”了，成为名正言顺的网约车司机。

人民法院依职权决定再审的案件，是因为发现生效裁判“确有错误”，既然有错误当然需予以纠正。但是依申请决定的再审，并不是以“确有错误”为条件，很多人存在一个认识误区，认为只要案件再审百分之百会被改判。其实再审与发回重审有一定的相似之处，决定再审结果的仍然是事实和证据。

案例2 遗憾：林某某民间借贷纠纷案再审判决书

广东省××市中级人民法院

民事判决书

（2019）粤××民再×号

抗诉机关：广东省人民检察院。

申诉人（一审被告、二审被上诉人）：林某某。

委托诉讼代理人:某某,律师。

被申诉人(一审原告、二审上诉人):王某某。

委托诉讼代理人:某某,律师。

被申诉人(一审被告、二审被上诉人):安某某。

申诉人林某某因与被申诉人王某某、安某某民间借贷纠纷一案,不服本院(2017)粤××民终219××号民事判决,向检察机关申诉。广东省人民检察院作出粤检民(行)监(2018)440××××××32号民事抗诉书,向广东省高级人民法院提出抗诉。广东省高级人民法院做出(2018)粤民抗1××号民事裁定,指令本院再审本案。本院依法另行组成合议庭,公开开庭审理了本案。广东省人民检察院委派××市人民检察院某某、某某出庭支持抗诉。申诉人林某某及其委托诉讼代理人某某,被申诉人王某某及其委托诉讼代理人某某,被申诉人安某某到庭参加诉讼。本案现已审理终结。

(基本案情部分略)

原审判决查明的其他事实清楚,本院再审予以确认。

本院再审认为,结合抗诉意见及各方当事人的诉辩主张,本案再审争议焦点为涉案债务是否属于安某某与林某某的夫妻共同债务。对此,本院分析认定如下:首先,安某某与林某某于2001年7月××日登记结婚,于2015年9月××日协议离婚,而涉案借款发生于2015年1月及4月,故涉案债务发生于安某某与林某某婚姻关系存续期间。其次,涉案借款本金共计不到20万元,并未超出一般家庭日常生活需要的合理范围,安某某向王某某借款时也明确约定所借款项用于生意资金周转及统建楼装修,且安某某自认当时为了借钱,曾带王某某到统建楼看过,之后王某某才借钱,故王某某基于对安某某借款系用于家庭日常经营生活需要的信赖,才出借款项给安某某。再次,涉案款项支付至安某某的银行账户后被安某某取现,虽然安某某主张涉案借款用于还债和赌博,但没有证据证明。抗诉机关与林某某主张本案借款涉嫌用于赌博、支付赌债及偿还高利贷等,亦无充分证据证明。况且,从本案已查明的事实来看,涉案借款明显不属于在从事赌博等违法犯罪活动中所负债务。最后,根据本案查明的事实,林某某分别于2015年9月××日、2015年10月××日、2015年11月××日、2016年3月××日向王某某偿还了涉案借款本金5000元、5000元、3000元、2500元,上述行为表明林某某已实际承担了涉案借款的还款责任。林某某主张其归还上述款项,是由于受到胁迫,但根据林某某提交的报警回执,其本人仅在2015年9月××日报过一次警,当天正好是林某某与安某某协议离婚的时间,且该时间与林某某的上述四次还款时间均不一致,故林某某主张其向王某某还款系受胁迫所致,缺乏证据证明,本院再审不予采信。综合考虑涉案借款的发生时间、借款金额、借款用途、已还款情况等各项因素,二审判决认定涉案借款应属安某某与林某某的夫妻共同债务,并无不当,本院再审予以维持。

另外,关于涉案借款的本金数额问题,鉴于再审时林某某主张本金应在184,500元的基础上减去7200元和8400元,王某某对此予以认可,安某某也无异议,故本院再审认定涉案借款本金应为168,900元(184,500元-7200元-8400元)。由于各方当事人对原审判决认定的涉案借款的利息自2015年5月19日起按年利率24%计算及已归还本金15,500元的利息为1618.4元,均未提出异议,本院再审予以维持。

综上,抗诉机关的抗诉理由不能成立,本院再审不予支持。由于当事人同意对借款本金进行调减,本院再审对一审、二审判决的相关内容予以变更。依照《中华人民共和国合同法》第八条、第二百零六条、第二百零七条、第二百一十一条,《中华人民共和国婚姻法》第四十一条,《最高人民法院关于审理民间借贷案件适用法律若干问题的规定》第二十六条,《中华人民共和国民事诉讼法》第六十四条、第一百七十条第一款第(二)项、第二百零七条之规定,判决如下:

一、维持本院(2017)粤××民终219××号民事判决第二项;

二、撤销本院(2017)粤××民终219××号民事判决第三、四项;

三、变更本院(2017)粤××民终219××号民事判决第一项为:维持××市

××区人民法院(2016)粤××××民初114××号民事判决第二项;

四、变更××市××区人民法院(2016)粤××××民初114××号民事判决第一项为:安某某、林某某应于本判决生效之日起三日内归还王某某借款本金168,900元及其利息损失(利息以168,900元为基数,按年利率24%计算,自2015年5月19日起计至实际付清之日止);

五、驳回王某某的其他诉讼请求。

如未按本判决指定的期间履行给付金钱义务,应当依照《中华人民共和国民事诉讼法》第二百五十三条之规定,加倍支付迟延履行期间的债务利息。

本判决为终审判决。

再审结果令人很遗憾。尽管是省检察院提出抗诉、省高级人民法院裁定再审,但是再审法院并没有采信抗诉的观点。客观和理性地评价再审结果,当然不能排除再审法院倾向于维护本院所做出裁判正确性的固执,但也不能说裁判结果是错误的,因为涉案债务是否属于夫妻共同债务在法律认定上本来就属于"两可"的状态。而当待证事实处于"两可"状态时,最终的认定取决于证据支持的程度,也与审判人员的主观倾向不无关系。

抗诉机关的出发点是,以"有新的证据,足以推翻原判决、裁定"为抗诉依据,再以新的证据足以证明"林某某的家庭在没有收入20万元借款的情况下,收支仍有盈余,日常生活需要已得到满足,安某某的借款是用于其个人赌博而不是家庭生活开支,因此不能认定为夫妻共同债务"为抗诉理由。但是抗诉依据不能等同于裁判依据,林某某新提交的其家庭收入和开支情况的证据确实还不足以排除借债的可能,也不能与借款系个人债务的结论建立起牢不可破的关联性,所以再审法院没有采信也可以理解。

代理人认为,抗诉机关工作人员的业务能力和专业水平是毋庸置疑的。但毕竟术有专攻,抗诉机关最主要的职能是刑事案件的审查和起诉,对民事案件的监督占全部业务的比重较小,且监督权与审判权在实施上有很大不同。代理人还认为，如果把对该案的抗诉重点放在法律适用上，或者放在原判对证据的审核认定存在偏差之上，或许再审的结果会有所不同。

不管欣慰还是遗憾，再审，终为诉讼画上句号。

本书亦到此完结。

后　记

笔者第一次驾驭长篇幅的实务型书稿，经验匮乏。日常工作又比较繁忙，写作总是处于时断时续的状态，思绪难以保持连续性，难免导致前后用语、观点、看法等不一致或冲突。

笔者是一名执业律师，虽然对于民商事诉讼代理积累了一定的经验，总结了不少教训，但毕竟缺乏学者大家的法学底蕴和知识体系，常感拙作肤浅，没有高度。在体例规划、篇章设计、内容层次、案例安排上均有不足乃至谬误，恳请读者朋友批评指正，笔者虚心采纳吸收。

例如，某个案例原本可以将起诉、举证、代理意见、法院裁判理由和结果一气呵成展示出来，但是考虑到各章节的内容编排，不得不将上述完整案例分拆至各章节，给读者朋友的阅读带来不便，笔者深表歉意。

书中各案例均为笔者承办。出于保护委托人隐私的需要，所有名称、姓名、地域以及其他可能追踪到真实身份的信息均进行了处理，法院信息（省级除外）和案号也做了处理，以确保从裁判文书网等渠道无法找到与本书引用案例的对应关系。虽然笔者可以保证所引用案例的案情及其裁判结果是真实的，但笔者无意因引用案例与任何委托人、对方当事人或对方代理人发生任何形式的争议或辩论。

本书编写过程中还参考了除引注所列参考文献之外的其他大量知识和观点，因很多观点源于互联网，网页上没有注明作者或权利人信息，笔者在此一并表示感谢：感谢你们无私地把知识成果与笔者分享，使本书得以完成。

在本书编写过程中，广东诚参律师事务所全体同人给予无私的帮助和大力的支持，使笔者能够将更多时间精力用于写作。笔者还要感谢上海市锦天城（武汉）律师事务所张超律师和北京市盈科（上海）律师事务所李洪义律师，从本书开始酝酿构思到框架搭建及至完稿付梓，离不开两位的大力协助。

本书得以出版，特别感谢法律出版社的支持。2009 年笔者另一部作品《出道：改变你生存哲学的律师职场小说》亦是承蒙法律出版社的厚爱。在书稿的编审过程中，责任编辑蒋橙女士倾注了极大的热情、付出了艰辛的努力，对作品的体例编排、内容结构等提出了极为专业和宝贵的修改建议，使作品日臻完善。感谢你们的真诚付出和鼎力支持。

韩　鹰

2021 年 12 月 24 日